읽기력

분석력

요약력

어휘력

연상 추론력

비판적 사고력

육각형 신문 기사 읽기

2 | 경제·사회·문화·국제·오피니언 |

배혜림
지음

메가스터디BOOKS

머리말

6가지 빈틈없는 읽기 전략으로 완벽한 독해 근력 키워 봐요!

오늘날, 신문 읽기는 초등학생에게 꼭 필요한 문해력 공부로 자리 잡았어요. 신문은 매일 우리의 삶과 연결된 최신 정보와 다양한 시사 문제를 전달하며, 어린이들에게 세상을 이해하고 자신의 생각을 키울 기회를 주기 때문이지요. 그러나 단순히 기사를 읽는 것만으로는 부족해요. 우리가 뉴스를 읽을 때 '무엇을' 읽는지뿐만 아니라, 그 내용을 '어떻게' 읽고 이해하며, 내 것으로 받아들일지가 더 중요하지요.

이 책 〈육각형 신문 기사 읽기〉라는 이름에는 특별한 의미가 담겨 있어요. 여섯 가지 핵심 능력인 읽기력, 분석력, 요약력, 어휘력, 연상 추론력, 그리고 비판적 사고력을 함께 길러서 신문을 '제대로' 읽게 해 주기 때문이에요.

읽기력은 말 그대로 많이 읽는 연습을 하는 거예요. 신문 기사에는 다양한 표현과 문장 구조가 있어서 처음에는 읽는 데 어려움을 느낄 수 있어요. 하지만 기사를 많이 접하다 보면, 어디서 끊어 읽을지 잘 파악할 수 있고, 자주 등장하는 어휘와 키워드를 찾아내는 연습을 자연스럽게 할 수 있지요.

분석력은 단순히 읽는 것을 넘어, 세부적인 내용을 파악하여 기사 속에서 중요한 정보를 알아내는 것이에요. 그런 연습을 하다 보면 글의 핵심을 몇 문장으로 요약할 수 있는 요약력도 자라나게 되지요.

이러한 것들의 기초는 어휘력이에요. 신문 여러 분야에서 자주 등장하는 어휘를 학습해 언어적 감각과 문해력을 동시에 향상시킬 수 있어요.
여기서 끝이 아니에요. 문해력이라는 것은 내가 알고 있는 것에서 가지를 뻗어나가, 그 가지를 튼튼하게 해야 쑥쑥 자라나게 되거든요. 내가 이미 알고 있는 것을 연상하거나 단서를 바탕으로 새로운 것을 추론하는 습관도 길러 주는 것이 중요해요. 이렇게 확장된 사고는 하나의 주제에 대해 더 깊이 있게 이해할 수 있도록 도와줘요.
마지막으로 그 주제에 대해서 그대로 받아들이는 것이 아니라, 비판적으로 사고하는 것이 필요해요. 나의 생각을 정리하고 표현하는 작업을 하는 거예요. 그래야 그것을 완전히 내 것으로 만들 수 있어요.
이러한 6가지 읽기 전략을 연습하고 키워 나간다면 어떤 글을 읽어도 완벽하게 이해할 수 있는 독해 근력이 생길 거예요.
중학교, 고등학교 교과서는 내용이 길고 읽을 분량이 많아지기 때문에 핵심 내용을 파악하고 요점을 정리하는 능력이 더욱 중요해져요. 또 논리적 사고와 폭넓은 시각을 요구하므로 다양한 주제에 대한 깊이 있는 이해가 필요하지요. 사회, 과학, 경제, 문화, 국제 등 복합적인 주제를 다루고 이를 비판적으로 접근하는 능력도 필요해요. 이러한 능력을 평가받는 것이 수능이에요. 따라서 초등 때부터 다양한 분야의 신문 기사를 읽고 분석하는 훈련은 중학교, 고등학교, 나아가 수능 공부까지 도움이 될 거예요.
최신 이슈를 담은 신문 읽기를 통해 세상에 대한 시야를 넓히고 스스로 생각하는 힘을 길러 독해 근력을 탄탄히 해 보세요!

배혜림

6가지 읽기 전략

1 읽기력

처음 보는 생소한 주제의 글이어도 문장을 잘 끊어 가며 차근차근 읽는다면 익숙해질 수 있어요. 자주 등장하는 키워드에 밑줄, 동그라미 등 표시를 하면서 읽으면 내용을 이해하는 데 도움돼요. 모르는 단어가 나오면 앞뒤 문장을 통해 뜻을 유추해 보세요.

6 비판적 사고력

다양한 관점에서 글을 바라보는 연습을 해 보세요. 그러다 보면 어떤 상황에서도 내 생각을 논리적으로 표현할 수 있지요. 비판적 사고력을 키우려면 자신의 생각을 자주 이야기하고, 그 이유를 설명하는 연습을 하는 게 좋아요.

5 연상 추론력

이미 알고 있는 정보나 주어진 내용을 바탕으로 새로운 것을 이해하고 문제를 해결할 수 있어요. 여러 가지 정보를 접하고, 글에 나온 키워드에 대해 따로 찾아보면 그게 나의 배경지식이 돼요. 이 영역은 창의력과도 연결돼요.

분석력 2

내가 읽은 정보가 정확한지 아닌지를 확인해요. 문단별로 중요한 내용을 체크해 두면 좋아요. 아까 읽을 때 표시했던 것들을 중심으로 분석해 봐요. 시험같이 제한 시간이 있는 상황이라면 문제를 먼저 읽어 봐요. 그러면 그 글이 무슨 이야기를 하려고 하는지 파악할 수 있을 거예요.

어떻게 훈련하면 좋을까?

요약력 3

긴 글을 몇 문장으로 요약하는 것은 글을 내 것으로 이해하는 중요한 과정이에요. 내가 글을 읽으며 체크했던 핵심 키워드를 연결하는 작업이지요. 키워드를 잘 찾고 그것을 자연스럽게 연결하면 그게 바로 중심 문장이 되거든요.

어휘력 4

어휘력을 키우려면 신문이나 책을 많이 읽고 대화할 때 상대방이 쓰는 어휘에 주목해야 해요. 국어사전을 곁에 두고 자주 찾아보는 습관도 기르는 게 좋아요. 국어사전은 비슷한 어휘와 반대 어휘를 모두 알려 줘서 어휘력이 정말 많이 좋아져요.

구성과 특징

✔ 읽기력, 분석력, 요약력, 어휘력, 연상 추론력, 비판적 사고력의 완벽한 6가지 읽기 전략!
✔ 초등 눈높이에 맞게 풀어 낸 경제, 사회·문화, 국제 분야의 최신 뉴스와 기사!

① 또박또박 읽어 보기

내용 이해에 도움되는 신문 기사 속 키워드에 밑줄로 표시했어요. 지문 읽는 연습을 통해 글 읽기에 대한 자신감을 키워요.

② 샤샤샥 팩트 체크

사실 확인을 꼼꼼히 해 보며 내가 읽은 신문 기사의 내용을 점검해 볼 수 있어요.

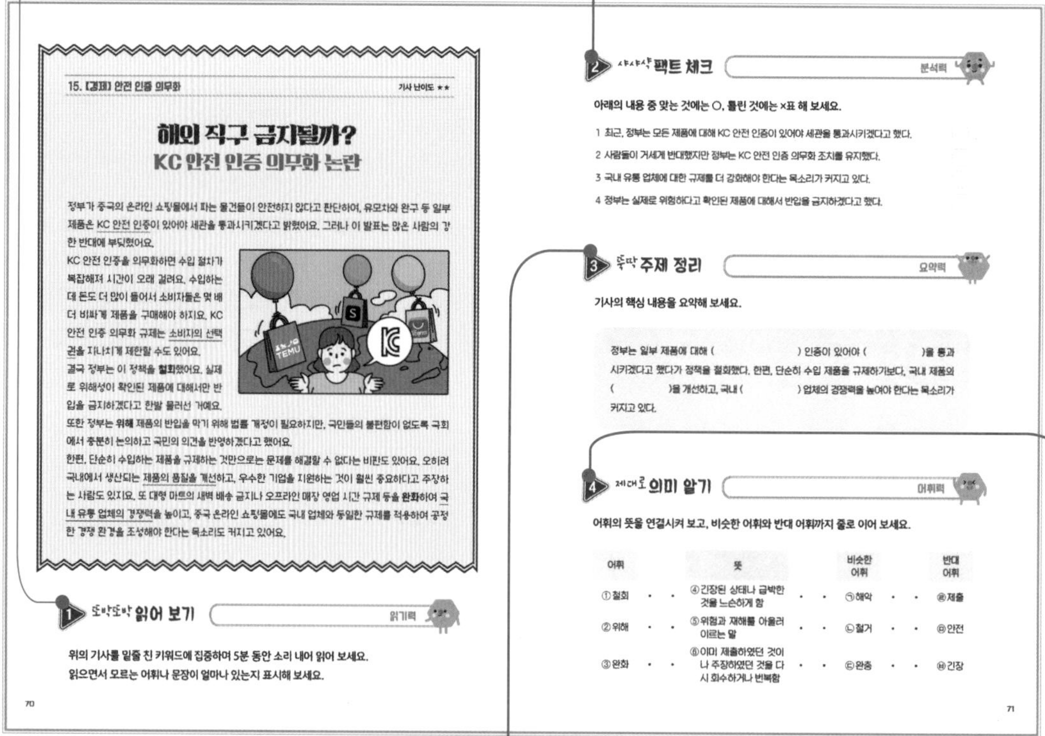

15. [경제] 안전 인증 의무화 기사 난이도 ★★

해외 직구 금지될까?
KC 안전 인증 의무화 논란

정부가 중국의 온라인 쇼핑몰에서 파는 물건들이 안전하지 않다고 판단하여, 유모차와 완구 등 일부 제품은 KC 안전 인증이 있어야 세관을 통과시키겠다고 밝혔어요. 그러나 이 발표는 많은 사람의 강한 반대에 부딪혔어요.

KC 안전 인증을 의무화하면 수입 절차가 복잡해져 시간이 오래 걸려요. 수입하는 데 돈도 더 많이 들어서 소비자들은 몇 배 더 비싸게 제품을 구매해야 하지요. KC 안전 인증 의무화 규제는 소비자의 선택권을 지나치게 제한할 수도 있어요.

결국 정부는 이 정책을 **철회**했어요. 실제로 위해성이 확인된 제품에 대해서만 반입을 금지하겠다고 한발 물러선 거예요.

또한 정부는 **위해** 제품의 반입을 막기 위해 법률 개정이 필요하지만, 국민들의 불편함이 없도록 국회에서 충분히 논의하고 국민의 의견을 반영하겠다고 했어요.

한편, 단순히 수입하는 제품을 규제하는 것만으로는 문제를 해결할 수 없다는 비판도 있어요. 오히려 국내에서 생산되는 제품의 품질을 개선하고, 우수한 기업을 지원하는 것이 훨씬 중요하다고 주장하는 사람도 있지요. 또 대형 마트의 새벽 배송 금지나 오프라인 매장 영업 시간 규제 등을 **완화**하여 국내 유통 업체의 경쟁력을 높이고, 중국 온라인 쇼핑몰에도 국내 업체와 동일한 규제를 적용하여 공정한 경쟁 환경을 조성해야 한다는 목소리도 커지고 있어요.

1 또박또박 **읽어 보기** 읽기력

위의 기사를 밑줄 친 키워드에 집중하며 5분 동안 소리 내어 읽어 보세요.
읽으면서 모르는 어휘나 문장이 얼마나 있는지 표시해 보세요.

70

2 샤샤샥 **팩트 체크** 분석력

아래의 내용 중 맞는 것에는 ○, 틀린 것에는 ×표 해 보세요.

1 최근, 정부는 모든 제품에 대해 KC 안전 인증이 있어야 세관을 통과시키겠다고 했다.
2 사람들이 거세게 반대했지만 정부는 KC 안전 인증 의무화 조치를 유지했다.
3 국내 유통 업체에 대한 규제를 더 강화해야 한다는 목소리가 커지고 있다.
4 정부는 실제로 위험하다고 확인된 제품에 대해서 반입을 금지하겠다고 했다.

3 뚝딱 **주제 정리** 요약력

기사의 핵심 내용을 요약해 보세요.

정부는 일부 제품에 대해 (   ) 인증이 있어야 (   )을 통과시키겠다고 했다가 정책을 철회했다. 한편, 단순히 수입 제품을 규제하기보다, 국내 제품의 (   )을 개선하고, 국내 (   ) 업체의 경쟁력을 높여야 한다는 목소리가 커지고 있다.

4 제대로 **의미 알기** 어휘력

어휘의 뜻을 연결시켜 보고, 비슷한 어휘와 반대 어휘까지 줄로 이어 보세요.

어휘	뜻	비슷한 어휘	반대 어휘
①철회	④긴장된 상태나 급박한 것을 느슨하게 함	㉠해악	㉣제출
②위해	⑤위험과 재해를 아울러 이르는 말	㉡철거	㉤안전
③완화	⑥이미 제출하였던 것이나 주장하였던 것을 다시 회수하거나 번복함	㉢완충	㉥긴장

71

③ 뚝딱 주제 정리

신문 기사의 핵심 내용을 몇 문장으로 요약하는 힘을 길러요.

④ 제대로 의미 알기

신문 기사에 나오는 여러 어휘와 함께 비슷한 어휘와 반대 어휘까지 알아 가며 하나의 기사에서 다양한 어휘를 학습해요.

✔ 균형적인 시각과 비판적인 사고를 키우는 오피니언 분야 구성!

✔ 신문을 읽은 뒤 스스로 문해력을 진단해 볼 수 있는 육각형 체크!

⑤ 번뜩 배경지식 활용

내가 이미 알고 있거나 주어진 내용을 바탕으로 더 알 수 있는 것을 추론해 볼 수 있어요.

⑥ 이리저리 생각하기

신문 기사 내용에 대해 다양하게 생각해 보면서 나의 관점을 정리해 봐요.

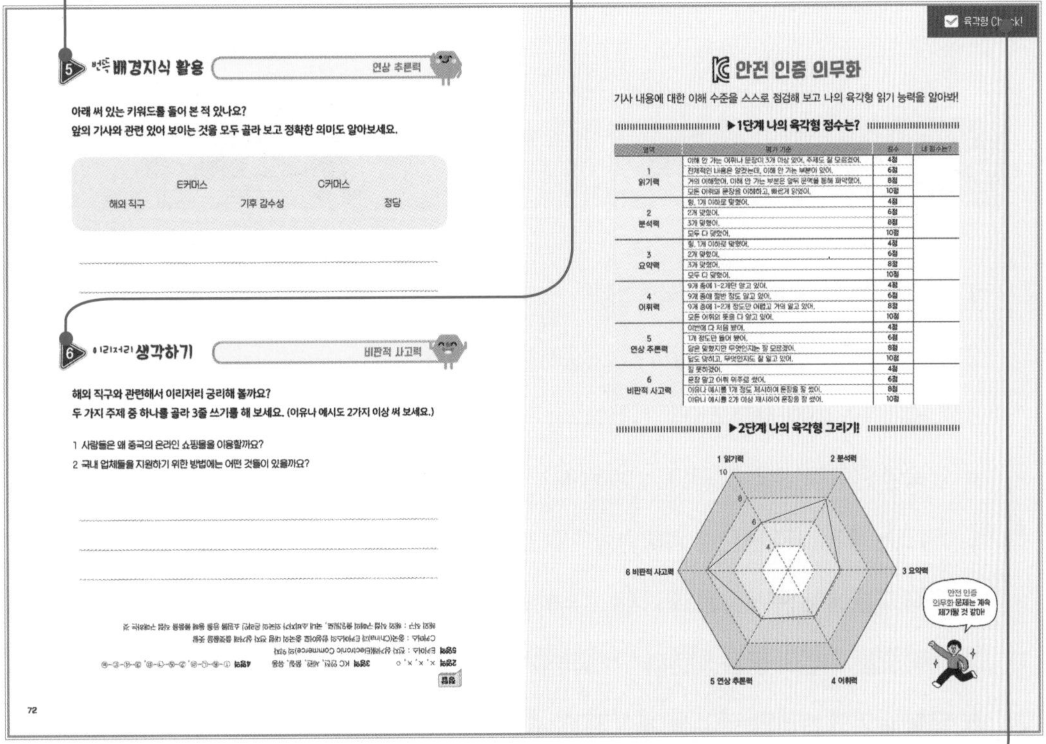

5 번뜩 배경지식 활용 | 연상 추론력

아래 써 있는 키워드를 들어 본 적 있나요?
앞의 기사와 관련 있어 보이는 것을 모두 골라 보고 정확한 의미도 알아보세요.

E커머스 C커머스 해외 직구 기후 감수성 정당

6 이리저리 생각하기 | 비판적 사고력

해외 직구와 관련해서 이리저리 궁리해 볼까요?
두 가지 주제 중 하나를 골라 3줄 쓰기를 해 보세요. (이유나 예시도 2가지 이상 써 보세요.)

1 사람들은 왜 중국의 온라인 쇼핑몰을 이용할까요?
2 국내 업체들을 지원하기 위한 방법에는 어떤 것들이 있을까요?

72

육각형 Check!

KC 안전 인증 의무화

기사 내용에 대한 이해 수준을 스스로 점검해 보고 나의 육각형 읽기 능력을 알아봐!

▶1단계 나의 육각형 점수는?

영역	평가 기준	점수	내 점수는?
1 읽기력	이해 안 가는 어휘나 문장이 3개 이상 있어. 주제도 잘 모르겠어.	4점	
	전체적인 내용은 알겠는데, 이해 안 가는 부분이 있어.	6점	
	거의 이해했어. 이해 안 가는 부분은 앞뒤 문맥을 통해 파악했어.	8점	
	모든 어휘와 문장을 이해하고, 빠르게 읽었어.	10점	
2 분석력	힝, 1개 이하로 맞혔어.	4점	
	2개 맞혔어.	6점	
	3개 맞혔어.	8점	
	모두 다 맞혔어.	10점	
3 요약력	힝, 1개 이하로 맞혔어.	4점	
	2개 맞혔어.	6점	
	3개 맞혔어.	8점	
	모두 다 맞혔어.	10점	
4 어휘력	9개 중에 1~2개만 알고 있어.	4점	
	9개 중에 절반 정도 알고 있어.	6점	
	9개 중에 1~2개 정도만 어렵고 거의 알고 있어.	8점	
	모든 어휘의 뜻을 다 알고 있어.	10점	
5 연상 추론력	이번에 다 처음 봤어.	4점	
	1개 정도만 들어 봤어.	6점	
	답은 맞혔지만 무엇인지는 잘 모르겠어.	8점	
	답도 맞히고, 무엇인지도 잘 알고 있어.	10점	
6 비판적 사고력	잘 못하겠어.	4점	
	문장 말고 어휘 위주로 썼어.	6점	
	이유나 예시를 1개 정도 제시하여 문장을 잘 썼어.	8점	
	이유나 예시를 2개 이상 제시하여 문장을 잘 썼어.	10점	

▶2단계 나의 육각형 그리기!

육각형 Check

1단계 : 나의 점수 계산

먼저 신문 기사에 대한 나의 이해 정도를 점수로 매겨 보세요.

2단계 : 나의 육각형 그리기

1단계의 점수에 따라 나만의 육각형을 만들어 보세요. 사람마다 육각형의 모양은 다르지만 꾸준히 연습하면 모든 영역을 골고루 향상시킬 수 있어요.

차례

PART1 | 경제

PART2 | 사회·문화

PART3 | 국제

★ ★ ★

PART4 | 오피니언

물건을 사고파는 일부터 사람들이 어떤 일을 하는지까지,
'경제'는 우리 생활 곳곳에 숨어 있어요.
경제 기사는 우리가 사는 세상을 더 잘 이해하게 도와줍니다.
경제 기사를 읽으면 돈과 일의 흐름을 배울 수 있고,
미래에 더 똑똑하게 선택할 수 있는 힘을 기르게 될 거예요.

PART 1
경제

읽기력
분석력
요약력
어휘력
연상 추론력
비판적 사고력

1. [경제] 한국 라면 열풍

기사 난이도 ★

한국 라면에 빠지다

전 세계에 부는 한국 라면의 열풍

한국 라면 수출액은 매년 증가해 지난 2023년에는 역대 최고 기록인 9억 5,240만 달러를 **달성**했어요. 2024년에는 11억 달러를 넘어설 것으로 보여요.

특히 '불닭볶음면'의 인기가 한국 라면의 수출 증가에 크게 **기여**했어요. 불닭볶음면의 해외 매출이 전체 라면 수출의 75%를 **차지**할 정도예요. 이러한 판매 성과로 불닭볶음면을 생산해 판매하는 삼양라면의 이익도 크게 늘어났어요.

한국 라면이 세계적으로 인기를 끌게 된 주요 요인은 몇 가지가 있어요. 첫째, 코로나를 겪는 동안 장기 보관이 가능하고, 조리가 간편한 음식을 찾는 사람들이 늘어났기 때문이에요.

둘째, 한류 열풍 덕분이에요. K-팝, 한국 드라마, 영화 등 한국 문화가 세계적으로 인기를 끌면서 자연스럽게 한국 라면에 대한 관심도 높아졌지요.

한국 라면 회사들의 노력도 한몫했어요. 이들은 **현지** 소비자들의 입맛에 맞춘 제품을 개발해 세계 시장을 공략했어요. 또 다양한 홍보 활동을 통해 한국 라면을 널리 알렸지요.

한국 라면이 전 세계에서 사랑을 받으면서 K-푸드의 인기도 높아졌어요.

1 또박또박 **읽어 보기**

읽기력

위의 기사를 밑줄 친 키워드에 집중하며 5분 동안 소리 내어 읽어 보세요.

읽으면서 모르는 어휘나 문장이 얼마나 있는지 표시해 보세요.

2 샤샤샥 팩트 체크 　　분석력

아래의 내용 중 맞는 것에는 ○, 틀린 것에는 ×표 해 보세요.

1 한국 라면 수출액은 매년 감소하고 있다. ☐

2 특히 불닭볶음면이 한국 라면의 수출 증가에 기여했다. ☐

3 한국 라면이 인기를 끄는 이유 중 하나는 한류 열풍 때문이다. ☐

4 한국 라면 회사들은 각 나라에 맞게 현지화 전략을 사용했다. ☐

3 뚝딱 주제 정리 　　요약력

기사의 핵심 내용을 요약해 보세요.

간편한 조리, 한류 열풍 등으로 (　　　　　　　　　　　　)은 매년 수출액이 크게 (　　　　　　)하고 있다. 그중에서도 (　　　　　　　　　　　)의 인기가 한국 라면 수출 증가에 크게 (　　　　　　)했다.

4 제대로 의미 알기 　　어휘력

어휘의 뜻을 연결시켜 보세요.

어휘			뜻
① 달성	•	•	⑤ 목적한 것을 이룸
② 기여	•	•	⑥ 사물이나 공간, 지위 따위를 자기 몫으로 가짐
③ 차지	•	•	⑦ 도움이 되도록 이바지함
④ 현지	•	•	⑧ 일을 실제 진행하거나 작업하는 그곳

5 번뜩 배경지식 활용

연상 추론력

아래 써 있는 키워드를 들어 본 적 있나요?
앞의 기사와 관련 있어 보이는 것을 모두 골라 보고 정확한 의미도 알아보세요.

K-팝 숍 인 숍

현지화 브렉시트 셧다운

6 이리저리 생각하기

비판적 사고력

한국 라면 열풍과 관련해서 이리저리 궁리해 볼까요?
두 가지 주제 중 하나를 골라 3줄 쓰기를 해 보세요. (이유나 예시도 2가지 이상 써 보세요.)

1 한국 라면이 세계적으로 인기를 끌게 된 이유는 무엇일까요?

2 내가 한국 라면을 다른 나라 사람에게 판매한다면 어떤 전략을 쓸지 생각해 보아요.

정답

2영역 ×, ○, ○, ○ **3영역** 한국 라면, 증가, 불닭볶음면, 기여 **4영역** ①-⑤, ②-⑦, ③-⑥, ④-⑧

5영역 K-팝 : Korean Popular Music에서 'Korea'와 팝 음악을 뜻하는 'Popular Music'의 합성어

현지화 : 어떤 제품이나 콘텐츠를 특정 지역이나 나라의 문화, 환경에 맞게 바꾸는 것

한국 라면 열풍

기사 내용에 대한 이해 수준을 스스로 점검해 보고 나의 육각형 읽기 능력을 알아봐!

▶1단계 나의 육각형 점수는?

영역	평가 기준	점수	내 점수는?
1 읽기력	이해 안 가는 어휘나 문장이 3개 이상 있어. 주제도 잘 모르겠어.	4점	
	전체적인 내용은 알겠는데, 이해 안 가는 부분이 있어.	6점	
	거의 이해했어. 이해 안 가는 부분은 앞뒤 문맥을 통해 파악했어.	8점	
	모든 어휘와 문장을 이해하고, 빠르게 읽었어.	10점	
2 분석력	힝. 1개 이하로 맞혔어.	4점	
	2개 맞혔어.	6점	
	3개 맞혔어.	8점	
	모두 다 맞혔어.	10점	
3 요약력	힝. 1개 이하로 맞혔어.	4점	
	2개 맞혔어.	6점	
	3개 맞혔어.	8점	
	모두 다 맞혔어.	10점	
4 어휘력	4개 중에 1개 이하로 알고 있어.	4점	
	4개 중에 2개 알고 있어.	6점	
	4개 중에 3개 알고 있어.	8점	
	모든 어휘의 뜻을 다 알고 있어.	10점	
5 연상 추론력	이번에 다 처음 봤어.	4점	
	1개 정도만 들어 봤어.	6점	
	답은 맞혔지만 무엇인지는 잘 모르겠어.	8점	
	답도 맞히고, 무엇인지도 잘 알고 있어.	10점	
6 비판적 사고력	잘 못하겠어.	4점	
	문장 말고 어휘 위주로 썼어.	6점	
	이유나 예시를 1개 정도 제시하여 문장을 잘 썼어.	8점	
	이유나 예시를 2개 이상 제시하여 문장을 잘 썼어.	10점	

▶2단계 나의 육각형 그리기!

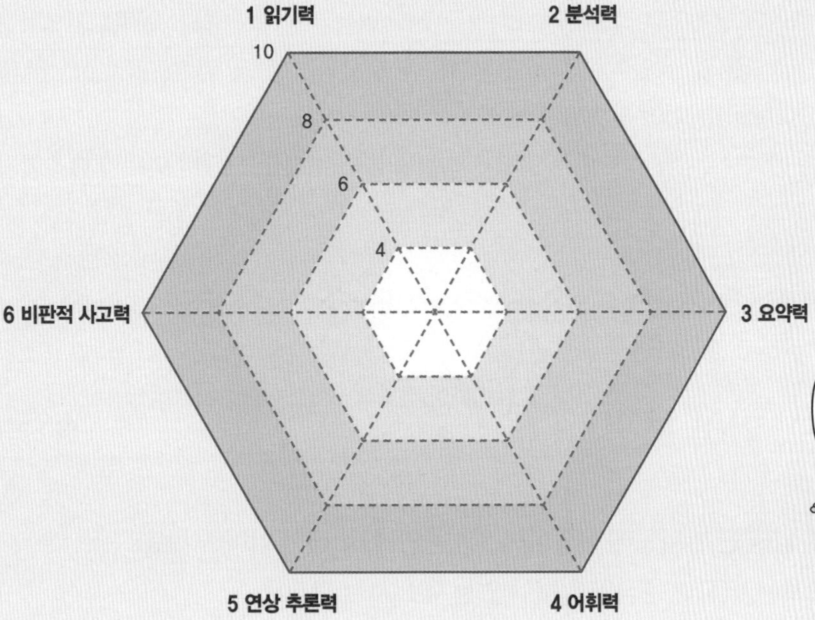

2. [경제] 왼쪽 자릿수 효과 기사 난이도 ★★

왜 가격은 900원으로 끝날까?

왼쪽 자릿수 효과를 활용한 마케팅

20,000원과 19,900원 중 어느 것이 더 싸게 느껴지나요? 실제 가격은 100원 차이가 나지만 19,900원이 훨씬 더 싸게 느껴져요. 그 이유는 19,900원의 앞자리가 '1'이기 때문이에요.

이렇게 사람들이 숫자를 읽을 때 맨 앞자리, 즉 제일 왼쪽에 있는 숫자에 더 많은 관심을 가지는 경향을 '왼쪽 자릿수 효과'라고 해요. 대부분의 사람들은 숫자를 왼쪽에서 오른쪽으로 읽는 습관이 있기 때문에, 숫자의 맨 앞자리에 더 큰 의미를 **부여**하게 되지요.

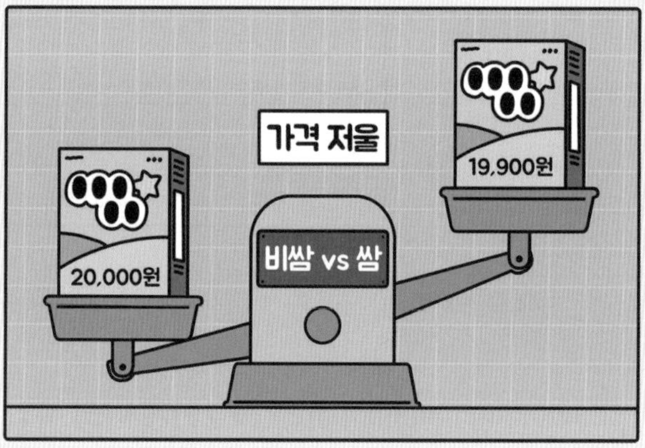

왼쪽 자릿수 효과는 마케팅에서 많이 활용돼요. 마트에서 볼 수 있는 6,900원, 9,900원, 19,900원 등의 가격은 7,000원, 10,000원, 20,000원과 불과 100원 차이지만 앞자리가 바뀌면서 제품이 훨씬 더 **저렴**해 보이지요. 이처럼 왼쪽 자릿수 효과는 우리가 숫자를 인식하는 방식에 큰 영향을 미쳐요.

왼쪽 자릿수 효과에 현혹되지 않으려면 숫자를 끝까지 읽는 것이 중요해요. 숫자를 전체적으로 살펴보아야 정확한 크기를 알 수 있어요. 가격표 앞자리 수가 바뀌면 좀 더 싼 것처럼 보이지만, 실제로는 **할인** 금액이 크지 않다는 점에 유의해야 해요.

숫자를 끝까지 살펴보고 객관적으로 판단하는 습관을 길러 보세요. 그래야 마트의 **유혹**에 넘어가지 않을 수 있어요.

1 또박또박 읽어 보기

읽기력

위의 기사를 밑줄 친 키워드에 집중하며 5분 동안 소리 내어 읽어 보세요.
읽으면서 모르는 어휘나 문장이 얼마나 있는지 표시해 보세요.

2 샤샤샥 팩트 체크

분석력

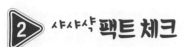

아래의 내용 중 맞는 것에는 ○, 틀린 것에는 ×표 해 보세요.

1 가격의 앞자리의 수가 작으면 더 저렴하게 느껴진다. ☐

2 사람들은 숫자의 맨 뒷자리에 더 큰 의미를 부여한다. ☐

3 왼쪽 자릿수 효과는 마케팅에서 많이 활용된다. ☐

4 마트에서 물건을 살 때에는 가격의 앞자리 수만 봐야 한다. ☐

3 뚝딱 주제 정리

요약력

기사의 핵심 내용을 요약해 보세요.

(   )는 사람들이 숫자를 읽을 때 제일 (   )에 있는 숫자에 더 많은 (   )을 가지는 것으로, (   )에 많이 활용된다.

4 제대로 의미 알기

어휘력

다음의 뜻을 가진 어휘를 쓰고, 그 어휘를 활용해서 짧은 문장을 만들어 보세요.

뜻	어휘	짧은 문장
① 물건 따위의 값이 쌈	ㅈ ㄹ	
② 사물이나 일에 가치, 의의 따위를 붙여 줌	ㅂ ㅇ	
③ 꾀어서 정신을 혼미하게 하거나 좋지 않은 길로 이끎	ㅇ ㅎ	
④ 일정한 값에서 얼마를 뺌	ㅎ ㅇ	

5 번뜩 배경지식 활용

연상 추론력

아래 써 있는 키워드를 들어 본 적 있나요?
앞의 기사와 관련 있어 보이는 것을 모두 골라 보고 정확한 의미도 알아보세요.

저작권 주식

단수 가격 소비자 심리학 대출

6 이리저리 생각하기

비판적 사고력

왼쪽 자릿수 효과와 관련해서 이리저리 궁리해 볼까요?
두 가지 주제 중 하나를 골라 3줄 쓰기를 해 보세요. (이유나 예시도 2가지 이상 써 보세요.)

1 마트에서 19,900원과 20,000원짜리 상품이 있다면 어떤 것을 고를 것 같나요?

2 앞으로 마트에서 어떻게 물건을 고를지 생각해 보아요.

정답

2영역 ○, ×, ○, × **3영역** 왼쪽 자릿수 효과, 왼쪽, 관심, 마케팅 **4영역** ① 저렴, ② 부여, ③ 유혹, ④ 할인

5영역 단수 가격 : 제품 가격을 1,000원이나 10,000원 등의 단위로 하지 않고, 990원이나 9,900원 등의 단위로 끊어 책정하는 것
소비자 심리학 : 사람들이 상품이나 서비스를 구매하고 사용할 때의 심리적 과정을 연구하는 학문

왼쪽 자릿수 효과

기사 내용에 대한 이해 수준을 스스로 점검해 보고 나의 육각형 읽기 능력을 알아봐!

▶1단계 나의 육각형 점수는?

영역	평가 기준	점수	내 점수는?
1 읽기력	이해 안 가는 어휘나 문장이 3개 이상 있어. 주제도 잘 모르겠어.	4점	
	전체적인 내용은 알겠는데, 이해 안 가는 부분이 있어.	6점	
	거의 이해했어. 이해 안 가는 부분은 앞뒤 문맥을 통해 파악했어.	8점	
	모든 어휘와 문장을 이해하고, 빠르게 읽었어.	10점	
2 분석력	힝. 1개 이하로 맞혔어.	4점	
	2개 맞혔어.	6점	
	3개 맞혔어.	8점	
	모두 다 맞혔어.	10점	
3 요약력	힝. 1개 이하로 맞혔어.	4점	
	2개 맞혔어.	6점	
	3개 맞혔어.	8점	
	모두 다 맞혔어.	10점	
4 어휘력	어휘만 1개 이하로 맞혔어.	4점	
	어휘만 2개 이상 맞혔어.	6점	
	어휘는 다 맞혔는데, 문장은 1-2개 정도만 만들었어.	8점	
	어휘도 다 맞혔고, 모든 문장도 만들었어.	10점	
5 연상 추론력	이번에 다 처음 봤어.	4점	
	1개 정도만 들어 봤어.	6점	
	답은 맞혔지만 무엇인지는 잘 모르겠어.	8점	
	답도 맞히고, 무엇인지도 잘 알고 있어.	10점	
6 비판적 사고력	잘 못하겠어.	4점	
	문장 말고 어휘 위주로 썼어.	6점	
	이유나 예시를 1개 정도 제시하여 문장을 잘 썼어.	8점	
	이유나 예시를 2개 이상 제시하여 문장을 잘 썼어.	10점	

▶2단계 나의 육각형 그리기!

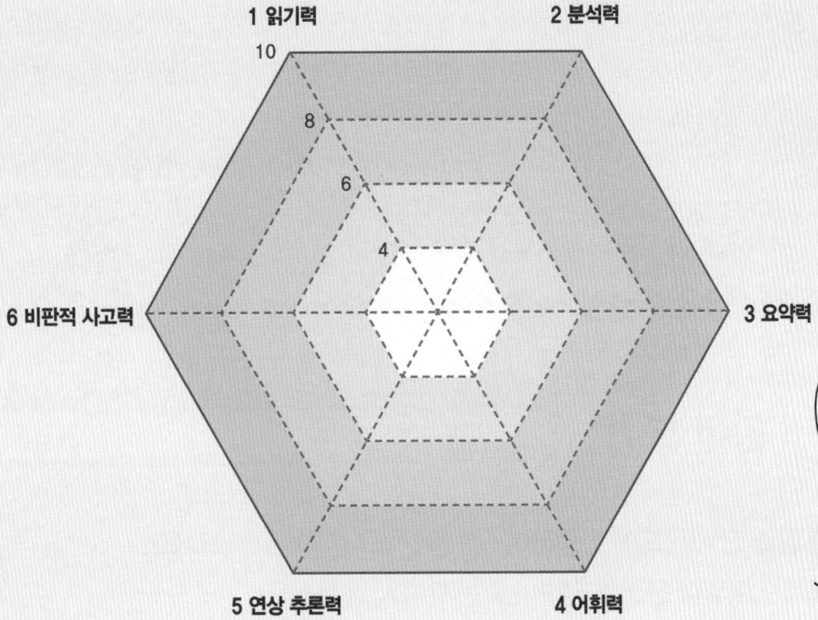

왼쪽 자릿수 효과 마케팅이 꽤 매력적이지?

3. [경제] 디토 소비

기사 난이도 ★★

'나도' 그거 따라 사고 싶어!
새로운 소비 트렌드의 등장

'디토'의 뜻을 알고 있나요? 디토는 '마찬가지', '나도'라는 뜻의 영어 단어 'ditto'에서 나온 말이에요. 디토 소비는 특정 인물이 사용하거나, 콘텐츠(영화, 드라마 등), **유통** 채널(온라인 쇼핑몰 등)에 나온 상품을 '나도' **따라서** 사는 새로운 소비 트렌드를 말해요.

요즘은 상품의 종류와 판매 방법이 다양해져서 무엇을 골라야 할지 고르기가 어려워졌어요. 물건을 살 때면, 어떤 것을 골라야 할지 머리가 복잡해져요. 빠르게 좋은 상품을 선택할 수 있다면 얼마나 좋을까요? 그래서 누군가 추천한 상품을 '나도' 따라 사는 디토 소비가 확대되고 있어요. 소비자들은 특정 연예인이 사용하는 상품을 따라 사거나, SNS의 유명인이 추천하는 상품을 사기도 해요. 또 영화·드라마·예능 등에 영향을 받기도 하지요.

기업들도 디토 소비 트렌드에 맞춰 다양한 서비스를 내놓고 있어요. AI를 이용해 고객의 **구매** 패턴을 분석한 뒤, 맞춤형 상품을 추천해요. 상품이나 서비스를 재미있는 콘텐츠로 만들어 소비자들이 자연스럽게 접하고 구매할 수 있게 하기도 해요. 또, 편리한 구매 경험을 제공하는 새로운 유통 채널을 만들기도 하지요.

디토 소비를 통해 가격이나 만족도를 꼼꼼히 살피는 대신 간편한 과정을 선호하는 소비자가 늘고 있어요. 이에 따라 특정 인물이나 콘텐츠, 유통 채널의 영향력이 유통 구조를 변화시키기도 해요.

1 또박또박 읽어 보기

읽기력

위의 기사를 밑줄 친 키워드에 집중하며 5분 동안 소리 내어 읽어 보세요.
읽으면서 모르는 어휘나 문장이 얼마나 있는지 표시해 보세요.

2 샤샤샥 팩트 체크 분석력

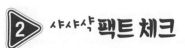

아래의 내용 중 맞는 것에는 ○, 틀린 것에는 ×표 해 보세요.

1 디토는 '마찬가지', '나도'라는 뜻이다. ( )

2 요즘은 상품의 종류와 판매 방법이 다양해져 물건을 고르기가 쉽다. ( )

3 특정 연예인이 사용하는 상품을 따라 사는 것도 디토 소비이다. ( )

4 기업들은 디토 소비 트렌드에 맞춰 고객 맞춤형 상품을 추천한다. ( )

3 뚝딱 주제 정리 요약력

기사의 핵심 내용을 요약해 보세요.

( )는 누군가 사용하는 제품을 ( ) 따라 사는 소비 ( )이다. 이를 통해 가격이나 만족도를 꼼꼼히 살피는 대신 ( ) 과정을 선호하는 소비자가 늘고 있다.

4 제대로 의미 알기 어휘력

어휘의 뜻을 연결시켜 보고, 비슷한 어휘와 반대 어휘까지 줄로 이어 보세요.

어휘	뜻	비슷한 어휘	반대 어휘
① 유통 •	• ④ 물건 따위를 사들임 •	• ㉠ 통용 •	• ㉣ 판매
② 따르다 •	• ⑤ 물품 따위가 세상에 널리 쓰임 •	• ㉡ 구입 •	• ㉤ 이끌다
③ 구매 •	• ⑥ 남이 하는 대로 같이 함 •	• ㉢ 좇다 •	• ㉥ 폐기

5 번뜩 배경지식 활용

연상 추론력

아래 써 있는 키워드를 들어 본 적 있나요?
앞의 기사와 관련 있어 보이는 것을 모두 골라 보고 정확한 의미도 알아보세요.

가치 소비 　 환율

화폐 　 산업 혁명 　 인플루언서

6 이리저리 생각하기

비판적 사고력

디토 소비와 관련해서 이리저리 궁리해 볼까요?
두 가지 주제 중 하나를 골라 3줄 쓰기를 해 보세요. (이유나 예시도 2가지 이상 써 보세요.)

1 디토 소비를 한 적 있나요? 했다면 그 이유가 무엇인지 이야기해 보아요.

2 디토 소비 문화가 우리 생활에 어떤 영향을 줄지 상상해 보아요.

정답

2영역 ○, ×, ○, ○ 　 **3영역** 디토 소비, 나도, 트렌드, 간편한

4영역 ①-⑤-㉠-㉥, ②-⑥-㉢-㉤, ③-④-㉡-㉣

5영역 가치 소비 : 가격이나 품질 등의 기존 소비 행태와는 달리 윤리적 신념이나 개인 취향에 따라 소비하는 현상
인플루언서 : SNS, 인터넷 등에서 영향을 주는 사람, 영향력 있는 사람

디토 소비

기사 내용에 대한 이해 수준을 스스로 점검해 보고 나의 육각형 읽기 능력을 알아봐!

▶1단계 나의 육각형 점수는?

영역	평가 기준	점수	내 점수는?
1 읽기력	이해 안 가는 어휘나 문장이 3개 이상 있어. 주제도 잘 모르겠어.	4점	
	전체적인 내용은 알겠는데, 이해 안 가는 부분이 있어.	6점	
	거의 이해했어. 이해 안 가는 부분은 앞뒤 문맥을 통해 파악했어.	8점	
	모든 어휘와 문장을 이해하고, 빠르게 읽었어.	10점	
2 분석력	힝. 1개 이하로 맞혔어.	4점	
	2개 맞혔어.	6점	
	3개 맞혔어.	8점	
	모두 다 맞혔어.	10점	
3 요약력	힝. 1개 이하로 맞혔어.	4점	
	2개 맞혔어.	6점	
	3개 맞혔어.	8점	
	모두 다 맞혔어.	10점	
4 어휘력	9개 중에 1~2개만 알고 있어.	4점	
	9개 중에 절반 정도 알고 있어.	6점	
	9개 중에 1~2개 정도만 어렵고 거의 알고 있어.	8점	
	모든 어휘의 뜻을 다 알고 있어.	10점	
5 연상 추론력	이번에 다 처음 봤어.	4점	
	1개 정도만 들어 봤어.	6점	
	답은 맞혔지만 무엇인지는 잘 모르겠어.	8점	
	답도 맞히고, 무엇인지도 잘 알고 있어.	10점	
6 비판적 사고력	잘 못하겠어.	4점	
	문장 말고 어휘 위주로 썼어.	6점	
	이유나 예시를 1개 정도 제시하여 문장을 잘 썼어.	8점	
	이유나 예시를 2개 이상 제시하여 문장을 잘 썼어.	10점	

▶2단계 나의 육각형 그리기!

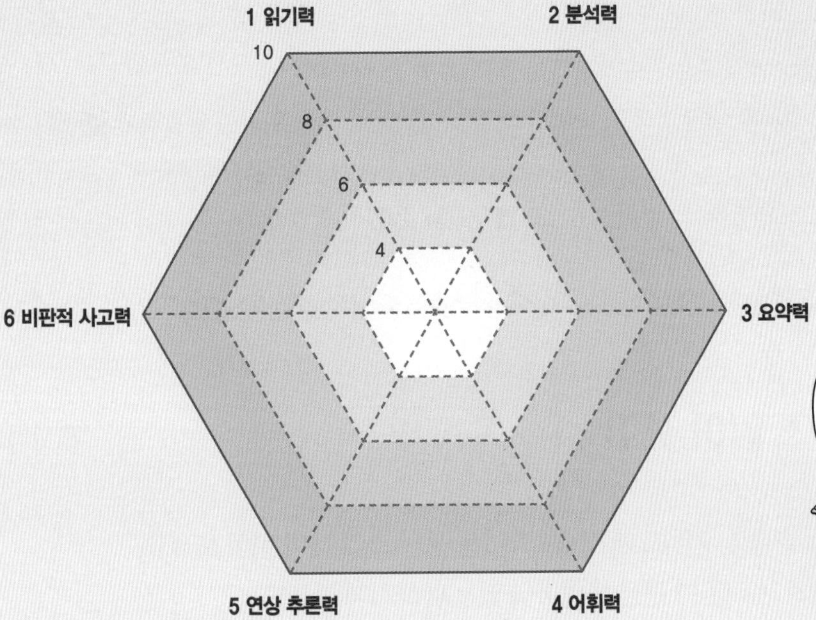

외국인 관광객, 지갑을 닫다
여행 수지 적자의 이유와 개선 방법

인천 공항의 모습

우리나라의 여행 수지가 **적자**를 기록했어요. 여행 수지란 외국 사람들이 한국에 와서 쓴 돈과 한국 사람들이 **해외**에 가서 쓴 돈의 차이를 말해요. 2024년 상반기 여행 수지는 65억 달러 적자가 났어요. 이는 코로나가 유행하기 전인 2018년 이후 가장 큰 적자 규모인데, 당분간 이 적자 흐름은 계속될 것으로 전망돼요.

그렇다면 왜 적자가 많이 났을까요? 그 이유는 첫째, 외국인 관광객들이 한국에 와서 돈을 많이 쓰지 않았기 때문이에요. 코로나가 끝나고 외국인들이 다시 한국을 방문하기 시작했지만, 예전만큼 돈을 쓰지 않고 있어요. 특히 중국인 관광객들의 쇼핑이 크게 줄었어요.

둘째, 우리나라 사람들이 해외에 가서 돈을 많이 썼기 때문이에요. 코로나가 끝나면서 많은 사람이 해외여행을 떠나기 시작했어요. 해외여행을 간 한국인들은 코로나 이전과 비슷하게 돈을 썼지요.

이렇게 한국을 찾은 외국인 관광객들은 돈을 적게 쓰고, 해외여행을 떠난 한국인들은 돈을 많이 쓰면서 여행 수지 적자가 생긴 거예요. 여행 수지가 나아지려면 우선 외국인 관광객 수를 늘려야 해요. 또 서울뿐만 아니라 부산·광주·경주 등 새로운 지역으로 외국인 관광객의 방문을 유도하거나, 다양한 체험을 제공함으로써 한국에 머무는 기간을 **연장**시킬 수 있는 방법을 찾아야 해요.

1 또박또박 읽어 보기

읽기력

위의 기사를 밑줄 친 키워드에 집중하며 5분 동안 소리 내어 읽어 보세요.
읽으면서 모르는 어휘나 문장이 얼마나 있는지 표시해 보세요.

2 샤샤샥 팩트 체크 — 분석력

아래의 내용 중 맞는 것에는 ○, 틀린 것에는 ×표 해 보세요.

1 여행 수지는 외국 사람들이 한국에서 쓴 돈이다. ( )

2 코로나 이후 우리나라에 방문한 중국인 관광객들의 쇼핑이 예전보다 늘었다. ( )

3 한국인들이 코로나 이후 해외여행을 많이 갔다. ( )

4 외국인 관광객 수가 늘어야 여행 수지가 나아질 것이다. ( )

3 뚝딱 주제 정리 — 요약력

기사의 핵심 내용을 요약해 보세요.

한국을 찾은 (　　　　　　) 관광객들은 돈을 (　　　　　　) 쓰고, 해외여행을 떠난 (　　　　　　)들은 돈을 많이 쓰면서 여행 수지 (　　　　　　)가 생겼다. 따라서 여행 수지가 나아질 수 있는 방법을 찾아야 한다.

4 제대로 의미 알기 — 어휘력

어휘의 뜻을 연결시켜 보고, 비슷한 어휘와 반대 어휘까지 줄로 이어 보세요.

어휘		뜻		비슷한 어휘		반대 어휘
① 적자	• •	④ 시간이나 거리 따위를 본래보다 길게 늘림	• •	㉠ 연기	• •	㉣ 국내
② 해외	• •	⑤ 수입보다 지출이 많아 생기는 결손액	• •	㉡ 국외	• •	㉤ 흑자
③ 연장	• •	⑥ 다른 나라를 이르는 말	• •	㉢ 손실	• •	㉥ 단축

5 번뜩 배경지식 활용

연상 추론력

아래 써 있는 키워드를 들어 본 적 있나요?
앞의 기사와 관련 있어 보이는 것을 모두 골라 보고 정확한 의미도 알아보세요.

체류　　MZ 세대

임금 피크제　　유커　　도시 농업

6 이리저리 생각하기

비판적 사고력

해외여행과 관련해서 이리저리 궁리해 볼까요?
두 가지 주제 중 하나를 골라 3줄 쓰기를 해 보세요. (이유나 예시도 2가지 이상 써 보세요.)

1 중국인 관광객들의 쇼핑이 크게 준 이유는 무엇일까요?

2 여행 수지를 흑자로 돌릴 수 있는 방법은 무엇이 있을지 생각해 보아요.

정답

2영역 ×, ×, ○, ○　**3영역** 외국인, 적게, 한국인, 적자　**4영역** ①-⑤-ⓒ-ⓜ, ②-⑥-ⓛ-ⓡ, ③-④-ⓖ-ⓗ

5영역 체류 : 객지에 가서 머물러 있음

유커 : 본래 관광객을 의미하는 표준 중국어 낱말이나, 대한민국 내에서는 중국인 관광객을 의미하는 용어

여행 수지

기사 내용에 대한 이해 수준을 스스로 점검해 보고 나의 육각형 읽기 능력을 알아봐!

▶1단계 나의 육각형 점수는?

영역	평가 기준	점수	내 점수는?
1 읽기력	이해 안 가는 어휘나 문장이 3개 이상 있어. 주제도 잘 모르겠어.	4점	
	전체적인 내용은 알겠는데, 이해 안 가는 부분이 있어.	6점	
	거의 이해했어. 이해 안 가는 부분은 앞뒤 문맥을 통해 파악했어.	8점	
	모든 어휘와 문장을 이해하고, 빠르게 읽었어.	10점	
2 분석력	힝. 1개 이하로 맞혔어.	4점	
	2개 맞혔어.	6점	
	3개 맞혔어.	8점	
	모두 다 맞혔어.	10점	
3 요약력	힝. 1개 이하로 맞혔어.	4점	
	2개 맞혔어.	6점	
	3개 맞혔어.	8점	
	모두 다 맞혔어.	10점	
4 어휘력	9개 중에 1-2개만 알고 있어.	4점	
	9개 중에 절반 정도 알고 있어.	6점	
	9개 중에 1-2개 정도만 어렵고 거의 알고 있어.	8점	
	모든 어휘의 뜻을 다 알고 있어.	10점	
5 연상 추론력	이번에 다 처음 봤어.	4점	
	1개 정도만 들어 봤어.	6점	
	답은 맞혔지만 무엇인지는 잘 모르겠어.	8점	
	답도 맞히고, 무엇인지도 잘 알고 있어.	10점	
6 비판적 사고력	잘 못하겠어.	4점	
	문장 말고 어휘 위주로 썼어.	6점	
	이유나 예시를 1개 정도 제시하여 문장을 잘 썼어.	8점	
	이유나 예시를 2개 이상 제시하여 문장을 잘 썼어.	10점	

▶2단계 나의 육각형 그리기!

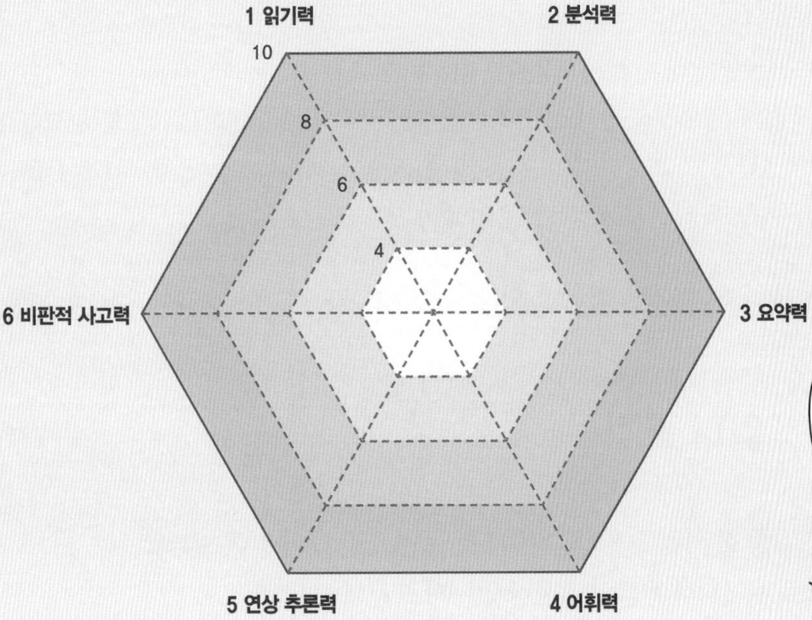

여행 수지 기사에서는 어떤 영역이 가장 부족해?

5. 【경제】 환율 기사 난이도 ★★★

1달러는 우리나라 돈으로 얼마인가요?

환율의 의미와 영향

전광판에 쓰인 국가별 환율

해외여행을 가려면 여행 갈 나라의 돈으로 **환전**을 해야 해요. 환전할 때는 우리나라 돈인 원화를 그 나라 돈 얼마로 바꿀 수 있는지 **환율**에 따라 계산해요. 환율은 나라와 나라가 돈을 바꿀 때의 비율을 말해요. 예를 들어 미국의 1달러를 원화 1,200원에 바꿀 수 있다면, 원·달러 환율은 달러당 1,200원이에요. 환율은 나라마다 달라서 환전할 때는 환율을 꼭 확인해야 해요.

환율은 각 나라의 경제 상황과, 국제 경제의 흐름에 따라 매일 조금씩 바뀌어요. 만약 우리나라 돈을 많은 사람이 필요로 하면, 원화 가치가 오르게 되면서 원화가 비싸지고, 환율이 내려요. 반대로 우리나라 돈을 필요로 하는 사람이 줄어들면, 원화 가치가 떨어지면서 원화가 싸지고, 환율이 오르지요.

환율은 수출과 수입에 많은 영향을 주어요. 만약 1달러에 1,000원 하던 환율이 1,200원으로 오른다고 가정해 보아요. 그럼 예전에 1,000원으로 수입했던 물건을 지금은 1,200원을 주고 사 와야 해서 수입품을 찾는 사람이 줄어들 거예요.

반대로 다른 나라에서는 우리나라 물건을 같은 가격에 더 많이 살 수 있게 돼요. 우리나라 제품의 가격 경쟁력이 높아지는 거지요. 그럼 제품을 수출하는 우리나라 기업들은 수출이 늘어 이익을 보게 돼요. 결국 환율이 오르면 수입을 하는 기업들은 불리하고, 수출을 하는 기업들은 유리해져요.

환율은 우리 생활에 큰 영향을 끼쳐요. 그래서 정부는 환율이 크게 변하지 않도록 안정시키기 위해 노력해요. 외환 시장에 개입하거나 금리를 조정하는 등의 정책을 사용해서 말이지요. 환율은 복잡한 개념이지만 이해하면 우리 생활에 많은 도움이 될 수 있어요.

1 또박또박 읽어 보기

읽기력

위의 기사를 밑줄 친 키워드에 집중하며 5분 동안 소리 내어 읽어 보세요.
읽으면서 모르는 어휘나 문장이 얼마나 있는지 표시해 보세요.

2 샤샤샥 팩트 체크

분석력

아래의 내용 중 맞는 것에는 ○, 틀린 것에는 ×표 해 보세요.

1 환전할 때는 환율에 따라 계산한다. ☐

2 환율은 나라와 나라가 돈을 바꿀 때의 비율을 말한다. ☐

3 우리나라 돈을 필요로 하는 사람이 줄어들면 달러당 원화의 환율이 내린다. ☐

4 달러를 기준으로 원화의 환율이 오르면 우리나라의 수출이 줄어들고 수입이 늘어난다. ☐

3 뚝딱 주제 정리

요약력

기사의 핵심 내용을 요약해 보세요.

(   )은 나라와 나라가 돈을 바꿀 때의 (   )을 말한다. 환율은 나라의 (   ) 상황과 국제 경제의 흐름에 따라 매일 조금씩 바뀐다. 또한 (   )과 수입에 영향을 미친다.

4 제대로 의미 알기

어휘력

다음 두 어휘에서 '환'의 뜻이 무엇일지 생각해 보고, '환'이 들어가는 어휘를 3개만 써 보세요.

환전 : 서로 종류가 다른 화폐와 화폐, 또는 화폐와 지금을 교환함
환율 : 자기 나라 돈과 다른 나라 돈의 교환 비율

'환'의 뜻 :

'환'이 들어가는 어휘 :

5 번뜩 배경지식 활용

연상 추론력

아래 써 있는 것 중 '수출-수입'과 같은 관계에 있는 것이 무엇인지 골라 보고, 그 이유도 이야기해 보세요.

① 사랑-애정

② 상승-하강

③ 지식-학문

6 이리저리 생각하기

비판적 사고력

환율과 관련해서 이리저리 궁리해 볼까요?
두 가지 주제 중 하나를 골라 3줄 쓰기를 해 보세요. (이유나 예시도 2가지 이상 써 보세요.)

1 환율은 왜 매일 조금씩 바뀔까요?

2 환율이 우리 생활에 미치는 영향에 대해 이야기해 보아요.

정답

2영역 ○, ○, ×, × **3영역** 환율, 비율, 경제, 수출

4영역 바꾸다, 교환하다 / 예 변환, 환기, 환승 등 **5영역** ② 상승-하강 / 예 '수출-수입'처럼 서로 반대되는 어휘라서.

환율

기사 내용에 대한 이해 수준을 스스로 점검해 보고 나의 육각형 읽기 능력을 알아봐!

▶1단계 나의 육각형 점수는?

영역	평가 기준	점수	내 점수는?
1 읽기력	이해 안 가는 어휘나 문장이 3개 이상 있어. 주제도 잘 모르겠어.	4점	
	전체적인 내용은 알겠는데, 이해 안 가는 부분이 있어.	6점	
	거의 이해했어. 이해 안 가는 부분은 앞뒤 문맥을 통해 파악했어.	8점	
	모든 어휘와 문장을 이해하고, 빠르게 읽었어.	10점	
2 분석력	힝. 1개 이하로 맞혔어.	4점	
	2개 맞혔어.	6점	
	3개 맞혔어.	8점	
	모두 다 맞혔어.	10점	
3 요약력	힝. 1개 이하로 맞혔어.	4점	
	2개 맞혔어.	6점	
	3개 맞혔어.	8점	
	모두 다 맞혔어.	10점	
4 어휘력	힝. 잘 모르겠어.	4점	
	뜻만 맞혔어.	6점	
	뜻과 어휘 1-2개 정도만 맞혔어.	8점	
	뜻과 어휘 모두 맞혔어.	10점	
5 연상 추론력	힝. 잘 모르겠어.	4점	
	뭔가 썼지만 아예 다른 답 같아.	6점	
	어느 정도 알고 있지만 설명은 잘 못했어.	8점	
	답도 맞히고 설명도 잘했어.	10점	
6 비판적 사고력	잘 못하겠어.	4점	
	문장 말고 어휘 위주로 썼어.	6점	
	이유나 예시를 1개 정도 제시하여 문장을 잘 썼어.	8점	
	이유나 예시를 2개 이상 제시하여 문장을 잘 썼어.	10점	

▶2단계 나의 육각형 그리기!

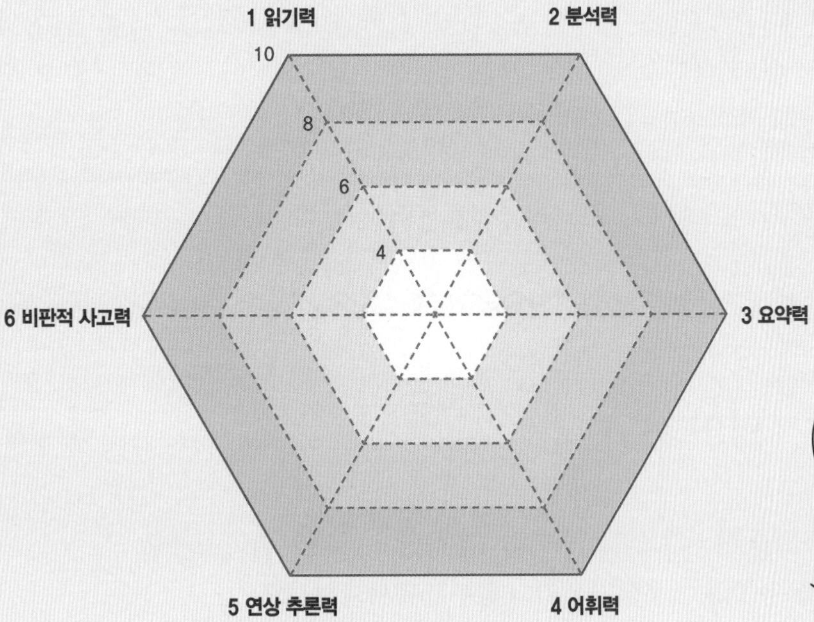

6. 【경제】 보호 무역주의 기사 난이도 ★★

중국 제품에 높은 세금을 매기자!
전 세계에 부는 보호 무역주의 바람

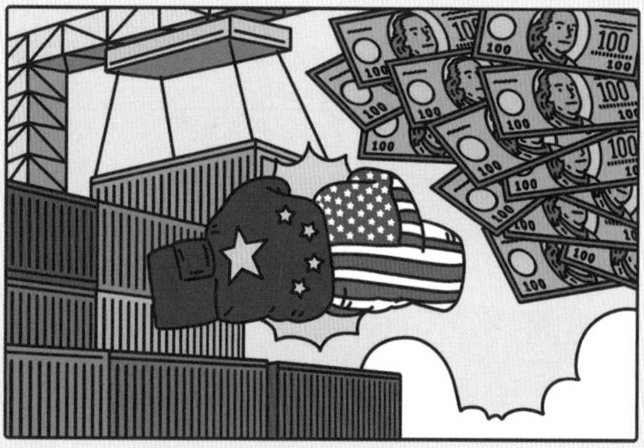

중국이 집중하고 있는 전기차와 반도체 등의 산업에 대해 미국이 **관세**를 크게 올리면서 보호 무역주의에 대한 논쟁이 벌어지고 있어요. 보호 무역주의는 자기 나라의 산업과 일자리를 보호하기 위해 다른 나라의 물건에 높은 세금을 매기는 것을 말해요.

미국은 중국이 전기차와 철강 등의 제품에 정부가 보조금을 크게 지원하고, 실제 중국 내에서 필요로 하는 수보다 훨씬 많이 생산해 다른 나라에 낮은 가격으로 수출하고 있다고 밝혔어요. 중국은 이런 식으로 **첨단** 산업을 키워 세계 시장을 선점하고, 일자리를 만들어 **자국** 경제를 활성화시키고 있다는 게 미국의 주장이에요.

미국이 중국 제품에 대한 관세를 올리면, 중국산 전기차가 비싸져요. 결국 미국에서 만든 전기차의 가격이 상대적으로 낮아져 경쟁력이 생기죠.

미국이 관세를 높여 중국 제품이 팔리지 않는다면, 중국은 미국이 아닌 다른 나라에 물건을 팔 거예요. 여기에 대비해 유럽과 주요 7개국도 중국 제품에 대한 관세를 올리려고 논의 중이지요.

중국은 미국이 세계 무역 기구(WTO)의 규칙을 위반하고 있다며 거세게 반발하고 있어요. 중국 역시 **보복** 조치를 취할 거라고 예상되어요.

보호 무역주의는 자국 산업을 보호하는 데 도움이 되지만, 소비자 가격 인상, 무역 갈등, 경제 효율성 저하 등의 문제를 초래해요. 따라서 보호 무역주의를 시행할 때는 이런 단점들을 충분히 고려해야 해요.

1 또박또박 읽어 보기

읽기력

위의 기사를 밑줄 친 키워드에 집중하며 5분 동안 소리 내어 읽어 보세요.
읽으면서 모르는 어휘나 문장이 얼마나 있는지 표시해 보세요.

2 샤샤샥 팩트 체크 분석력

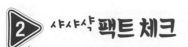

아래의 내용 중 맞는 것에는 ○, 틀린 것에는 ×표 해 보세요.

1 미국은 중국의 전략 산업에 대해 관세를 내렸다. ( )

2 중국은 자국 전기차 산업에 보조금을 지원하고 있다. ( )

3 보호 무역주의는 유럽으로 이어질 것이다. ( )

4 보호 무역주의는 소비자 가격 인상과 무역 갈등을 해소한다. ( )

3 뚝딱 주제 정리 요약력

기사의 핵심 내용을 요약해 보세요.

미국이 중국 제품에 대한 (   )를 크게 올려 (   )에 대한 논쟁이 벌어졌다. 보호 무역주의는 (   ) 산업을 보호하는 데 도움이 되지만, 소비자 가격 인상, 무역 (   ) 등의 문제를 초래한다.

4 제대로 의미 알기 어휘력

어휘의 뜻을 연결시켜 보고, 비슷한 어휘까지 줄로 이어 보세요.

어휘	뜻	비슷한 어휘
① 관세	⑤ 시대 흐름, 유행 따위의 맨 앞장	㉠ 수입세
② 첨단	⑥ 남이 저에게 해를 준 대로 저도 그에게 해를 줌	㉡ 선두
③ 자국	⑦ 자기 나라	㉢ 본국
④ 보복	⑧ 수출, 수입하는 화물에 대해 부과되는 세금	㉣ 대갚음

5 번뜩 배경지식 활용

연상 추론력

아래 써 있는 키워드를 들어 본 적 있나요?
앞의 기사와 관련 있어 보이는 것을 모두 골라 보고 정확한 의미도 알아보세요.

지방 자치　　성평등

수입 할당제　　반려동물　　자유 무역주의

6 이리저리 생각하기

비판적 사고력

보호 무역주의와 관련해서 이리저리 궁리해 볼까요?
두 가지 주제 중 하나를 골라 3줄 쓰기를 해 보세요. (이유나 예시도 2가지 이상 써 보세요.)

1 미국은 왜 중국 제품에 높은 관세를 매기려고 할까요?

2 모든 나라들이 보호 무역주의를 택한다면 어떤 일이 벌어질지 상상해 보아요.

정답

2영역 ×, ○, ○, ×　**3영역** 관세, 보호 무역주의, 자국, 갈등　**4영역** ①-⑧-㉠, ②-⑤-㉡, ③-⑦-㉢, ④-⑥-㉣

5영역 수입 할당제 : 외국에서 들어오는 특정 상품의 양을 제한하여 국내 산업을 보호하는 방식

자유 무역주의 : 보호 무역주의의 반대 개념으로, 무역에 대한 국가의 간섭을 배제하고 자유로운 대외 거래를 해야 한다는 주장

보호 무역주의

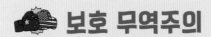

기사 내용에 대한 이해 수준을 스스로 점검해 보고 나의 육각형 읽기 능력을 알아봐!

▶1단계 나의 육각형 점수는?

영역	평가 기준	점수	내 점수는?
1 읽기력	이해 안 가는 어휘나 문장이 3개 이상 있어. 주제도 잘 모르겠어.	4점	
	전체적인 내용은 알겠는데, 이해 안 가는 부분이 있어.	6점	
	거의 이해했어. 이해 안 가는 부분은 앞뒤 문맥을 통해 파악했어.	8점	
	모든 어휘와 문장을 이해하고, 빠르게 읽었어.	10점	
2 분석력	힝. 1개 이하로 맞혔어.	4점	
	2개 맞혔어.	6점	
	3개 맞혔어.	8점	
	모두 다 맞혔어.	10점	
3 요약력	힝. 1개 이하로 맞혔어.	4점	
	2개 맞혔어.	6점	
	3개 맞혔어.	8점	
	모두 다 맞혔어.	10점	
4 어휘력	8개 중에 1~2개만 알고 있어.	4점	
	8개 중에 절반 정도 알고 있어.	6점	
	8개 중에 1~2개 정도만 어렵고 거의 알고 있어.	8점	
	모든 어휘의 뜻을 다 알고 있어.	10점	
5 연상 추론력	이번에 다 처음 봤어.	4점	
	1개 정도만 들어 봤어.	6점	
	답은 맞혔지만 무엇인지는 잘 모르겠어.	8점	
	답도 맞히고, 무엇인지도 잘 알고 있어.	10점	
6 비판적 사고력	잘 못하겠어.	4점	
	문장 말고 어휘 위주로 썼어.	6점	
	이유나 예시를 1개 정도 제시하여 문장을 잘 썼어.	8점	
	이유나 예시를 2개 이상 제시하여 문장을 잘 썼어.	10점	

▶2단계 나의 육각형 그리기!

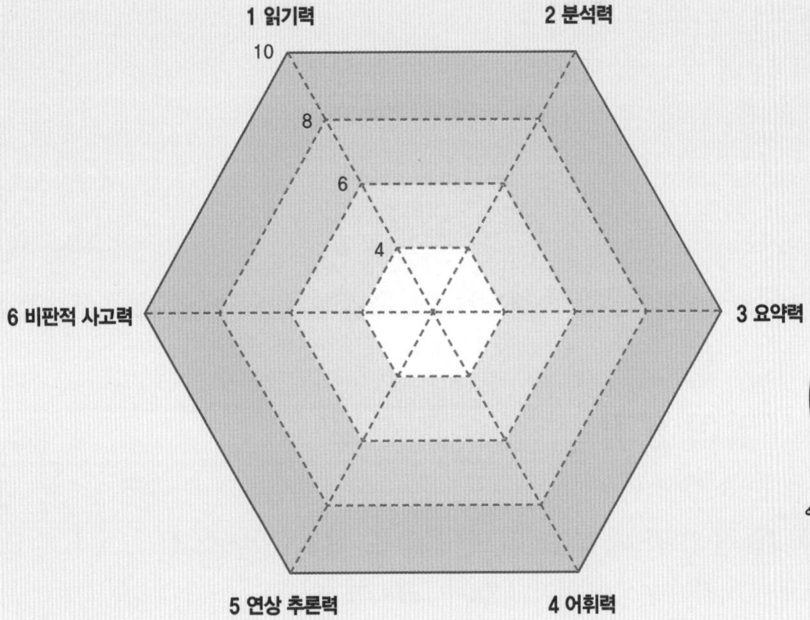

7. [경제] 기업 자금 기사 난이도 ★★★

능력 있는 기업이 돈을 빌린다
기업이 돈을 마련하는 방법

기업은 성장하기 위해 돈이 필요해요. 기업이 돈을 모으는 방법은 내부 자금과 외부 자금으로 나눌 수 있어요. 내부 자금은 기업이 스스로 번 돈 중, **운영**하는 데 든 돈과 **주주**들에게 지급하는 돈을 뺀 나머지 돈이에요. 내부 자금은 따로 비용이 들지 않고 언제든지 사용할 수 있어요. 하지만 기업을 운영하다 보면 큰돈이 필요할 때가 있어요. 이때 기업은 부족한 돈을 외부에서 빌려요. 이걸 외부 자금이라고 해요.

외부 자금은 다시 간접 금융과 직접 금융으로 나뉘어요. 간접 금융은 은행과 같은 **금융 기관**에서 돈을 빌리는 거예요. 은행은 기업이 돈을 얼마나 잘 갚을 수 있는지 판단해서 빌려줄 금액을 결정해요. 기업이 믿음직스럽지 않으면 주식이나 부동산 같은 담보를 요구하기도 해요.

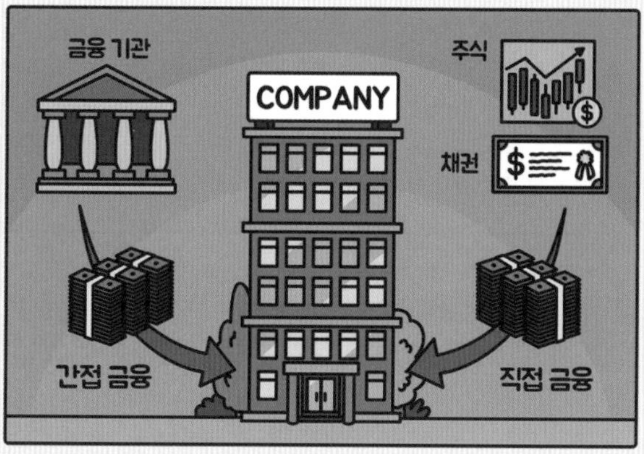

직접 금융은 기업이 주식이나 채권으로 투자자를 직접 모으는 거예요. 회사에서 주식을 발행하면 투자자들에게 돈을 갚는 대신 이익의 일부를 주주들에게 **배당금**으로 줘야 해요. 채권은 투자자들에게 긴 시간 동안 돈을 빌리기 위해 발행하는 증서예요. 채권을 발행하면 나중에 원금과 이자를 갚아야 한다는 점이 은행에서 돈을 빌리는 것과 비슷해요.

기업이 어떤 방법으로 필요한 돈을 마련하는지 보면 그 기업의 상황을 알 수 있어요. 내부 자금과 외부 자금 사이에서 균형을 잘 잡는 것이 기업의 능력이랍니다.

1 또박또박 읽어 보기

읽기력

위의 기사를 밑줄 친 키워드에 집중하며 5분 동안 소리 내어 읽어 보세요.
읽으면서 모르는 어휘나 문장이 얼마나 있는지 표시해 보세요.

2 샤샤샥 팩트 체크 분석력

아래의 내용 중 맞는 것에는 ○, 틀린 것에는 ×표 해 보세요.

1 기업이 성장하기 위해서는 돈이 필요하다. ☐

2 기업을 운영할 때 큰돈이 필요하면 내부에서 빌린다. ☐

3 간접 금융은 기업에서 주식이나 채권으로 직접 투자자를 찾는 것이다. ☐

4 기업이 필요한 돈을 마련하는 방법으로는 그 기업의 상황을 알 수 없다. ☐

3 뚝딱 주제 정리 요약력

기사의 핵심 내용을 요약해 보세요.

기업은 성장하기 위해 필요한 (　　　　　　)을 스스로 모을 수도 있고, (　　　　　　)에서 빌릴 수도 있다. (　　　　　　) 자금과 외부 자금 사이에서 (　　　　　　)을 잘 잡는 것이 기업의 능력이다.

4 제대로 의미 알기 어휘력

어휘의 뜻을 연결시켜 보세요.

어휘		뜻
① 운영 ·	·	⑤ 주식을 가지고 직접 또는 간접으로 회사 경영에 참여하는 개인이나 법인
② 주주 ·	·	⑥ 은행, 보험 회사 등 예금에서 자금을 마련해 기업이나 개인에게 빌려주거나 투자하는 기관
③ 금융 기관 ·	·	⑦ 주식회사가 이익금의 일부를 할당하여 자금을 낸 사람이나 주주에게 주는 돈
④ 배당금 ·	·	⑧ 조직이나 기구, 사업체 따위를 운용하고 경영함

5 번뜩 배경지식 활용

연상 추론력

아래 써 있는 키워드를 들어 본 적 있나요?
앞의 기사와 관련 있어 보이는 것을 모두 골라 보고 정확한 의미도 알아보세요.

주가　　탄소 발자국

캐시백　　자율 주행　　부도

6 이리저리 생각하기

비판적 사고력

기업의 자금과 관련해서 이리저리 궁리해 볼까요?
두 가지 주제 중 하나를 골라 3줄 쓰기를 해 보세요. (이유나 예시도 2가지 이상 써 보세요.)

1 내가 만약 주식을 산다면 어떤 회사의 주식을 사고 싶나요?

2 주식마다 가격이 모두 달라요. 가격이 다른 이유를 생각해 보아요.

정답

2영역 ○, ×, ×, ×　**3영역** 돈, 외부, 내부, 균형　**4영역** ①-⑧, ②-⑤, ③-⑥, ④-⑦

5영역 주가 : 주식 시장에서 특정 회사의 주식이나 주권의 가격
부도 : 어음이나 수표를 가진 사람이 기한이 되어도 어음이나 수표에 적힌 돈을 지급받지 못하는 일

기업 자금

기사 내용에 대한 이해 수준을 스스로 점검해 보고 나의 육각형 읽기 능력을 알아봐!

▶1단계 나의 육각형 점수는?

영역	평가 기준	점수	내 점수는?
1 읽기력	이해 안 가는 어휘나 문장이 3개 이상 있어. 주제도 잘 모르겠어.	4점	
	전체적인 내용은 알겠는데, 이해 안 가는 부분이 있어.	6점	
	거의 이해했어. 이해 안 가는 부분은 앞뒤 문맥을 통해 파악했어.	8점	
	모든 어휘와 문장을 이해하고, 빠르게 읽었어.	10점	
2 분석력	힝. 1개 이하로 맞혔어.	4점	
	2개 맞혔어.	6점	
	3개 맞혔어.	8점	
	모두 다 맞혔어.	10점	
3 요약력	힝. 1개 이하로 맞혔어.	4점	
	2개 맞혔어.	6점	
	3개 맞혔어.	8점	
	모두 다 맞혔어.	10점	
4 어휘력	4개 중에 1개 이하로 알고 있어.	4점	
	4개 중에 2개 알고 있어.	6점	
	4개 중에 3개 알고 있어.	8점	
	모든 어휘의 뜻을 다 알고 있어.	10점	
5 연상 추론력	이번에 다 처음 봤어.	4점	
	1개 정도만 들어 봤어.	6점	
	답은 맞혔지만 무엇인지는 잘 모르겠어.	8점	
	답도 맞히고, 무엇인지도 잘 알고 있어.	10점	
6 비판적 사고력	잘 못하겠어.	4점	
	문장 말고 어휘 위주로 썼어.	6점	
	이유나 예시를 1개 정도 제시하여 문장을 잘 썼어.	8점	
	이유나 예시를 2개 이상 제시하여 문장을 잘 썼어.	10점	

▶2단계 나의 육각형 그리기!

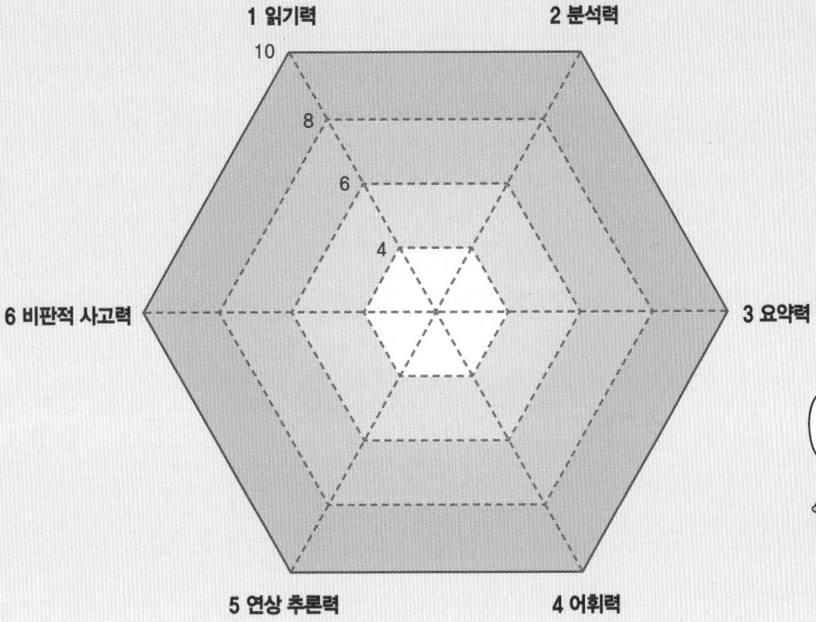

8. [경제] 은행 기사 난이도 ★★★

돈을 맡기고 빌리면 돈이 늘어난다고?
은행과 예금 창조

은행 통장과 돈

은행은 돈을 맡아 주고, 빌려주는 일을 해요. 우리가 은행에 돈을 맡기면 은행은 그 돈을 다른 사람에게 빌려줘요. 은행이 돈을 직접 만들지는 않지만 이 과정에서 돈이 늘어나요. 좀 더 자세히 살펴볼까요?

우리가 은행에 10,000원을 **예금**하면 은행은 법으로 정한 **최소한**의 돈을 제외하고, 나머지 돈을 다른 사람에게 빌려줄 수 있어요. 은행에서 빌려줄 수 있는 돈이 9,000원이라고 가정해 보면, 다른 사람이 내가 맡긴 10,000원 중 9,000원을 빌릴 수 있는 거예요. 우리가 5,000원을 추가로 다시 맡기면 은행은 다시 4,500원을 또 다른 사람에게 빌려줄 수 있어요. 앞서 9,000원을 빌렸던 사람은 나중에 자신이 빌린 돈에 이자를 더해서 내야 해요. 이자가 500원이라면 9,500원을 갚아야 하죠.

은행은 우리가 맡긴 10,000원으로 500원을 벌었어요. 또, 4,500원을 빌린 사람에게도 이자를 받겠지요. 이렇게 하면 은행이 가진 돈은 자꾸 늘어나요. 그리고 여러 사람이 그 돈을 또다시 빌릴 수 있고요. 즉, 은행에 돈을 맡기고, 또 그 돈을 여러 사람이 빌리게 되면 은행이 돈을 만들어 내는 셈이에요. 이렇게 은행이 돈을 불리는 것을 '예금 창조'라고 해요. 은행은 예금 창조를 통해 현금과 예금의 합을 늘릴 수 있어요. 이 과정이 **되풀이**되면 더 많은 돈이 세상에 흐르게 되는 거예요.

돈 있는 사람들이 계속해서 은행에 돈을 맡기고, 돈을 필요로 하는 사람들이 은행에서 돈을 빌린다면 경제를 살리는 데 도움이 된답니다.

1 또박또박 읽어 보기

읽기력

위의 기사를 밑줄 친 키워드에 집중하며 5분 동안 소리 내어 읽어 보세요.
읽으면서 모르는 어휘나 문장이 얼마나 있는지 표시해 보세요.

2 샤샤샥 팩트 체크

분석력

아래의 내용 중 맞는 것에는 ○, 틀린 것에는 ×표 해 보세요.

1 은행은 돈을 맡아 주고, 빌려주는 일을 한다. ☐

2 일반 은행은 돈을 직접 찍어 낸다. ☐

3 은행이 예금으로 돈을 불리는 것을 예금 창조라고 한다. ☐

4 돈을 빌리고 갚는 것은 경제에 도움이 되지 않는다. ☐

3 뚝딱 주제 정리

요약력

기사의 핵심 내용을 요약해 보세요.

(   )에 돈을 맡기면 돈이 늘어나는 (   ) 효과가 있다. 돈 있는 사람들이 계속해서 은행에 돈을 (   ), 돈을 필요로 하는 사람들이 은행에서 돈을 (   ) 경제를 살리는 데 도움이 된다.

4 제대로 의미 알기

어휘력

어휘의 뜻을 연결시켜 보고, 비슷한 어휘와 반대 어휘까지 줄로 이어 보세요.

어휘	뜻	비슷한 어휘	반대 어휘
① 예금 •	• ④ 일정한 계약에 의해 은행 등에 돈을 맡김 •	• ㉠ 미니멈 •	• ㉣ 단발
② 최소한 •	• ⑤ 같은 말이나 일을 자꾸 반복함 •	• ㉡ 중복 •	• ㉤ 최대한
③ 되풀이 •	• ⑥ 일정한 조건에서 더 이상 줄이기 어려운 가장 작은 한도 •	• ㉢ 입금 •	• ㉥ 출금

5 번뜩 배경지식 활용

연상 추론력

다음 글은 통화량에 대한 설명이에요.
이 글을 읽고, 왜 돈을 많이 쓰고 많이 빌려야 하는지 이야기해 보세요.

통화량은 한 나라 안에서 사람들이 사용하거나 보유하는 돈의 총량을 말해요.
통화량은 크게 두 가지로 나눌 수 있어요. 첫 번째는 현금이에요. 우리가 직접 쓸 수 있는 지폐와 동전이지요. 두 번째는 예금이에요. 은행에 맡겨 둔 돈으로, 은행 카드나 인터넷 뱅킹을 통해 사용할 수 있어요. 통화량이 많아지면 사람들이 돈을 많이 쓰고, 물건을 많이 사요. 그러면 가게들이 돈을 더 벌고, 경제가 활발해질 수 있어요. 하지만 통화량이 너무 많으면 물건값이 크게 오를 수 있어요. 반대로 통화량이 너무 적으면 사람들이 돈을 덜 쓰게 돼서 경제가 침체될 수 있지요.
그래서 나라는 통화량을 조절해서 경제가 잘 돌아가도록 노력한답니다.

6 이리저리 생각하기

비판적 사고력

은행의 시스템과 관련해서 이리저리 궁리해 볼까요?
두 가지 주제 중 하나를 골라 3줄 쓰기를 해 보세요. (이유나 예시도 2가지 이상 써 보세요.)

1 은행은 어떻게 돈을 늘릴까요?
2 은행이 가진 돈이 늘거나 줄면 우리 생활에 어떤 영향을 미치는지 이야기해 보아요.

정답
2영역 ○, ×, ○, × **3영역** 은행, 예금 창조, 맡기고, 빌리면 **4영역** ①-④-㉢-㉥, ②-⑥-㉠-㉤, ③-⑤-㉡-㉣
5영역 ㉑ 사람들이 돈을 많이 쓰고 빌리면, 통화량이 늘어 경제가 활발해지기 때문이다.

은행

기사 내용에 대한 이해 수준을 스스로 점검해 보고 나의 육각형 읽기 능력을 알아봐!

▶1단계 나의 육각형 점수는?

영역	평가 기준	점수	내 점수는?
1 읽기력	이해 안 가는 어휘나 문장이 3개 이상 있어. 주제도 잘 모르겠어.	4점	
	전체적인 내용은 알겠는데, 이해 안 가는 부분이 있어.	6점	
	거의 이해했어. 이해 안 가는 부분은 앞뒤 문맥을 통해 파악했어.	8점	
	모든 어휘와 문장을 이해하고, 빠르게 읽었어.	10점	
2 분석력	힝. 1개 이하로 맞혔어.	4점	
	2개 맞혔어.	6점	
	3개 맞혔어.	8점	
	모두 다 맞혔어.	10점	
3 요약력	힝. 1개 이하로 맞혔어.	4점	
	2개 맞혔어.	6점	
	3개 맞혔어.	8점	
	모두 다 맞혔어.	10점	
4 어휘력	9개 중에 1-2개만 알고 있어.	4점	
	9개 중에 절반 정도 알고 있어.	6점	
	9개 중에 1-2개 정도만 어렵고 거의 알고 있어.	8점	
	모든 어휘의 뜻을 다 알고 있어.	10점	
5 연상 추론력	힝. 잘 모르겠어.	4점	
	뭔가 썼지만 아예 다른 답 같아.	6점	
	어느 정도 알고 있지만 설명은 잘 못했어.	8점	
	제시 글에 따라 설명을 잘했어.	10점	
6 비판적 사고력	잘 못하겠어.	4점	
	문장 말고 어휘 위주로 썼어.	6점	
	이유나 예시를 1개 정도 제시하여 문장을 잘 썼어.	8점	
	이유나 예시를 2개 이상 제시하여 문장을 잘 썼어.	10점	

▶2단계 나의 육각형 그리기!

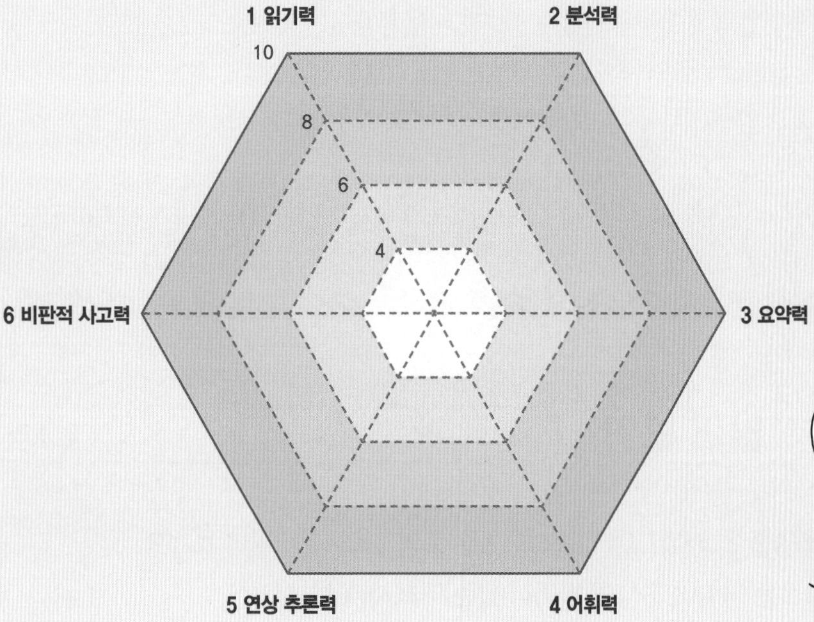

9. [경제] 대기업 쏠림 현상 기사 난이도 ★★★

왜 대기업만 가려고 하지?
임금·복지 격차로 중소기업 기피 심해져

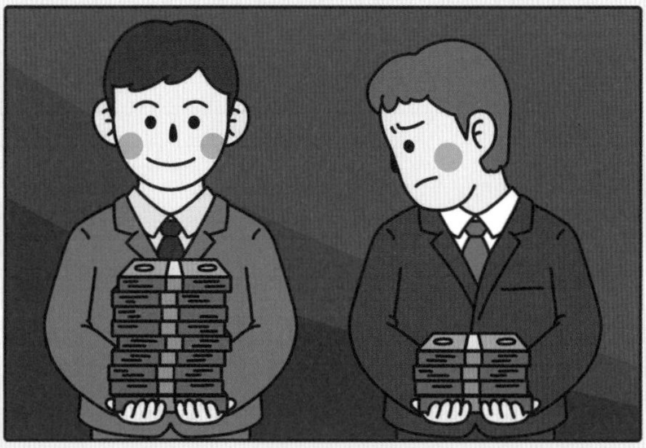

우리나라는 대기업과 중소기업 사이에 **임금** 차이가 아주 커요. 2022년 통계에 따르면 대기업 직원의 월평균 임금은 중소기업 직원의 월평균 임금보다 약 2배 정도 더 많다고 해요. 경제 협력 개발 기구(OECD)국가 중에서도 차이가 가장 큰 편이지요. 그래서 많은 사람이 대기업에 취업하려고 해요.

이러한 현상은 여러 가지 사회 문제를 만들어요. 일부 대기업에서는 직원을 뽑을 때 이름 있는 대학교 출신의 사람들을 선호하기도 해요. 그래서 대기업에 들어가기 위해 학생들의 입시 경쟁이 치열해져요. 한편 중소기업에서는 출산 휴가나 육아 휴직 등의 복지 제도를 제대로 활용하기 어려워요. 청년들이 중소기업 취업을 **기피**하고 많은 대기업이 **수도권**으로 몰려들면서 지역 균형 발전에도 나쁜 영향을 미치지요.

우리나라는 대기업을 늘리는 데는 한계가 있어요. 중소기업이 직원들에게 대기업과 비슷한 수준의 임금을 주고, 일하기 좋은 환경을 만들어 준다면 이런 문제들이 줄어들 거예요.

이렇게 되려면 정부의 역할이 중요해요. 우수한 중소기업을 선별해 지원하는 정책을 마련하고, 그 정책이 잘 운영되고 있는지 적극적으로 살펴보아야 해요. 중소기업들 스스로도 경쟁력을 키우고, 근무 환경을 **개선**할 수 있도록 노력해야 해요.

더 많은 사람이 행복하게 일할 수 있는 환경을 만들기 위해서 기업과 정부, 모두의 노력이 필요하지요.

1 또박또박 읽어 보기

읽기력

위의 기사를 밑줄 친 키워드에 집중하며 5분 동안 소리 내어 읽어 보세요.
읽으면서 모르는 어휘나 문장이 얼마나 있는지 표시해 보세요.

2 샤샤샥 팩트 체크 분석력

아래의 내용 중 맞는 것에는 ○, 틀린 것에는 ×표 해 보세요.

1 우리나라는 대기업과 중소기업 사이에 임금 차이가 없다. ☐

2 대기업 쏠림 현상은 사회 문제를 만든다. ☐

3 중소기업에서는 출산 휴가나 육아 휴직 제도를 이용하기 어렵다. ☐

4 정부는 대기업과 중소기업의 임금 문제 해결에 개입하면 안 된다. ☐

3 뚝딱 주제 정리 요약력

기사의 핵심 내용을 요약해 보세요.

우리나라는 (   )과 (   ) 사이에 임금과 복지 차이가 커서 사람들이 대기업에만 취업하려고 한다. 이 현상은 여러 가지 (   )를 만들기 때문에, 사람들이 행복하게 일할 수 있는 환경을 만들기 위해 기업과 (   )가 노력해야 한다.

4 제대로 의미 알기 어휘력

어휘의 뜻을 연결시켜 보고, 비슷한 어휘까지 줄로 이어 보세요.

어휘	뜻	비슷한 어휘
① 임금 •	• ⑤ 잘못된 것이나 부족한 것을 고쳐 더 좋게 만듦 •	• ㉠ 외면
② 기피 •	• ⑥ 꺼리거나 싫어하여 피함 •	• ㉡ 급료
③ 수도권 •	• ⑦ 근로자가 노동의 대가로 사용자에게 받는 보수 •	• ㉢ 보완
④ 개선 •	• ⑧ 수도를 중심으로 이루어진 대도시 지역 •	• ㉣ 대도시권

5 번뜩 배경지식 활용

연상 추론력

다음 글은 대기업의 장점에 대한 설명이에요.
이 글을 읽고, 정부에서 중소기업에 어떤 지원을 해 주면 좋을지 이야기해 보세요.

대기업은 월급이 높고 건강 검진이나 휴가, 교육 지원 같은 혜택을 받을 수 있어서 더 풍요롭게 생활할 수 있어요. 또 다양한 사람들과 함께 일할 수 있어요. 그래서 새로운 것을 배우고, 자신의 능력을 키울 수 있는 기회가 많지요. 대기업에서 일한 경력이 쌓이면 나중에 다른 직장을 찾는 데도 도움이 돼요. 이런 이유들 때문에 많은 사람이 대기업에 취직하고 싶어 해요.

6 이리저리 생각하기

비판적 사고력

대기업 쏠림 현상과 관련해서 이리저리 궁리해 볼까요?
두 가지 주제 중 하나를 골라 3줄 쓰기를 해 보세요. (이유나 예시도 2가지 이상 써 보세요.)

1 사람들은 왜 중소기업보다 대기업에서 일하고 싶어 할까요?
2 대기업과 중소기업의 임금이나 근무 환경이 왜 차이가 나는지 생각해 보아요.

정답

2영역 ×, ○, ○, × **3영역** 대기업, 중소기업, 사회 문제, 정부 **4영역** ①-⑦-㉡, ②-⑥-㉠, ③-⑧-㉣, ④-⑤-㉢
5영역 예 안정적인 생활을 할 수 있도록 건강 검진이나 휴가를 지원하고, 다양한 교육을 제공하여 개개인의 능력을 키울 수 있게 한다.

대기업 쏠림 현상

기사 내용에 대한 이해 수준을 스스로 점검해 보고 나의 육각형 읽기 능력을 알아봐!

▶1단계 나의 육각형 점수는?

영역	평가 기준	점수	내 점수는?
1 읽기력	이해 안 가는 어휘나 문장이 3개 이상 있어. 주제도 잘 모르겠어.	4점	
	전체적인 내용은 알겠는데, 이해 안 가는 부분이 있어.	6점	
	거의 이해했어. 이해 안 가는 부분은 앞뒤 문맥을 통해 파악했어.	8점	
	모든 어휘와 문장을 이해하고, 빠르게 읽었어.	10점	
2 분석력	힝. 1개 이하로 맞혔어.	4점	
	2개 맞혔어.	6점	
	3개 맞혔어.	8점	
	모두 다 맞혔어.	10점	
3 요약력	힝. 1개 이하로 맞혔어.	4점	
	2개 맞혔어.	6점	
	3개 맞혔어.	8점	
	모두 다 맞혔어.	10점	
4 어휘력	8개 중에 1-2개만 알고 있어.	4점	
	8개 중에 절반 정도 알고 있어.	6점	
	8개 중에 1-2개 정도만 어렵고 거의 알고 있어.	8점	
	모든 어휘의 뜻을 다 알고 있어.	10점	
5 연상 추론력	힝. 잘 모르겠어.	4점	
	뭔가 썼지만 아예 다른 답 같아.	6점	
	어느 정도 알고 있지만 설명은 잘 못했어.	8점	
	제시 글에 따라 설명을 잘했어.	10점	
6 비판적 사고력	잘 못하겠어.	4점	
	문장 말고 어휘 위주로 썼어.	6점	
	이유나 예시를 1개 정도 제시하여 문장을 잘 썼어.	8점	
	이유나 예시를 2개 이상 제시하여 문장을 잘 썼어.	10점	

▶2단계 나의 육각형 그리기!

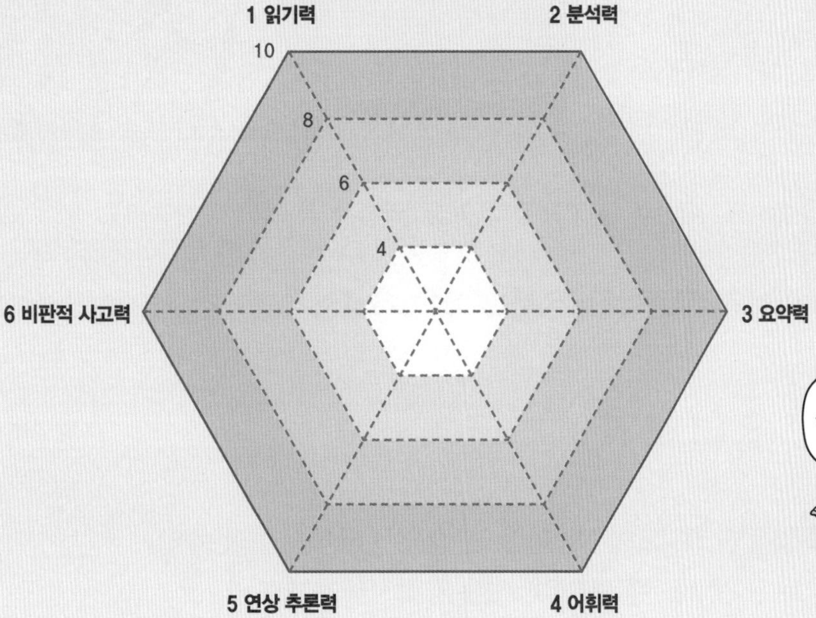

10. [경제] 여성 경제 활동 기사 난이도 ★★

일과 가정의 균형을 맞추기는 힘들어

여성의 경제 활동과 저출산 문제

갈수록 일하는 여성의 수는 늘지만, 반대로 태어나는 아이의 수는 줄고 있어요. 아이를 낳으면 최소 6개월에서 1년 동안은 일을 하기 힘들어요. 따라서 일하는 여성들이 아이를 낳는 대신 일을 선택하는 경우가 많아진 것으로 보여져요. 2022년 기준, 아이가 없는 30대 여성의 **경제 활동** 참가율은 78.7%였지만, 아이가 있는 30대 여성은 53.5%로 경제 활동 참여가 훨씬 낮은 것으로 나타났어요.

일하는 여성들이 늘면서 결혼과 출산 시기도 점점 늦어졌어요. 우리나라 여성들이 결혼을 하는 평균 나이가 2000년에는 26.5세였지만, 2023년에는 31.5세로 높아졌어요. 첫아이를 낳는 나이도 27.7세에서 32.9세로 높아졌고요. 결혼과 **출산**이 늦어지면서 둘 이상의 자녀를 낳는 경우도 점점 줄고 있어요.

전문가들은 일과 가정을 함께할 수 있도록 정부가 도와야 한다고 말해요. 하지만 2023년 기준, 정부가 저출산 문제를 해결하기 위해 사용한 돈 중에서 일과 가정을 함께 돌볼 수 있도록 돕는 데 쓰인 돈은 3.7%밖에 되지 않아요. 일하는 여성의 출산과 **양육**에 직접적인 도움을 주는 **정책**을 늘리고, 남성들이 육아 휴직을 보다 쉽게 할 수 있도록 하는 등 사회적인 변화가 필요해요. 여성들이 일과 가정의 균형을 맞출 수 있도록 지원해야 해요.

1 또박또박 읽어 보기

읽기력

위의 기사를 밑줄 친 키워드에 집중하며 5분 동안 소리 내어 읽어 보세요.
읽으면서 모르는 어휘나 문장이 얼마나 있는지 표시해 보세요.

2 샤샤샥 팩트 체크 분석력

아래의 내용 중 맞는 것에는 ○, 틀린 것에는 ×표 해 보세요.

1 갈수록 일하는 여성의 수와 태어나는 아이의 수가 늘고 있다. ( )

2 아이를 낳으면 한동안 일하기 힘들다. ( )

3 첫아이를 낳는 나이가 점점 빨라지고 있다. ( )

4 일과 가정의 균형을 맞추려면 정부가 도와야 한다. ( )

3 뚝딱 주제 정리 요약력

기사의 핵심 내용을 요약해 보세요.

(   )들의 경제 활동이 늘면서 (   )과 (   ) 시기가 늦어지고 있다. 이 문제를 해결하려면 일과 (   )을 함께 돌볼 수 있도록 사회적 변화가 필요하다.

4 제대로 의미 알기 어휘력

다음 어휘의 뜻을 보고, 알맞은 말을 써 보세요.

어휘	뜻
① 경제 활동	사람들에게 필요한 것을 생산하고 (ㅅ ㅂ) 하는 것과 관련된 모든 활동
② 출산	(ㅇ ㅇ)를 낳음
③ 양육	아이를 보살펴 (ㅈ ㄹ ㄱ) 함
④ 정책	정치적 목적을 실현하기 위한 (ㅂ ㅂ)

5 번뜩 배경지식 활용

연상 추론력

다음 글은 여성 경제 활동의 긍정적인 효과에 대한 설명이에요.
이 글을 읽고, 여성이 사회에서 일을 하면 무엇이 좋은지 이야기해 보세요.

여성이 사회에서 일을 하는 것은 매우 중요해요. 여성들은 다양한 재능과 능력을 가지고 있어요. 과학자, 선생님, 의사, 경찰 등 여러 직업에서 여성들이 활약하고 있지요. 여성들이 일할 기회를 많이 가지면, 우리 사회는 더 발전해요. 여성이 일을 하면 가정이 경제적으로 더 풍요로워져요. 또한, 여성과 남성이 일터에서 함께 일하면, 다양한 아이디어가 나와서 더 좋은 결과를 만들 수도 있지요. 그러기 위해서는 여성이 사회에서 더 많이 일할 수 있는 환경을 만들어야 해요. 성별과 관계없이 모두 평등하게 일할 수 있는 기회가 주어져야 해요.

6 이리저리 생각하기

비판적 사고력

여성의 경제 활동과 관련해서 이리저리 궁리해 볼까요?
두 가지 주제 중 하나를 골라 3줄 쓰기를 해 보세요. (이유나 예시도 2가지 이상 써 보세요.)

1 여성들이 아이를 낳는 대신 일을 선택하는 이유는 무엇일까요?

2 육아 휴직을 사용하는 남성의 수가 육아 휴직을 사용하는 여성의 수보다 적은 이유는 무엇일까요?

정답

2영역 ×, ○, ×, ○ **3영역** 여성, 결혼, 출산, 가정 **4영역** ① 소비, ② 아이, ③ 자라게, ④ 방법

5영역 예 경제 활동을 통해 돈을 벌고, 자기의 능력을 펼칠 수 있다.

여성 경제 활동

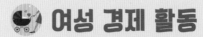

기사 내용에 대한 이해 수준을 스스로 점검해 보고 나의 육각형 읽기 능력을 알아봐!

▶1단계 나의 육각형 점수는?

영역	평가 기준	점수	내 점수는?
1 읽기력	이해 안 가는 어휘나 문장이 3개 이상 있어. 주제도 잘 모르겠어.	4점	
	전체적인 내용은 알겠는데, 이해 안 가는 부분이 있어.	6점	
	거의 이해했어. 이해 안 가는 부분은 앞뒤 문맥을 통해 파악했어.	8점	
	모든 어휘와 문장을 이해하고, 빠르게 읽었어.	10점	
2 분석력	힝. 1개 이하로 맞혔어.	4점	
	2개 맞혔어.	6점	
	3개 맞혔어.	8점	
	모두 다 맞혔어.	10점	
3 요약력	힝. 1개 이하로 맞혔어.	4점	
	2개 맞혔어.	6점	
	3개 맞혔어.	8점	
	모두 다 맞혔어.	10점	
4 어휘력	4개 중에 1개 이하로 알고 있어.	4점	
	4개 중에 2개 알고 있어.	6점	
	4개 중에 3개 알고 있어.	8점	
	모든 어휘의 뜻을 다 알고 있어.	10점	
5 연상 추론력	힝. 잘 모르겠어.	4점	
	뭔가 썼지만 아예 다른 답 같아.	6점	
	어느 정도 알고 있지만 설명은 잘 못했어.	8점	
	제시 글에 따라 설명을 잘했어.	10점	
6 비판적 사고력	잘 못하겠어.	4점	
	문장 말고 어휘 위주로 썼어.	6점	
	이유나 예시를 1개 정도 제시하여 문장을 잘 썼어.	8점	
	이유나 예시를 2개 이상 제시하여 문장을 잘 썼어.	10점	

▶2단계 나의 육각형 그리기!

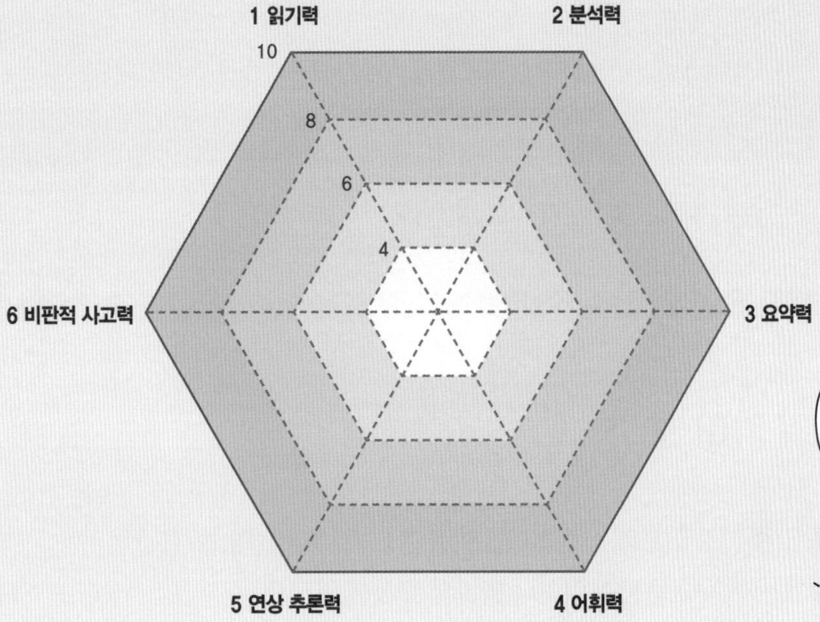

여성 경제 활동에 대한 다른 기사를 더 찾아봐!

 기사 난이도 ★

줄줄 새는 전기를 잡아라
냉장고 문 달기의 효과

마트와 편의점에 있는 냉장고에는 문이 없는 경우가 많아요. 고객들이 상품을 고르고 사는 데 편하게 하기 위해서예요. 문이 없으면 한 손에 장바구니를 들고 상품을 꺼내기 쉽거든요.

하지만 문이 없는 냉장고에 문제점이 있어요. **냉기**가 밖으로 빠져나가서 전기 요금이 많이 나오지요. 또 냉장고에 먼지가 쌓여서 냉장 기능이 떨어지고, 물이 맺히는 '결로 현상'이 생기기도 해요. 두부 같은 식품은 온도가 5℃만 올라가도 세균이 1억 배나 늘어나는데, 온도 유지가 어려워서 식품 **위생**에도 문제가 생길 수 있어요.

문이 없는 편의점 냉장 코너의 모습

그래서 요즘은 마트나 편의점 냉장고에 문을 달기 시작했어요. 그 결과, 전기 요금이 절반까지 줄었고, 먼지도 덜 쌓여서 상품을 깨끗하게 관리할 수 있게 됐어요. 또 온도 유지가 쉬워져서 식품의 **신선도**와 위생이 좋아졌지요. 고객들은 상품을 믿고 구매할 수 있게 되었어요. 냉장고 문을 달기 전과 후를 비교했을 때, 매출에도 큰 차이가 없었어요.

정부는 더 많은 곳에서 냉장고 문을 달도록 지원에 나섰어요. 한국 전력과 식약처는 마트 냉장고에 문을 다는 비용을 지원하고, 이렇게 아낀 전기료를 돌려주는 프로그램을 진행했어요.

전국에 설치된 문 없는 냉장고는 약 50만 대예요. 이 냉장고들에 문을 달면 1년에 1,780GWh의 전기를 절약할 수 있어요. 이 전기량은 48만 가구, 즉 웬만한 도시 인구가 1년 동안 쓰는 전력량과 맞먹는다고 해요. 냉장고 문의 **위력**은 생각보다 어마어마해요.

1 또박또박 읽어 보기

읽기력

위의 기사를 밑줄 친 키워드에 집중하며 5분 동안 소리 내어 읽어 보세요.
읽으면서 모르는 어휘나 문장이 얼마나 있는지 표시해 보세요.

2 샤샤샥 팩트 체크 분석력

아래의 내용 중 맞는 것에는 O, 틀린 것에는 ×표 해 보세요.

1 냉장고에 문이 없는 이유는 고객들의 편의를 위해서이다. ( )

2 마트 냉장고에 문을 달았더니 매출이 반으로 줄었다. ( )

3 문 없는 냉장고에는 많은 문제가 있지만 아직도 모든 냉장고에 문이 없다. ( )

4 전국에 있는 모든 문 없는 냉장고에 문을 달면 1,780GWh의 전기가 절약된다. ( )

3 뚝딱 주제 정리 요약력

기사의 핵심 내용을 요약해 보세요.

고객의 편의를 위해 설치한 (   ) 없는 냉장고는 여러 문제점을 발생시킨다. 그래서 (   )에 문을 달기 시작했더니, 전기 (   )이 크게 줄었고, 매출에도 큰 차이가 (   ).

4 제대로 의미 알기 어휘력

어휘의 뜻을 연결시켜 보고, 비슷한 어휘까지 줄로 이어 보세요.

어휘			뜻			비슷한 어휘
① 냉기	•	•	⑤ 건강에 유익하도록 조건을 갖추거나 대책을 세우는 일	•	•	㉠ 한기
② 위생	•	•	⑥ 신선한 정도	•	•	㉡ 청결
③ 신선도	•	•	⑦ 찬 기운	•	•	㉢ 선도
④ 위력	•	•	⑧ 상대를 압도할 만큼 강력함. 또는 그런 힘	•	•	㉣ 권위

5 번뜩 배경지식 활용

연상 추론력

다음 글은 물 절약에 대한 설명이에요.
이 글을 읽고, 양치할 때 컵을 사용하면 어떤 점에서 물을 절약할 수 있는지 이야기해 보세요.

물은 우리 생활에 없어서는 안 되는 소중한 자원이에요. 꼭 필요한 물만 사용하도록 물을 절약하고, 다음 세대에게 깨끗한 물을 남겨 주어야 하지요.

물을 절약하는 방법은 여러 가지가 있어요.

첫째, 양치할 때 컵을 사용해요. 둘째, 샤워하는 시간을 줄여요. 셋째, 세탁기를 사용할 때는 빨래를 모아서 한꺼번에 돌려요.

우리 모두 물을 절약하는 습관을 길러서 에너지를 절약하도록 노력해요.

6 이리저리 생각하기

비판적 사고력

에너지 절약과 관련해서 이리저리 궁리해 볼까요?
두 가지 주제 중 하나를 골라 3줄 쓰기를 해 보세요. (이유나 예시도 2가지 이상 써 보세요.)

1 여러분은 물이나 전기를 절약하고 있나요? 이러한 에너지를 왜 절약해야 하는지 내 생각을 이야기해 보아요.

2 마트 냉장고에 문을 다는 것처럼 에너지를 절약할 수 있는 방법에는 어떤 것이 있을까요?

정답

2영역 ○, ×, ×, ○ **3영역** 문, 냉장고, 요금, 없었다 **4영역** ①-⑦-㉠, ②-⑤-㉡, ③-⑥-㉢, ④-⑧-㉣

5영역 예 컵에 담긴 물만 사용해 불필요한 물 사용을 줄일 수 있다.

전기 낭비

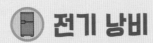

기사 내용에 대한 이해 수준을 스스로 점검해 보고 나의 육각형 읽기 능력을 알아봐!

▶1단계 나의 육각형 점수는?

영역	평가 기준	점수	내 점수는?
1 읽기력	이해 안 가는 어휘나 문장이 3개 이상 있어. 주제도 잘 모르겠어.	4점	
	전체적인 내용은 알겠는데, 이해 안 가는 부분이 있어.	6점	
	거의 이해했어. 이해 안 가는 부분은 앞뒤 문맥을 통해 파악했어.	8점	
	모든 어휘와 문장을 이해하고, 빠르게 읽었어.	10점	
2 분석력	힝. 1개 이하로 맞혔어.	4점	
	2개 맞혔어.	6점	
	3개 맞혔어.	8점	
	모두 다 맞혔어.	10점	
3 요약력	힝. 1개 이하로 맞혔어.	4점	
	2개 맞혔어.	6점	
	3개 맞혔어.	8점	
	모두 다 맞혔어.	10점	
4 어휘력	8개 중에 1-2개만 알고 있어.	4점	
	8개 중에 절반 정도 알고 있어.	6점	
	8개 중에 1-2개 정도만 어렵고 거의 알고 있어.	8점	
	모든 어휘의 뜻을 다 알고 있어.	10점	
5 연상 추론력	힝. 잘 모르겠어.	4점	
	뭔가 썼지만 아예 다른 답 같아.	6점	
	어느 정도 알고 있지만 설명은 잘 못했어.	8점	
	제시 글에 따라 설명을 잘했어.	10점	
6 비판적 사고력	잘 못하겠어.	4점	
	문장 말고 어휘 위주로 썼어.	6점	
	이유나 예시를 1개 정도 제시하여 문장을 잘 썼어.	8점	
	이유나 예시를 2개 이상 제시하여 문장을 잘 썼어.	10점	

▶2단계 나의 육각형 그리기!

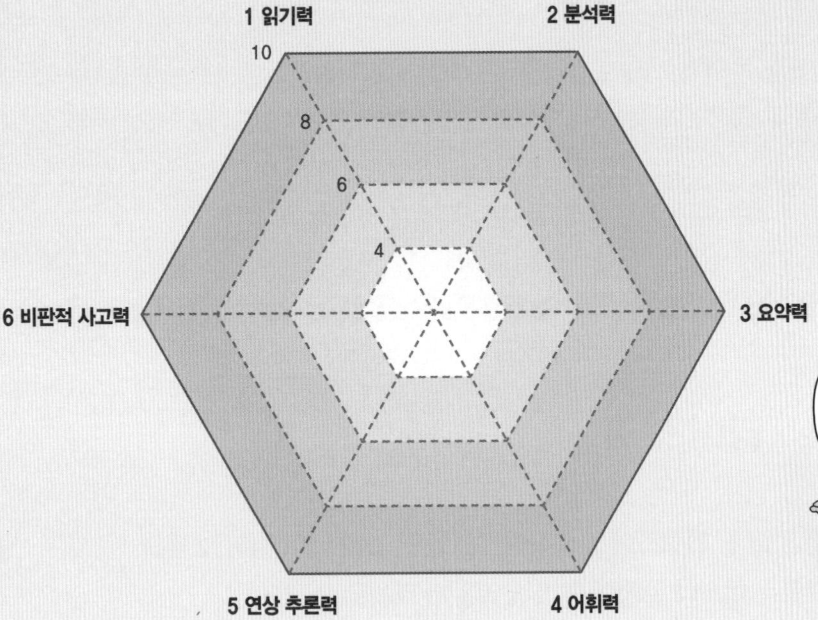

12. 【경제】 인플레이션 기사 난이도 ★★

일자리가 늘어도 이건 오르면 안 돼
인플레이션의 원인

일자리가 늘면 더 많은 사람이 일을 하고 물건을 살 수 있어요. 하지만 인플레이션이 일어나면 일자리가 늘어도 물건을 살 수 없어요. 인플레이션은 물건값이 계속 오르는 현상을 말해요. 인플레이션은 왜 생길까요?

경제가 성장하면서, 물건의 수는 정해져 있는데 그걸 갖고 싶어 하는 사람의 수가 늘어나면 물건값이 올라요. 전쟁이나 자연재해 등으로 물건을 만들 수 없을 때에도 물건값이 오를 수 있어요. 또, 정부가 돈을 너무 많이 찍어 내는 것도 인플레이션의 원인이 되지요. 어떤 이유든 물건값이 지속해서 오르면 인플레이션이 생겨요.

인플레이션이 계속되면 물건값이 올라 사람들이 물건을 사기가 어려워져요. 같은 돈으로 살 수 있는 물건이 적어지지요. 돈의 **가치**가 떨어져서 **저축**한 돈의 가치도 줄어들어요. 은행에 돈을 저축해 놓는 것이 더 **손해**가 될 수 있죠. 기업도 힘들긴 마찬가지예요. 직원들의 임금을 올려 줘야 하거든요.

지나친 인플레이션을 막기 위해서는 정부와 중앙은행의 도움이 필요해요. 정부는 물건값을 낮추기 위해서 세금을 줄이거나 보조금을 지원하고, 중앙은행은 은행의 이자율을 올려서 사람들이 돈을 더 많이 저축하도록 해요. 이렇게 인플레이션은 경제에 큰 영향을 미치지요.

1 또박또박 읽어 보기 읽기력

위의 기사를 밑줄 친 키워드에 집중하며 5분 동안 소리 내어 읽어 보세요.
읽으면서 모르는 어휘나 문장이 얼마나 있는지 표시해 보세요.

2 샤샤샥 팩트 체크 분석력

아래의 내용 중 맞는 것에는 ○, 틀린 것에는 ×표 해 보세요.

1 물건값이 계속 오르는 현상을 인플레이션이라고 한다. ☐

2 경제가 성장하면 인플레이션이 일어나지 않는다. ☐

3 인플레이션이 계속되면 은행에 돈을 저축하는 것이 손해다. ☐

4 정부는 인플레이션을 막기 위해 세금을 줄이기도 한다. ☐

3 뚝딱 주제 정리 요약력

기사의 핵심 내용을 요약해 보세요.

(　　　　　　　　　　)은 물건값이 계속해서 오르는 현상으로, 이 현상이 오랫동안 계속되면 (　　　　　　)을 사기 어려워진다. (　　　　　　)와 (　　　　　　　　)은 인플레이션을 막기 위해 여러 노력을 한다.

4 제대로 의미 알기 어휘력

어휘의 뜻을 연결시켜 보고, 비슷한 어휘와 반대 어휘까지 줄로 이어 보세요.

어휘		뜻		비슷한 어휘		반대 어휘
① 가치	• •	④ 사물이 지니고 있는 쓸모	• •	㉠ 불리	• •	㉣ 이익
② 저축	• •	⑤ 물질적으로나 정신적으로 밑짐	• •	㉡ 비축	• •	㉤ 무의미
③ 손해	• •	⑥ 절약하여 모아 둠	• •	㉢ 중요성	• •	㉥ 낭비

5 번뜩 배경지식 활용 · 연상 추론력

다음 글은 인플레이션의 반대말인 디플레이션에 대한 설명이에요.
이 글을 읽고, 디플레이션이 계속되는 원인을 이야기해 보세요.

디플레이션은 물건의 가격이 계속해서 내려가는 현상이에요. 사과 한 개가 원래 1,000원이었는데, 나중에는 800원이 되고, 더 나중에는 600원이 되는 거죠. 처음에는 가격이 내려가서 좋은 것처럼 보여요. 하지만 가격이 너무 많이 내려가면 사람들이 물건을 사지 않고 가격이 더 내릴 때까지 기다려요. 그러면 상점은 물건을 팔지 못해서 돈을 못 벌고, 기업도 제품을 팔지 못해 어려워져요. 결국 일자리가 줄어들고, 경제가 나빠지지요.

6 이리저리 생각하기 · 비판적 사고력

인플레이션과 관련해서 이리저리 궁리해 볼까요?
두 가지 주제 중 하나를 골라 3줄 쓰기를 해 보세요. (이유나 예시도 2가지 이상 써 보세요.)

1 물건값이 자꾸 오르면 나는 어떤 점이 제일 힘들 것 같나요?
2 인플레이션이 일어나면 가진 돈을 어떻게 써야 할지 이야기해 보아요.

정답

2일차 ○, ×, ○, ○ **3일차** 인플레이션, 물가, 정부, 중앙은행 **4일차** ①-④-㉢-㉤, ②-⑥-㉡-㉥, ③-⑤-㉠-㉣

5일차 예 사람들이 가격이 더 내려갈 것이라고 예상하고 물건을 사지 않을 때 오랫동안 일어난다.

인플레이션

기사 내용에 대한 이해 수준을 스스로 점검해 보고 나의 육각형 읽기 능력을 알아봐!

▶1단계 나의 육각형 점수는?

영역	평가 기준	점수	내 점수는?
1 읽기력	이해 안 가는 어휘나 문장이 3개 이상 있어. 주제도 잘 모르겠어.	4점	
	전체적인 내용은 알겠는데, 이해 안 가는 부분이 있어.	6점	
	거의 이해했어. 이해 안 가는 부분은 앞뒤 문맥을 통해 파악했어.	8점	
	모든 어휘와 문장을 이해하고, 빠르게 읽었어.	10점	
2 분석력	힝. 1개 이하로 맞혔어.	4점	
	2개 맞혔어.	6점	
	3개 맞혔어.	8점	
	모두 다 맞혔어.	10점	
3 요약력	힝. 1개 이하로 맞혔어.	4점	
	2개 맞혔어.	6점	
	3개 맞혔어.	8점	
	모두 다 맞혔어.	10점	
4 어휘력	9개 중에 1-2개만 알고 있어.	4점	
	9개 중에 절반 정도 알고 있어.	6점	
	9개 중에 1-2개 정도만 어렵고 거의 알고 있어.	8점	
	모든 어휘의 뜻을 다 알고 있어.	10점	
5 연상 추론력	힝. 잘 모르겠어.	4점	
	뭔가 썼지만 아예 다른 답 같아.	6점	
	어느 정도 알고 있지만 설명은 잘 못했어.	8점	
	제시 글에 따라 설명을 잘했어.	10점	
6 비판적 사고력	잘 못하겠어.	4점	
	문장 말고 어휘 위주로 썼어.	6점	
	이유나 예시를 1개 정도 제시하여 문장을 잘 썼어.	8점	
	이유나 예시를 2개 이상 제시하여 문장을 잘 썼어.	10점	

▶2단계 나의 육각형 그리기!

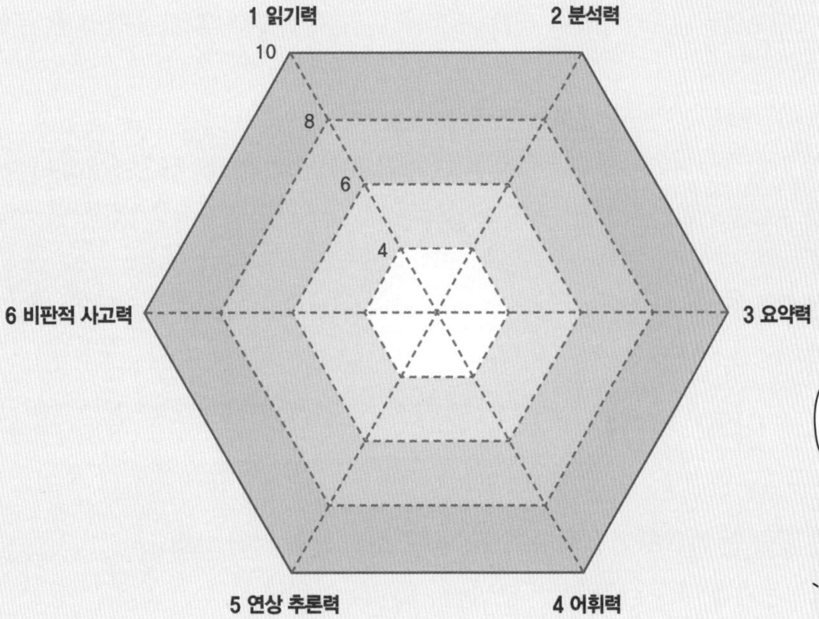

13. 【경제】 경험 소비 기사 난이도 ★

브랜드와 소비자의 새로운 만남
팝업 스토어와 팩토리 투어

마이크로소프트의 팝업 스토어

팝업 스토어는 짧은 기간 동안 열렸다 사라지는 **임시** 매장이에요. 요즘 다양한 주제의 팝업 스토어가 점점 더 늘어나고 있어요. 팝업 스토어에 가면 한정판 제품을 구경하고, 브랜드를 주제로 한 다양한 **체험**을 할 수 있어요. 이런 경험을 통해 그 브랜드가 어떤 생각을 갖고 있는지도 알 수 있지요.

팝업 스토어가 이렇게 인기몰이를 하는 가장 큰 이유는 '특별한 경험' 때문이에요. 요즘 사람들은 특색 있는 경험을 중요하게 생각해요. 그래서 여러 기업들이 공장을 **개방**해서 사람들에게 '특별한 경험'을 제공하는 '팩토리 투어'를 운영하기도 해요.

팩토리 투어는 공장을 직접 방문해 제품이 만들어지는 과정을 체험하는 프로그램이에요. 화장품 판매 기업인 아모레퍼시픽은 '뷰티 파크'라는 공장 투어 프로그램을 운영하고 있어요. 이곳에서는 화장품의 생산 과정을 지켜보고, 생산된 화장품을 직접 발라 볼 수도 있어요.

요구르트를 판매하는 기업인 'hy'는 새로운 공장을 만들며 'hy 팩토리+'라는 공장 투어 프로그램을 공개했어요. 요구르트를 만드는 과정을 견학하고, 직접 유산균이 되어 유해균을 무찌르는 VR 체험도 할 수 있지요.

팩토리 투어는 고객들이 브랜드의 **진정성** 있는 모습을 직접 경험하며, 브랜드를 더 깊이 이해할 수 있다는 점에서 팝업 스토어와는 또 다른 매력을 보여 줘요. 따라서 앞으로 더 많은 기업이 팩토리 투어 프로그램을 운영할 거예요.

1 또박또박 읽어 보기 읽기력

위의 기사를 밑줄 친 키워드에 집중하며 5분 동안 소리 내어 읽어 보세요.
읽으면서 모르는 어휘나 문장이 얼마나 있는지 표시해 보세요.

2 샤샤샥 팩트 체크 분석력

아래의 내용 중 맞는 것에는 ○, 틀린 것에는 ×표 해 보세요.

1 팝업 스토어는 짧은 기간 동안에만 열린다. ☐

2 팝업 스토어는 고객에게 특별한 경험을 주기 때문에 인기몰이 중이다. ☐

3 모든 기업이 자신의 공장을 개방하는 것을 꺼린다. ☐

4 팩토리 투어를 통해서는 브랜드를 깊이 이해할 수 없다. ☐

3 뚝딱 주제 정리 요약력

기사의 핵심 내용을 요약해 보세요.

기업들이 자신들의 (　　　　　　　　)가 어떤 생각을 갖고 있는지 홍보하기 위해서 짧은 기간 동안 잠시 열렸다 사라지는 (　　　　　　　　)나 공장을 개방하는 (　　　　　　　　)를 운영한다. 그 이유는 사람들에게 (　　　　　　　　)을 제공하기 위해서이다.

4 제대로 의미 알기 어휘력

어휘의 뜻을 연결시켜 보세요.

어휘			뜻
① 임시	•	•	⑤ 자기가 몸소 겪음
② 체험	•	•	⑥ 금지하거나 경계하던 것을 풀고 자유롭게 드나들거나 교류하게 함
③ 개방	•	•	⑦ 진실하고 참된 성질
④ 진정성	•	•	⑧ 미리 정하지 아니하고 그때그때 필요에 따라 정한 것

5 번뜩 배경지식 활용

연상 추론력

아래 써 있는 키워드를 들어 본 적 있나요?
앞의 기사와 관련 있어 보이는 것을 모두 골라 보고 의미도 알아보세요.

FTA　　인권
고객 충성도　　노 키즈 존　　플래그십 스토어

6 이리저리 생각하기

비판적 사고력

팝업 스토어 및 팩토리 투어와 관련해서 이리저리 궁리해 볼까요?
두 가지 주제 중 하나를 골라 3줄 쓰기를 해 보세요. (이유나 예시도 2가지 이상 써 보세요.)

1 팝업 스토어와 팩토리 투어의 차이점은 무엇일까요?

2 내가 가고 싶은 팩토리 투어와 그 이유를 이야기해 보아요.

정답

2영역 ○, ○, ×, ×　**3영역** 브랜드, 팝업 스토어, 팩토리 투어, 특별한 경험　**4영역** ①-⑧, ②-⑤, ③-⑥, ④-⑦

5영역 고객 충성도 : 특정 브랜드나 제품에 대해 소비자가 지속적으로 선호하고 재구매하는 경향. 브랜드에 대한 신뢰, 만족을 기반으로 함
플래그십 스토어 : 시장에서 성공을 거둔 특정 상품 브랜드를 중심으로 브랜드의 성격과 이미지를 극대화한 매장

경험 소비

기사 내용에 대한 이해 수준을 스스로 점검해 보고 나의 육각형 읽기 능력을 알아봐!

▶1단계 나의 육각형 점수는?

영역	평가 기준	점수	내 점수는?
1 읽기력	이해 안 가는 어휘나 문장이 3개 이상 있어. 주제도 잘 모르겠어.	4점	
	전체적인 내용은 알겠는데, 이해 안 가는 부분이 있어.	6점	
	거의 이해했어. 이해 안 가는 부분은 앞뒤 문맥을 통해 파악했어.	8점	
	모든 어휘와 문장을 이해하고, 빠르게 읽었어.	10점	
2 분석력	힝. 1개 이하로 맞혔어.	4점	
	2개 맞혔어.	6점	
	3개 맞혔어.	8점	
	모두 다 맞혔어.	10점	
3 요약력	힝. 1개 이하로 맞혔어.	4점	
	2개 맞혔어.	6점	
	3개 맞혔어.	8점	
	모두 다 맞혔어.	10점	
4 어휘력	4개 중에 1개 이하로 알고 있어.	4점	
	4개 중에 2개 알고 있어.	6점	
	4개 중에 3개 알고 있어.	8점	
	모든 어휘의 뜻을 다 알고 있어.	10점	
5 연상 추론력	이번에 다 처음 봤어.	4점	
	1개 정도만 들어 봤어.	6점	
	답은 맞혔지만 무엇인지는 잘 모르겠어.	8점	
	답도 맞히고, 무엇인지도 잘 알고 있어.	10점	
6 비판적 사고력	잘 못하겠어.	4점	
	문장 말고 어휘 위주로 썼어.	6점	
	이유나 예시를 1개 정도 제시하여 문장을 잘 썼어.	8점	
	이유나 예시를 2개 이상 제시하여 문장을 잘 썼어.	10점	

▶2단계 나의 육각형 그리기!

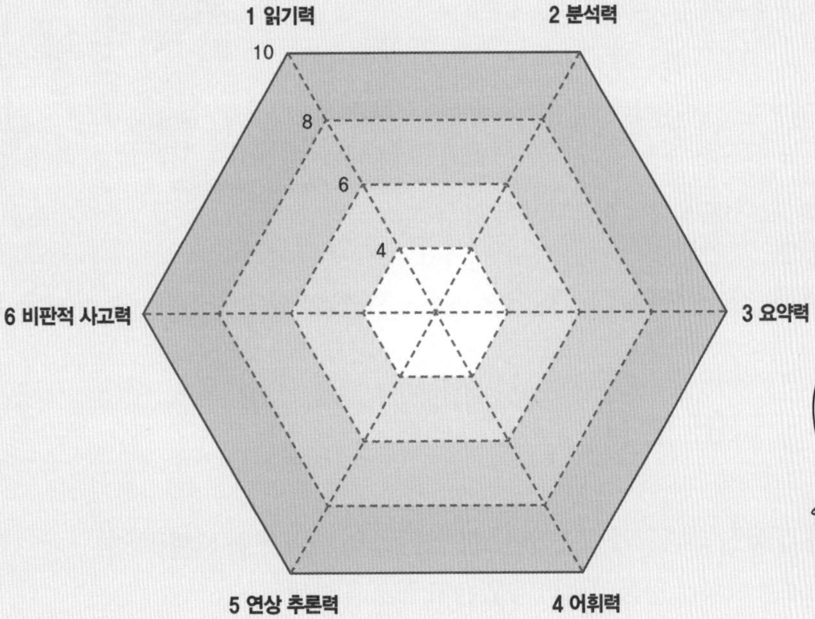

14. 【경제】 배달비 　　　　기사 난이도 ★

배달비가 사라졌다고?
치열해진 무료 배달 경쟁

여러분은 배달 앱을 자주 이용하나요? 갈수록 전화로 음식을 주문하거나 직접 음식점을 방문해 음식을 포장해 오는 사람들보다, 배달 앱을 이용하는 사람들이 늘고 있어요. 그런데 배달 앱을 이용할 경우 배달비가 비싸서 부담스러울 때가 많아요.

배달 시장이 **치열**해지면서 배달 앱들이 구독형 요금제를 시작했어요. 한 달에 일정 금액의 구독료를 내고 멤버십에 가입한 고객들은 배달비 무료 **혜택**이나, 할인 쿠폰을 제공받지요.

이에 따라 배달 앱을 이용하는 식당 주인들의 반발이 커지고 있어요. 배달 앱 업체들은 무료 배달에 따른 배달 비용을 식당 주인들이 부담하도록 하고 있어요. 또 식당 주인들은 배달비와 **별개**로, 배달 앱을 통해 들어오는 주문에 대해 건당 수수료도 부담해야 하지요. 식당 주인들은 가게에 전화로 주문을 하거나, 가게를 방문해 포장하는 손님들에게 할인을 해 주는 등 대책을 고민하고 있어요. 일부 식당에서는 배달 앱에 있는 음식 가격을 매장보다 더 높게 책정하기도 하지요.

소비자 입장에서도 구독형 요금제가 좋은 것만은 아니에요. 무료 배달을 받기 위해서는 최소 주문 금액을 충족시켜야 해요. 그러기 위해서 불필요한 음식을 **추가**로 더 주문해야 하지요. 무료 배달 서비스가 경제적이라고 생각하면서 주문을 더 자주 하기도 해요.

배달 앱의 구독형 요금제는 분명히 소비자에게 매력적이에요. 하지만 이로 인해 발생할 수 있는 다양한 문제점에 대해서도 생각할 필요가 있어요.

물건을 건네받는 배달 기사

1 또박또박 읽어 보기 　　읽기력

위의 기사를 밑줄 친 키워드에 집중하며 5분 동안 소리 내어 읽어 보세요.
읽으면서 모르는 어휘나 문장이 얼마나 있는지 표시해 보세요.

2 샤샤샥 팩트 체크

분석력

아래의 내용 중 맞는 것에는 ○, 틀린 것에는 ×표 해 보세요.

1 배달 앱으로 음식을 주문하는 사람들이 줄고 있다. ☐

2 배달 앱들이 구독형 요금제를 시작하고 있다. ☐

3 배달 앱을 이용하는 식당 주인들은 구독형 요금제를 환영한다. ☐

4 구독형 요금제는 소비자들에게 장점만 있다. ☐

3 뚝딱 주제 정리

요약력

기사의 핵심 내용을 요약해 보세요.

(   ) 시장이 치열해지면서 (   ) 요금제가 시작되었다. 하지만 식당 주인들은 자신들에게 요구되는 무료 배달에 따른 (   )와 건당 (   )에 대한 부담으로 대책을 고민하고 있다.

4 제대로 의미 알기

어휘력

다음의 뜻을 가진 어휘를 쓰고, 그 어휘를 활용해서 짧은 문장을 만들어 보세요.

뜻	어휘	짧은 문장
① 관련성이 없이 서로 다름	ㅂ ㄱ	
② 기세나 세력 따위가 불길같이 맹렬함	ㅊ ㅇ	
③ 은혜와 덕택을 아울러 이르는 말	ㅎ ㅌ	
④ 나중에 더 보탬	ㅊ ㄱ	

5 번뜩 배경지식 활용

연상 추론력

아래 써 있는 키워드를 들어 본 적 있나요?
앞의 기사와 관련 있어 보이는 것을 모두 골라 보고 정확한 의미도 알아보세요.

배달 플랫폼　　인플레이션
히키코모리　　줄기 세포　　배달 라이더

6 이리저리 생각하기

비판적 사고력

배달비와 관련해서 이리저리 궁리해 볼까요?
두 가지 주제 중 하나를 골라 3줄 쓰기를 해 보세요. (이유나 예시도 2가지 이상 써 보세요.)

1 음식을 주문할 때 배달비가 얼마인지 본 적 있나요? 배달비가 비싼 편이라고 생각하나요, 싼 편이라고 생각하나요?

2 배달 앱의 구독형 요금제가 가진 장점이나 단점을 이야기해 보아요.

정답

2영역 ×, ○, ×, ×　　**3영역** 배달, 구독형, 배달비, 수수료　　**4영역** ① 별개, ② 치열, ③ 혜택, ④ 추가

5영역 배달 플랫폼 : 음식을 비롯해 다양한 상품을 온라인으로 주문하고 배달받을 수 있게 하는 서비스
배달 라이더 : 배달 서비스를 제공하는 사람을 지칭하는 말

배달비

기사 내용에 대한 이해 수준을 스스로 점검해 보고 나의 육각형 읽기 능력을 알아봐!

▶1단계 나의 육각형 점수는?

영역	평가 기준	점수	내 점수는?
1 읽기력	이해 안 가는 어휘나 문장이 3개 이상 있어. 주제도 잘 모르겠어.	4점	
	전체적인 내용은 알겠는데, 이해 안 가는 부분이 있어.	6점	
	거의 이해했어. 이해 안 가는 부분은 앞뒤 문맥을 통해 파악했어.	8점	
	모든 어휘와 문장을 이해하고, 빠르게 읽었어.	10점	
2 분석력	힝. 1개 이하로 맞혔어.	4점	
	2개 맞혔어.	6점	
	3개 맞혔어.	8점	
	모두 다 맞혔어.	10점	
3 요약력	힝. 1개 이하로 맞혔어.	4점	
	2개 맞혔어.	6점	
	3개 맞혔어.	8점	
	모두 다 맞혔어.	10점	
4 어휘력	어휘만 1개 이하로 맞혔어.	4점	
	어휘만 2개 이상 맞혔어.	6점	
	어휘는 다 맞혔는데, 문장은 1-2개 정도만 만들었어.	8점	
	어휘도 다 맞혔고, 모든 문장도 만들었어.	10점	
5 연상 추론력	이번에 다 처음 봤어.	4점	
	1개 정도만 들어 봤어.	6점	
	답은 맞혔지만 무엇인지는 잘 모르겠어.	8점	
	답도 맞히고, 무엇인지도 잘 알고 있어.	10점	
6 비판적 사고력	잘 못하겠어.	4점	
	문장 말고 어휘 위주로 썼어.	6점	
	이유나 예시를 1개 정도 제시하여 문장을 잘 썼어.	8점	
	이유나 예시를 2개 이상 제시하여 문장을 잘 썼어.	10점	

▶2단계 나의 육각형 그리기!

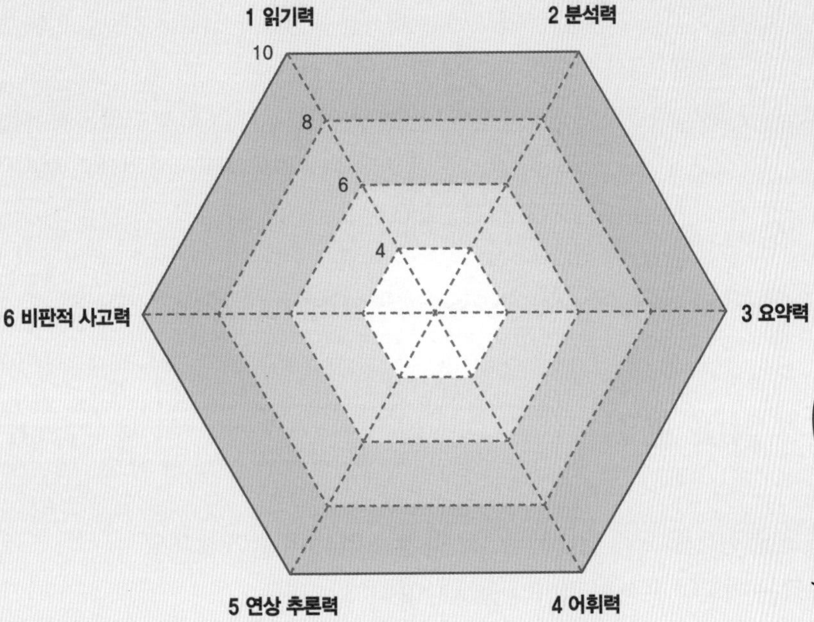

기사 난이도 ★★

해외 직구 금지될까?
KC 안전 인증 의무화 논란

정부가 중국의 온라인 쇼핑몰에서 파는 물건들이 안전하지 않다고 판단하여, 유모차와 완구 등 일부 제품은 KC 안전 인증이 있어야 세관을 통과시키겠다고 밝혔어요. 그러나 이 발표는 많은 사람의 강한 반대에 부딪혔어요.

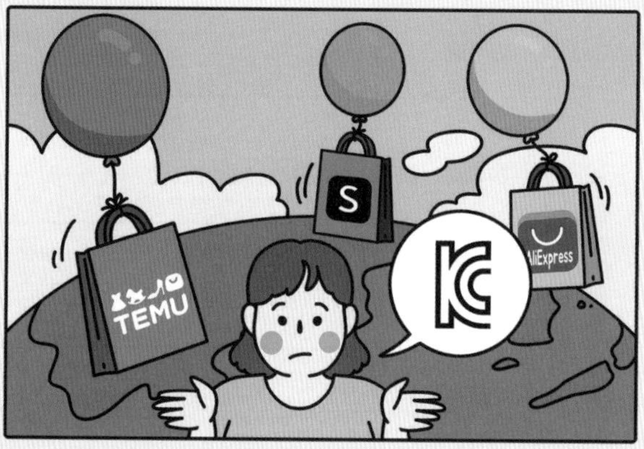

KC 안전 인증을 의무화하면 수입 절차가 복잡해져 시간이 오래 걸려요. 수입하는 데 돈도 더 많이 들어서 소비자들은 몇 배 더 비싸게 제품을 구매해야 하지요. KC 안전 인증 의무화 규제는 소비자의 선택권을 지나치게 제한할 수도 있어요.

결국 정부는 이 정책을 **철회**했어요. 실제로 위해성이 확인된 제품에 대해서만 반입을 금지하겠다고 한발 물러선 거예요.

또한 정부는 **위해** 제품의 반입을 막기 위해 법률 개정이 필요하지만, 국민들의 불편함이 없도록 국회에서 충분히 논의하고 국민의 의견을 반영하겠다고 했어요.

한편, 단순히 수입하는 제품을 규제하는 것만으로는 문제를 해결할 수 없다는 비판도 있어요. 오히려 국내에서 생산되는 제품의 품질을 개선하고, 우수한 기업을 지원하는 것이 훨씬 중요하다고 주장하는 사람도 있지요. 또 대형 마트의 새벽 배송 금지나 오프라인 매장 영업 시간 규제 등을 **완화**하여 국내 유통 업체의 경쟁력을 높이고, 중국 온라인 쇼핑몰에도 국내 업체와 동일한 규제를 적용하여 공정한 경쟁 환경을 조성해야 한다는 목소리도 커지고 있어요.

1 또박또박 **읽어 보기**

읽기력

위의 기사를 밑줄 친 키워드에 집중하며 5분 동안 소리 내어 읽어 보세요.
읽으면서 모르는 어휘나 문장이 얼마나 있는지 표시해 보세요.

2 샤샤샥 팩트 체크

분석력

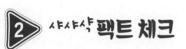

아래의 내용 중 맞는 것에는 ○, 틀린 것에는 ×표 해 보세요.

1 최근, 정부는 모든 제품에 대해 KC 안전 인증이 있어야 세관을 통과시키겠다고 했다. ( )

2 사람들이 거세게 반대했지만 정부는 KC 안전 인증 의무화 조치를 유지했다. ( )

3 국내 유통 업체에 대한 규제를 더 강화해야 한다는 목소리가 커지고 있다. ( )

4 정부는 실제로 위험하다고 확인된 제품에 대해서 반입을 금지하겠다고 했다. ( )

3 뚝딱 주제 정리

요약력

기사의 핵심 내용을 요약해 보세요.

정부는 일부 제품에 대해 ( ) 인증이 있어야 ( )을 통과시키겠다고 했다가 정책을 철회했다. 한편, 단순히 수입 제품을 규제하기보다, 국내 제품의 ( )을 개선하고, 국내 ( ) 업체의 경쟁력을 높여야 한다는 목소리가 커지고 있다.

4 제대로 의미 알기

어휘력

어휘의 뜻을 연결시켜 보고, 비슷한 어휘와 반대 어휘까지 줄로 이어 보세요.

어휘	뜻	비슷한 어휘	반대 어휘
① 철회 •	• ④ 긴장된 상태나 급박한 것을 느슨하게 함 •	• ㉠ 해악 •	• ㉣ 제출
② 위해 •	• ⑤ 위험과 재해를 아울러 이르는 말 •	• ㉡ 철거 •	• ㉤ 안전
③ 완화 •	• ⑥ 이미 제출하였던 것이나 주장하였던 것을 다시 회수하거나 번복함 •	• ㉢ 완충 •	• ㉥ 긴장

5 번뜩 배경지식 활용

연상 추론력

아래 써 있는 키워드를 들어 본 적 있나요?
앞의 기사와 관련 있어 보이는 것을 모두 골라 보고 정확한 의미도 알아보세요.

E커머스　　C커머스

해외 직구　　기후 감수성　　정당

6 이리저리 생각하기

비판적 사고력

해외 직구와 관련해서 이리저리 궁리해 볼까요?
두 가지 주제 중 하나를 골라 3줄 쓰기를 해 보세요. (이유나 예시도 2가지 이상 써 보세요.)

1 사람들은 왜 중국의 온라인 쇼핑몰을 이용할까요?

2 국내 업체들을 지원하기 위한 방법에는 어떤 것들이 있을까요?

정답

2영역 ×, ×, ×, ○　**3영역** KC 안전, 세관, 품질, 유통　**4영역** ①-⑥-㉡-㉣, ②-⑤-㉠-㉤, ③-④-㉢-㉥

5영역 E커머스 : 전자 상거래(Electronic Commerce)의 약자
C커머스 : 중국(China)과 E커머스의 합성어로 중국의 대형 전자 상거래 플랫폼을 뜻함
해외 직구 : 해외 직접 구매의 줄임말로, 국내 소비자가 외국의 온라인 쇼핑몰 등을 통해 물품을 직접 구매하는 것

안전 인증 의무화

기사 내용에 대한 이해 수준을 스스로 점검해 보고 나의 육각형 읽기 능력을 알아봐!

▶1단계 나의 육각형 점수는?

영역	평가 기준	점수	내 점수는?
1 읽기력	이해 안 가는 어휘나 문장이 3개 이상 있어. 주제도 잘 모르겠어.	4점	
	전체적인 내용은 알겠는데, 이해 안 가는 부분이 있어.	6점	
	거의 이해했어. 이해 안 가는 부분은 앞뒤 문맥을 통해 파악했어.	8점	
	모든 어휘와 문장을 이해하고, 빠르게 읽었어.	10점	
2 분석력	힝. 1개 이하로 맞혔어.	4점	
	2개 맞혔어.	6점	
	3개 맞혔어.	8점	
	모두 다 맞혔어.	10점	
3 요약력	힝. 1개 이하로 맞혔어.	4점	
	2개 맞혔어.	6점	
	3개 맞혔어.	8점	
	모두 다 맞혔어.	10점	
4 어휘력	9개 중에 1-2개만 알고 있어.	4점	
	9개 중에 절반 정도 알고 있어.	6점	
	9개 중에 1-2개 정도만 어렵고 거의 알고 있어.	8점	
	모든 어휘의 뜻을 다 알고 있어.	10점	
5 연상 추론력	이번에 다 처음 봤어.	4점	
	1개 정도만 들어 봤어.	6점	
	답은 맞혔지만 무엇인지는 잘 모르겠어.	8점	
	답도 맞히고, 무엇인지도 잘 알고 있어.	10점	
6 비판적 사고력	잘 못하겠어.	4점	
	문장 말고 어휘 위주로 썼어.	6점	
	이유나 예시를 1개 정도 제시하여 문장을 잘 썼어.	8점	
	이유나 예시를 2개 이상 제시하여 문장을 잘 썼어.	10점	

▶2단계 나의 육각형 그리기!

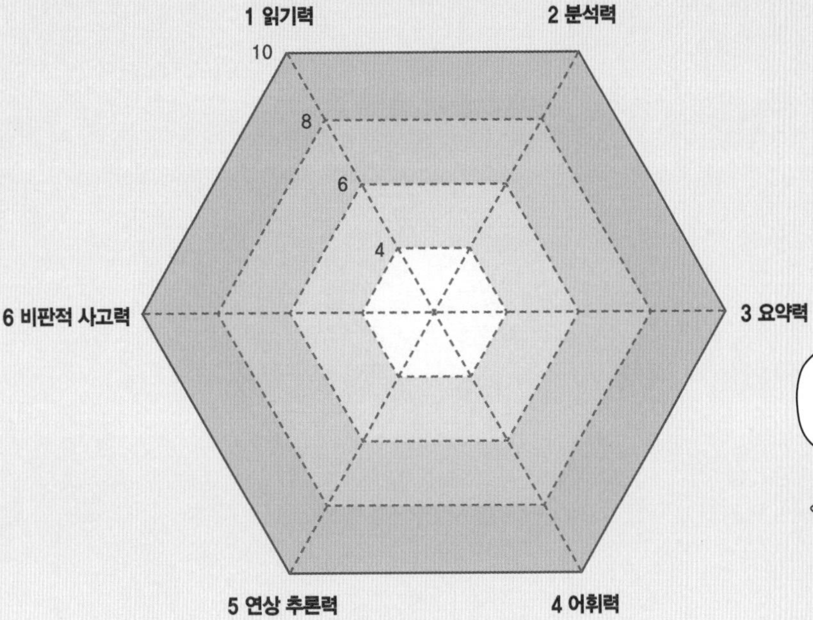

안전 인증 의무화 문제는 계속 제기될 것 같아!

사회·문화 기사에는 우리가 사는 세상에 대한
다양한 이야기들이 담겨 있어요.
다른 사람들의 생활 방식과 생각, 문화를 알게 되면,
서로 다름을 이해하고 존중하는 마음이 자라나요.
또한 우리 사회의 중요한 사회 문제도 돌아볼 수 있고,
우리가 함께 해결해야 할 문제들을 발견하게 되지요.
사회·문화 기사를 통해 세상을 넓고 깊게 바라보는 힘을 길러 보아요!

PART 2
사회·문화

읽기력
분석력
요약력
어휘력
연상 추론력
비판적 사고력

1. [사회·문화] 안락사 기사 난이도 ★★

저의 죽음은 제가 선택할게요

안락사에 대한 논쟁

안락사는 '좋은 죽음'이라는 그리스어에서 유래했어요. 병이 심해서 더 이상 치료할 수 없는 사람들이 고통 없이 편안하게 죽을 수 있도록 도와주는 것을 안락사라고 해요.

안락사는 사람의 목숨과 관계되어 있는 만큼, 찬성하는 의견도 있고 반대하는 의견도 있어요. 찬성하는 사람은 죽음에 대한 선택을 존중해야 한다고 주장해요. 한편 반대하는 사람은 생명은 소중하기 때문에 함부로 목숨을 끊으면 안 된다고 해요. 안락사 문제는 안락사를 선택하는 사람뿐만 아니라, 가족과 사회에 미치는 영향도 함께 생각해야 해요.

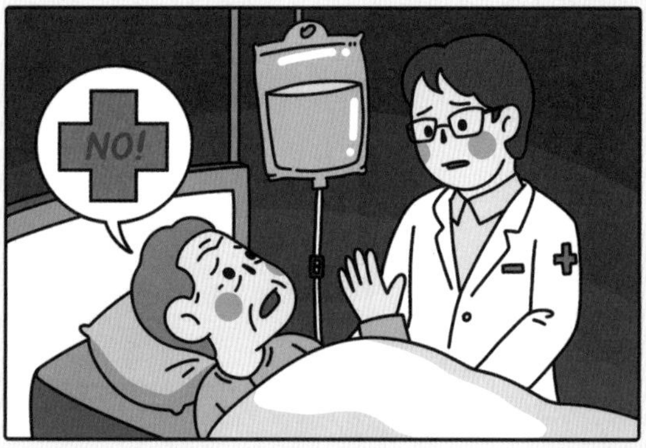

안락사에 대한 입장은 나라마다 달라요. 네덜란드는 2002년, 세계 최초로 안락사를 **합법화**했어요. 프랑스는 2005년부터 의사의 판단 아래 심폐소생술이나 인공호흡기 사용을 멈추는 등, 생명을 연장하기 위한 치료를 중단하는 **소극적** 안락사만 허용하고 있어요. 우리나라도 마찬가지로 소극적 안락사만 가능해요.

우리나라에서도 엄격한 기준 아래 적극적 안락사를 도입하자는 논의가 계속되고 있어요. 2022년에는 약물 투약 등으로 안락사를 돕는 **조력** 사망을 합법화하는 법안이 발의되기도 했지만, 아직까지 큰 진전은 없어요.

초고령 사회에 접어들면서 품위 있는 죽음에 대한 관심이 높아지고 있어요. 어떤 죽음을 맞을 것인지 사회적인 논의가 필요한 때예요.

1 또박또박 읽어 보기

읽기력

위의 기사를 밑줄 친 키워드에 집중하며 5분 동안 소리 내어 읽어 보세요.
읽으면서 모르는 어휘나 문장이 얼마나 있는지 표시해 보세요.

2 샤샤샥 팩트 체크

분석력

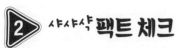

아래의 내용 중 맞는 것에는 ○, 틀린 것에는 ×표 해 보세요.

1 안락사는 좋은 죽음이라는 그리스어에서 유래했다. ☐

2 안락사에 대한 입장은 나라마다 다르다. ☐

3 프랑스는 세계 최초로 안락사를 합법화했다. ☐

4 우리나라는 적극적 안락사가 가능하다. ☐

3 뚝딱 주제 정리

요약력

기사의 핵심 내용을 요약해 보세요.

(　　　　　　　　)는 고통 없이 편안하게 죽을 수 있도록 돕는 것이다. 이에 대해 (　　　　　　)에 대한 선택을 (　　　　　　　)해야 한다는 찬성 의견과 (　　　　　　)은 소중하기 때문에 함부로 목숨을 끊으면 안 된다는 반대 의견으로 나뉜다. 나라마다 입장이 다르며, 사회적인 논의가 필요하다.

4 제대로 의미 알기

어휘력

어휘의 뜻을 연결시켜 보고, 비슷한 어휘와 반대 어휘까지 줄로 이어 보세요.

어휘	뜻	비슷한 어휘	반대 어휘
① 합법화 •	• ④ 법령이나 규범에 맞도록 함 •	• ㉠ 법제화 •	• ㉣ 방해
② 소극적 •	• ⑤ 힘을 써 도와줌 •	• ㉡ 미온적 •	• ㉤ 불법화
③ 조력 •	• ⑥ 스스로 앞으로 나아가거나 상황을 개선하려는 것이 부족함 •	• ㉢ 일조 •	• ㉥ 적극적

5 번뜩 배경지식 활용

연상 추론력

아래 써 있는 키워드를 들어 본 적 있나요?
앞의 기사와 관련 있어 보이는 것을 모두 골라 보고 정확한 의미도 알아보세요.

존엄한 죽음　　반도체
웰다잉　　블록체인　　캥거루족

6 이리저리 생각하기

비판적 사고력

안락사와 관련해서 이리저리 궁리해 볼까요?
두 가지 주제 중 하나를 골라 3줄 쓰기를 해 보세요. (이유나 예시도 2가지 이상 써 보세요.)

1 안락사와 관련해 주의해야 할 점은 무엇일까요?

2 앞으로 안락사가 합법화되면 우리 생활에 어떤 변화가 생길지 상상해 보아요.

정답

2영역 ○, ○, ×, ×　**3영역** 안락사, 죽음, 존중, 생명　**4영역** ①-④-㉠-㉤, ②-⑥-㉡-㉥, ③-⑤-㉢-㉣

5영역 존엄한 죽음 : 환자가 회복 불가능한 사망의 단계에 처했을 때 무의미한 연명 치료를 중단하고 자연적인 죽음을 받아들이는, 즉 인간으로서 최소한의 품위를 지키면서 죽을 수 있게 하는 행위
웰다잉 : 인간으로서의 존엄성과 가치, 품위를 지키며 삶을 마무리하는 것을 의미하는 단어

안락사

기사 내용에 대한 이해 수준을 스스로 점검해 보고 나의 육각형 읽기 능력을 알아봐!

▶1단계 나의 육각형 점수는?

영역	평가 기준	점수	내 점수는?
1 읽기력	이해 안 가는 어휘나 문장이 3개 이상 있어. 주제도 잘 모르겠어.	4점	
	전체적인 내용은 알겠는데, 이해 안 가는 부분이 있어.	6점	
	거의 이해했어. 이해 안 가는 부분은 앞뒤 문맥을 통해 파악했어.	8점	
	모든 어휘와 문장을 이해하고, 빠르게 읽었어.	10점	
2 분석력	힝. 1개 이하로 맞혔어.	4점	
	2개 맞혔어.	6점	
	3개 맞혔어.	8점	
	모두 다 맞혔어.	10점	
3 요약력	힝. 1개 이하로 맞혔어.	4점	
	2개 맞혔어.	6점	
	3개 맞혔어.	8점	
	모두 다 맞혔어.	10점	
4 어휘력	9개 중에 1-2개만 알고 있어.	4점	
	9개 중에 절반 정도 알고 있어.	6점	
	9개 중에 1-2개 정도만 어렵고 거의 알고 있어.	8점	
	모든 어휘의 뜻을 다 알고 있어.	10점	
5 연상 추론력	이번에 다 처음 봤어.	4점	
	1개 정도만 들어 봤어.	6점	
	답은 맞혔지만 무엇인지는 잘 모르겠어.	8점	
	답도 맞히고, 무엇인지도 잘 알고 있어.	10점	
6 비판적 사고력	잘 못하겠어.	4점	
	문장 말고 어휘 위주로 썼어.	6점	
	이유나 예시를 1개 정도 제시하여 문장을 잘 썼어.	8점	
	이유나 예시를 2개 이상 제시하여 문장을 잘 썼어.	10점	

▶2단계 나의 육각형 그리기!

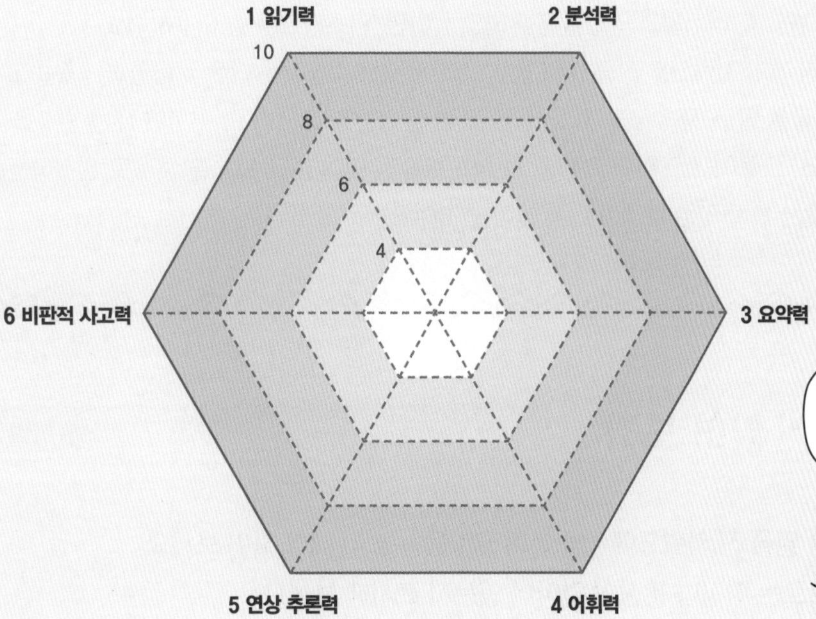

안락사 기사에서는 어떤 영역이 가장 부족해?

2. [사회·문화] 부캐 기사 난이도 ★

본캐 부캐, 둘 다 나야!
부캐의 유행

여러분은 '부캐'가 있나요? 본래 자신이 가지고 있는 직업이나 사회 활동 외에 **부가적**으로 다른 일을 하는 두 번째 캐릭터를 '부캐릭터'라고 해요. 요즘에는 본캐릭터 외에 부캐릭터를 가지고 있는 경우가 많아요. 본캐릭터와 부캐릭터를 줄여서 각각 '본캐', '부캐'라고 하지요. 부캐는 하나인 경우도 있고, 여러 개인 경우도 있어요. 최근에는 여러 연예인이 방송에서 부캐로 활동하며 화제가 되었어요.

부캐는 일반인들 사이에서도 폭넓게 쓰이고 있어요. 사람들은 자신의 다양한 모습을 보여 주기 위해 여러 개의 SNS 계정을 운영해요. 이들은 직장이나 학교 등에서 보여 주는 본캐와 다른 성격, **취향** 등을 온라인 상에서 자유롭게 표현해요. 이렇게 SNS에서 여러 가지 캐릭터를 사용하는 것은 자기 정체성을 찾기 위한 노력 중 하나예요.

목적과 취향에 따라 이용하는 소셜 미디어 플랫폼도 다양해요. 긴 콘텐츠를 선호한다면 '유튜브', **익명**성을 보장받고 싶어 하고 글로 **소통**하는 것을 좋아한다면 'X', 비주얼과 영상을 공유하고 싶다면 '인스타그램'을 이용하지요.

사람들이 여러 개의 캐릭터를 만들어 다양한 SNS에 내보이는 것은 다른 사람들과 소통하고 싶기 때문이에요. 댓글을 달고, 동영상을 찍고, 글을 쓰면서 자신을 표현하고, 거기에 대한 반응을 보며 소통하는 것이죠. 그중에서 드러내고 싶은 자기의 모습이 있다면 그 모습을 부캐로 설정하는 거예요. SNS가 발달할수록 다양한 부캐가 더욱 늘어날 거예요.

1 또박또박 읽어 보기

읽기력

위의 기사를 밑줄 친 키워드에 집중하며 5분 동안 소리 내어 읽어 보세요.
읽으면서 모르는 어휘나 문장이 얼마나 있는지 표시해 보세요.

2 샤샤샥 팩트 체크

분석력

아래의 내용 중 맞는 것에는 ○, 틀린 것에는 ×표 해 보세요.

1 본캐릭터와 부캐릭터를 줄여서 각각 본캐, 부캐라고 한다. ☐

2 여러 캐릭터를 사용하는 이유는 자신의 정체성을 찾기 위해서이다. ☐

3 목적과 취향은 다양해도 이용하는 소셜 미디어 플랫폼은 한 가지이다. ☐

4 다양한 SNS를 이용하는 이유는 다른 사람들과 소통하고 싶기 때문이다. ☐

3 뚝딱 주제 정리

요약력

기사의 핵심 내용을 요약해 보세요.

요즘에는 많은 사람이 자신의 (   ) 모습을 보여 주기 위해 여러 개의 (   ) 계정을 운영하며 (   )외에 (   )로 활동한다.

4 제대로 의미 알기

어휘력

어휘의 뜻을 연결시켜 보고, 비슷한 어휘까지 줄로 이어 보세요.

어휘	뜻	비슷한 어휘
① 부가적	⑤ 하고 싶은 마음이 생기는 방향	㉠ 부수적
② 취향	⑥ 뜻이 서로 통하여 오해가 없음	㉡ 무기명
③ 익명	⑦ 이름을 숨김	㉢ 교류
④ 소통	⑧ 주된 것에 덧붙는 것	㉣ 기호

5 번뜩 배경지식 활용

연상 추론력

아래 써 있는 키워드를 들어 본 적 있나요?
앞의 기사와 관련 있어 보이는 것을 모두 골라 보고 정확한 의미도 알아보세요.

돌봄 경제 　 크리에이터

N잡러 　 엘니뇨 　 주식회사

6 이리저리 생각하기

비판적 사고력

부캐와 관련해서 이리저리 궁리해 볼까요?
두 가지 주제 중 하나를 골라 3줄 쓰기를 해 보세요. (이유나 예시도 2가지 이상 써 보세요.)

1 나는 어떤 부캐를 만들고 싶은가요?

2 부캐 활동의 문제점은 무엇이 있을지 이야기해 보아요.

정답

2영역 ○, ○, ×, ○ 　 **3영역** 다양한, SNS, 본캐, 부캐, 　 **4영역** ①-⑧-㉠, ②-⑤-㉣, ③-⑦-㉡, ④-⑥-㉢

5영역 크리에이터 : 다양한 디지털 콘텐츠를 만들어 내고 이를 온라인 플랫폼에 공유하는 사람

N잡러 : 여러 가지 직업(N개의 잡, Job)을 동시에 가지고 있는 사람을 뜻하는 신조어

부캐

기사 내용에 대한 이해 수준을 스스로 점검해 보고 나의 육각형 읽기 능력을 알아봐!

▶1단계 나의 육각형 점수는?

영역	평가 기준	점수	내 점수는?
1 읽기력	이해 안 가는 어휘나 문장이 3개 이상 있어. 주제도 잘 모르겠어.	4점	
	전체적인 내용은 알겠는데, 이해 안 가는 부분이 있어.	6점	
	거의 이해했어. 이해 안 가는 부분은 앞뒤 문맥을 통해 파악했어.	8점	
	모든 어휘와 문장을 이해하고, 빠르게 읽었어.	10점	
2 분석력	힝. 1개 이하로 맞혔어.	4점	
	2개 맞혔어.	6점	
	3개 맞혔어.	8점	
	모두 다 맞혔어.	10점	
3 요약력	힝. 1개 이하로 맞혔어.	4점	
	2개 맞혔어.	6점	
	3개 맞혔어.	8점	
	모두 다 맞혔어.	10점	
4 어휘력	8개 중에 1-2개만 알고 있어.	4점	
	8개 중에 절반 정도 알고 있어.	6점	
	8개 중에 1-2개 정도만 어렵고 거의 알고 있어.	8점	
	모든 어휘의 뜻을 다 알고 있어.	10점	
5 연상 추론력	이번에 다 처음 봤어.	4점	
	1개 정도만 들어 봤어.	6점	
	답은 맞혔지만 무엇인지는 잘 모르겠어.	8점	
	답도 맞히고, 무엇인지도 잘 알고 있어.	10점	
6 비판적 사고력	잘 못하겠어.	4점	
	문장 말고 어휘 위주로 썼어.	6점	
	이유나 예시를 1개 정도 제시하여 문장을 잘 썼어.	8점	
	이유나 예시를 2개 이상 제시하여 문장을 잘 썼어.	10점	

▶2단계 나의 육각형 그리기!

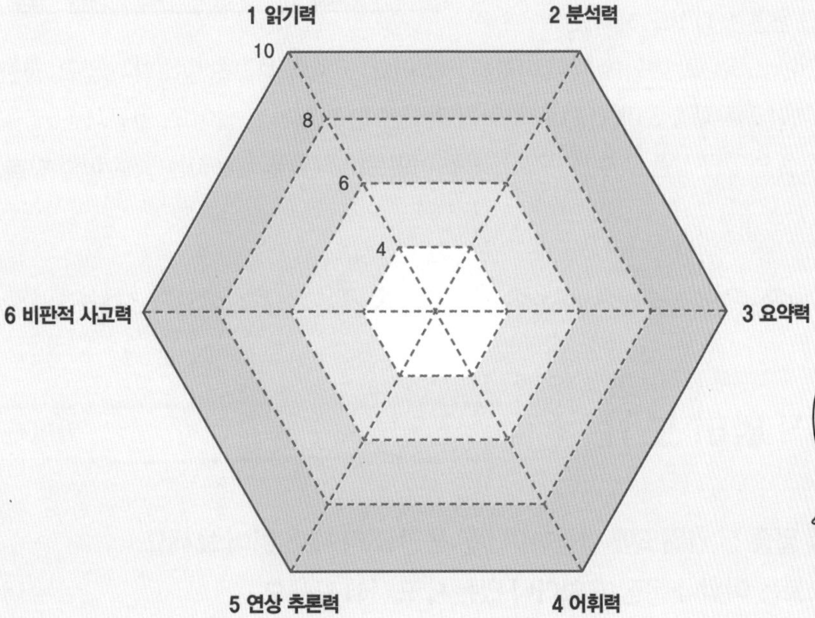

3. 【사회·문화】 분초 사회 기사 난이도 ★★

너는 유튜브 몇 배속으로 봐?
분초 사회를 살아가는 사람들

여러분은 유튜브 영상을 몇 배속으로 보나요? 원래 속도 그대로 보는 경우보다 빠른 배속으로 보는 경우가 더 많을 거예요. 요즘 사람들은 TV를 보면서 스마트폰으로 검색하거나, 점심시간을 활용해 운동하는 등 시간을 매우 소중하게 여겨요. 시간을 **낭비**하지 않고 효율적으로 사용하려고 노력하지요. 이렇게 시간에 대한 가치가 높아지는 현상을 '분초 사회'라고 해요.

분초 사회에서 사람들은 좀 더 빨리, 새로운 경험을 찾아다녀요. 그래서 콘텐츠를 볼 때도 빠른 배속으로 보거나, 핵심 내용을 간추린 요약본을 즐겨 봐요. 영화나 드라마를 볼 때는 **결말**을 먼저 보기도 해요.

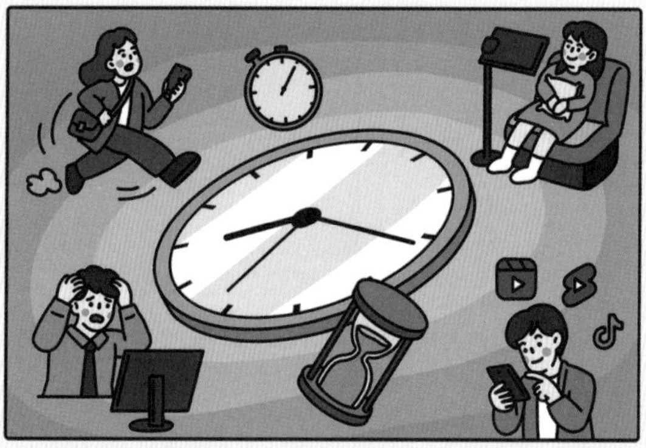

이렇게 시간을 중요하게 생각하다 보니, 어떤 영상을 봤는데 재미가 없거나 물건을 샀는데 마음에 들지 않으면 시간을 낭비했다고 생각해요. 그래서 물건을 살 때에도 실제 구매자들의 리뷰를 찾아보고, 그중 평점이 낮은 구매 후기를 찾아 읽는 등 자신만의 쇼핑 노하우를 총동원해요. 또 자신이 좋아하는 유명인을 따라 물건을 사기도 하지요.

기업들도 이러한 소비자의 변화에 맞춰 변화하고 있어요. 고객의 시간을 낭비하지 않고, 상품을 구매하는 동안 고객이 **지루함**을 느끼지 않도록 여러 가지 방법을 내놓고 있어요. 인공지능(AI)을 이용해 소비자의 취향을 반영한 상품을 추천하거나, 각종 이벤트나 체험을 제공하는 것도 이런 방법 중 하나이지요.

1 또박또박 읽어 보기

읽기력

위의 기사를 밑줄 친 키워드에 집중하며 5분 동안 소리 내어 읽어 보세요.
읽으면서 모르는 어휘나 문장이 얼마나 있는지 표시해 보세요.

2 샤샤샥 팩트 체크

분석력

아래의 내용 중 맞는 것에는 ○, 틀린 것에는 ×표 해 보세요.

1 유튜브 영상을 볼 때 빠른 배속으로 보는 사람이 많아지고 있다. ( )

2 시간에 대한 가치가 점점 낮아지고 있다. ( )

3 분초 사회에서 사람들은 점점 짧은 영상과 결론만 제시하는 콘텐츠를 추구한다. ( )

4 시간을 중요하게 여기는 사람은 물건을 샀는데 마음에 들지 않으면 시간을 낭비했다고 생각한다. ( )

3 뚝딱 주제 정리

요약력

기사의 핵심 내용을 요약해 보세요.

(   )는 시간을 (   )으로 사용하려는 현상으로, 콘텐츠를 볼 때도 점점 (   ) 배속으로 보거나, 핵심 내용을 간추린 (   )을 즐겨 보는 사람들이 늘어나는 것이다.

4 제대로 의미 알기

어휘력

어휘의 뜻을 연결시켜 보고, 비슷한 어휘와 반대 어휘까지 줄로 이어 보세요.

어휘	뜻	비슷한 어휘	반대 어휘
① 낭비 •	• ④ 같은 상태가 오래 계속되어 따분하다 •	• ㉠ 허비 •	• ㉣ 시작
② 결말 •	• ⑤ 말이나 글의 끝을 맺는 부분 •	• ㉡ 지겹다 •	• ㉤ 절약
③ 지루하다 •	• ⑥ 시간이나 재물 따위를 헛되이 헤프게 씀 •	• ㉢ 결론 •	• ㉥ 재미있다

5 번뜩 배경지식 활용 — 연상 추론력

아래 써 있는 키워드를 들어 본 적 있나요?
앞의 기사와 관련 있어 보이는 것을 모두 골라 보고 정확한 의미도 알아보세요.

도파밍 큐레이터
워케이션 파이어족 쇼트 폼

6 이리저리 생각하기 — 비판적 사고력

분초 사회와 관련해서 이리저리 궁리해 볼까요?
두 가지 주제 중 하나를 골라 3줄 쓰기를 해 보세요. (이유나 예시도 2가지 이상 써 보세요.)

1 여러분은 영상을 빠르게 보거나 요약 영상을 본 적 있나요? 그 이유가 무엇인지 이야기해 보아요.
2 분초 사회가 우리 생활에 어떤 변화를 가져올지 생각해 보아요.

정답

2영역 ○, ×, ○, ○ **3영역** 분초 사회, 효율적, 빠른, 요약본 **4영역** ①-⑥-㉠-㉤, ②-⑤-㉢-㉣, ③-④-㉡-㉥

5영역 도파밍 : 도파민과 '수집하다'는 의미인 파밍(farming)의 합성어로, 도파민이 분비되는 활동을 반복적으로 추구하는 행동을 의미. 도파민은 즐거움과 보상을 느낄 때 분비되는 신경 전달 물질로, 도파밍은 주로 게임, SNS, 쇼핑 등 즉각적 만족감을 얻을 수 있는 활동에서 나타남
쇼트 폼 : 길이가 짧은 형태의 콘텐츠

분초 사회

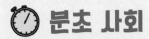

기사 내용에 대한 이해 수준을 스스로 점검해 보고 나의 육각형 읽기 능력을 알아봐!

▶1단계 나의 육각형 점수는?

영역	평가 기준	점수	내 점수는?
1 읽기력	이해 안 가는 어휘나 문장이 3개 이상 있어. 주제도 잘 모르겠어.	4점	
	전체적인 내용은 알겠는데, 이해 안 가는 부분이 있어.	6점	
	거의 이해했어. 이해 안 가는 부분은 앞뒤 문맥을 통해 파악했어.	8점	
	모든 어휘와 문장을 이해하고, 빠르게 읽었어.	10점	
2 분석력	힝. 1개 이하로 맞혔어.	4점	
	2개 맞혔어.	6점	
	3개 맞혔어.	8점	
	모두 다 맞혔어.	10점	
3 요약력	힝. 1개 이하로 맞혔어.	4점	
	2개 맞혔어.	6점	
	3개 맞혔어.	8점	
	모두 다 맞혔어.	10점	
4 어휘력	9개 중에 1-2개만 알고 있어.	4점	
	9개 중에 절반 정도 알고 있어.	6점	
	9개 중에 1-2개 정도만 어렵고 거의 알고 있어.	8점	
	모든 어휘의 뜻을 다 알고 있어.	10점	
5 연상 추론력	이번에 다 처음 봤어.	4점	
	1개 정도만 들어 봤어.	6점	
	답은 맞혔지만 무엇인지는 잘 모르겠어.	8점	
	답도 맞히고, 무엇인지도 잘 알고 있어.	10점	
6 비판적 사고력	잘 못하겠어.	4점	
	문장 말고 어휘 위주로 썼어.	6점	
	이유나 예시를 1개 정도 제시하여 문장을 잘 썼어.	8점	
	이유나 예시를 2개 이상 제시하여 문장을 잘 썼어.	10점	

▶2단계 나의 육각형 그리기!

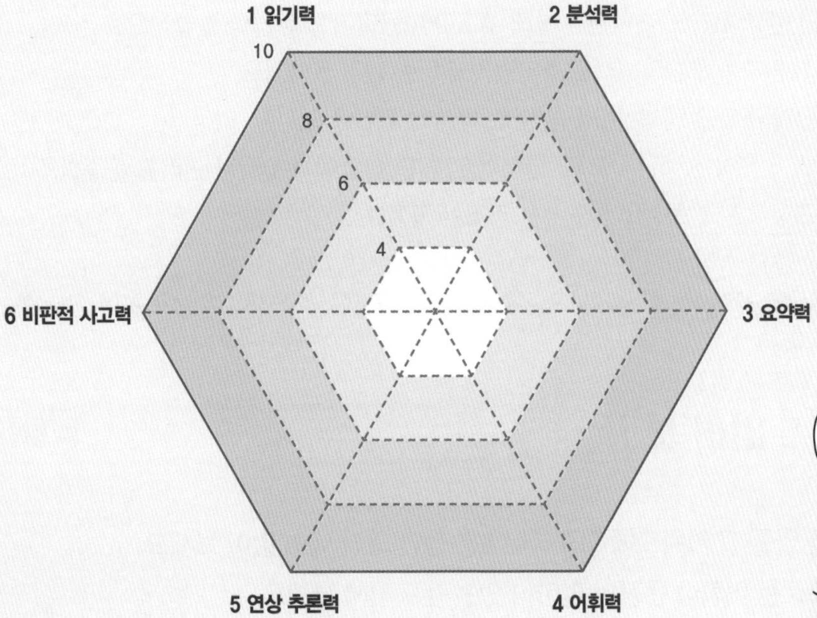

4. 【사회·문화】 안무 저작권

기사 난이도 ★★

춤도 저작권이 있다고?
안무 저작권 협회의 출범

세계적으로 K-팝이 인기를 끌고, 춤에 대한 관심도 높아졌어요. 하지만 그동안 춤을 만드는 안무가의 안무 저작료는 '0원'이었어요. 안무 창작료만 받았거든요.

춤추는 모습

2024년 4월 안무 저작권 협회가 **출범**했어요. 이 협회의 **초대** 회장은 '원밀리언 댄스 스튜디오'의 리아킴 대표예요. 원밀리언 스튜디오는 유튜브 구독자가 2,630만 명에 이르는 세계 최대의 안무 아카데미예요. 리아킴은 "음악 저작권 협회, 작가 협회 등 다른 창작자들의 협회는 많은데, 문화 산업에 중요한 K-팝 댄스 분야에는 협회가 없었다."라며 안무 저작권 보호의 중요성을 강조했어요.

안무 저작권 보호는 오랫동안 안무가들의 **숙원** 사업이었지만, 안무를 기록하고 저장하기가 어려워서 실현되기 어려웠죠. 하지만 기술이 발전하며 영상으로 3D 모션 데이터 확보가 가능해졌고, K-팝이나 춤과 관련된 예능 프로그램이 인기를 얻으면서 안무에 대한 관심도 높아졌어요.

현재 저작권법에서는 안무에 대한 저작권 등록은 가능하지만 별도의 분류가 없어 연극 저작물의 하위 개념으로만 인정돼요. 또 저작권료 분배 구조가 마련되어 있지 않아 실질적으로 수익을 기대할 수 없어요. 그래서 안무가가 유명해져도 추가적인 수익을 얻지 못하지요.

안무가들의 권리 주장에 대해 엔터테인먼트 업계의 **저항**이 있지만, 리아킴은 "그들의 것을 나누는 게 아니라 함께 성장하는 개념"이라고 답했어요. 음원 산업에서 창작자 권리를 존중하듯이, 춤에 대한 산업에서도 창작 환경 개선의 필요성을 강조한 거예요.

1 또박또박 읽어 보기

읽기력

위의 기사를 밑줄 친 키워드에 집중하며 5분 동안 소리 내어 읽어 보세요.
읽으면서 모르는 어휘나 문장이 얼마나 있는지 표시해 보세요.

2 샤샤샥 팩트 체크

분석력

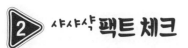

아래의 내용 중 맞는 것에는 ○, 틀린 것에는 ×표 해 보세요.

1 그동안 안무 창작료는 0원이었다. ( )

2 안무 저작권 협회의 초대 회장은 리아킴 대표이다. ( )

3 현재 저작권법에서도 안무에 대한 저작권 등록이 가능하다. ( )

4 안무가가 유명해지면 원래 있던 안무에 대한 추가 수익을 얻을 수 있었다. ( )

3 뚝딱 주제 정리

요약력

기사의 핵심 내용을 요약해 보세요.

(   )가 출범하면서 안무 저작권 (   )가 가능해졌다. 이를 통해 (   ) 산업에서도 창작 환경이 (   )될 것으로 기대된다.

4 제대로 의미 알기

어휘력

어휘의 뜻을 연결시켜 보세요.

어휘			뜻
① 출범	•	•	⑤ 단체가 새로 조직되어 일을 시작함
② 초대	•	•	⑥ 오래전부터 품어 온 염원이나 소망
③ 숙원	•	•	⑦ 어떤 힘이나 조건에 굽히지 않고 거역하거나 버팀
④ 저항	•	•	⑧ 차례로 이어 나가는 자리나 지위에서 그 첫 번째에 해당하는 차례

5 번뜩 배경지식 활용

연상 추론력

다음 글을 읽고, 안무 저작권을 어디까지 인정하고 보호해야 할지 이야기해 보세요.

가수 싸이의 '강남 스타일'처럼 강렬한 춤은 사람들에게 큰 영향을 줘요. 유명한 아이돌의 춤도 세계적으로 큰 인기를 끌어요. 춤은 누가 추느냐에 따라 다르게 보이고, 여러 가지로 변형할 수 있어요. 그래서 춤 저작권에 대해 의견이 다양해요. 음악은 저작권법으로 보호받지만, 춤은 그동안 저작권 보호가 부족했어요. 하지만 최근 커버 댄스(가수의 춤을 그대로 따라 추는 것) 등이 유행하며 안무 저작권이 중요해지고 있어요. 만약 춤도 저작권으로 보호된다면 멋진 춤이 더 많아질 거예요.

6 이리저리 생각하기

비판적 사고력

안무 저작권과 관련해서 이리저리 궁리해 볼까요?
두 가지 주제 중 하나를 골라 3줄 쓰기를 해 보세요. (이유나 예시도 2가지 이상 써 보세요.)

1 안무 저작권 협회가 왜 생겼을까요?

2 안무가의 권리 보호와 K-팝 산업의 발전은 어떤 상관이 있을까요? 내 생각을 이야기해 보아요.

정답

2영역 ×, ○, ○, × **3영역** 안무 저작권 협회, 보호, 안무(춤), 개선 **4영역** ①-⑤, ②-⑧, ③-⑥, ④-⑦
5영역 예 원래 있던 춤을 따라 해 상업적 콘텐츠를 만드는 경우에도 저작권료를 지불하도록 한다.

안무 저작권

기사 내용에 대한 이해 수준을 스스로 점검해 보고 나의 육각형 읽기 능력을 알아봐!

▶1단계 나의 육각형 점수는?

영역	평가 기준	점수	내 점수는?
1 읽기력	이해 안 가는 어휘나 문장이 3개 이상 있어. 주제도 잘 모르겠어.	4점	
	전체적인 내용은 알겠는데, 이해 안 가는 부분이 있어.	6점	
	거의 이해했어. 이해 안 가는 부분은 앞뒤 문맥을 통해 파악했어.	8점	
	모든 어휘와 문장을 이해하고, 빠르게 읽었어.	10점	
2 분석력	힝. 1개 이하로 맞혔어.	4점	
	2개 맞혔어.	6점	
	3개 맞혔어.	8점	
	모두 다 맞혔어.	10점	
3 요약력	힝. 1개 이하로 맞혔어.	4점	
	2개 맞혔어.	6점	
	3개 맞혔어.	8점	
	모두 다 맞혔어.	10점	
4 어휘력	4개 중에 1개 이하로 알고 있어.	4점	
	4개 중에 2개 알고 있어.	6점	
	4개 중에 3개 알고 있어.	8점	
	모든 어휘의 뜻을 다 알고 있어.	10점	
5 연상 추론력	힝. 잘 모르겠어.	4점	
	뭔가 썼지만 아예 다른 답 같아.	6점	
	어느 정도 알고 있지만 설명은 잘 못했어.	8점	
	제시 글에 따라 설명을 잘했어.	10점	
6 비판적 사고력	잘 못하겠어.	4점	
	문장 말고 어휘 위주로 썼어.	6점	
	이유나 예시를 1개 정도 제시하여 문장을 잘 썼어.	8점	
	이유나 예시를 2개 이상 제시하여 문장을 잘 썼어.	10점	

▶2단계 나의 육각형 그리기!

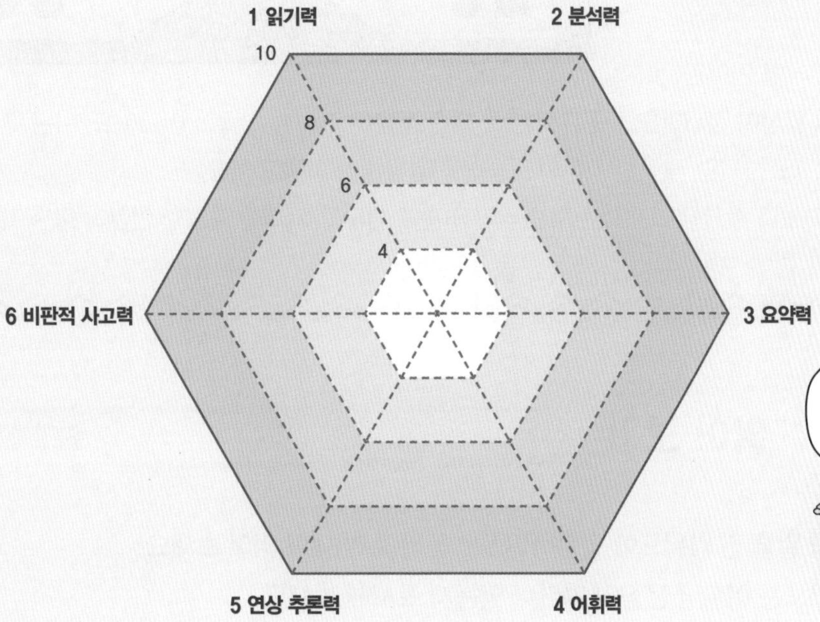

안무 저작권에 대한 다른 기사를 더 찾아봐!

5. 【사회·문화】 육각형 인간 기사 난이도 ★★

너는 얼마나 완벽한 사람이니?
육각형 인간을 꿈꾸다

오늘날 많은 사람은 이른바 '육각형 인간'을 꿈꾸며 **완벽**함을 추구해요. '육각형 인간'은 외모, 성격, 학력, 직업, 자산, 집안 등 모든 면에서 완벽한 사람을 말해요. 완벽함을 지향하는 문화는 특히 아이돌 산업에서 두드러져요. 보컬, 댄스, 비주얼, 예능감 등 모든 면에서 뛰어난 아이돌이 사랑을 받아요. 요즘은 강남 출신, 해외 유학 경험, 재력가 부모 등 집안 배경도 중요한 요소로 작용해요.

완벽함을 추구하는 사회적 압박은 타고난 **자질**을 높게 평가하는 경향에서 비롯돼요. 과거에는 지하 연습실에서 배고파하며 연습한 이야기가 감동을 주었지만, 이제는 더 이상 호응을 얻지 못해요. 신인 아이돌이 데뷔하면 인터넷에 과거 사진이 올라와요. 성형을 했는지 살피며 원래 외모가 뛰어났었는지 따져 보지요. 여기에 성격마저 완벽해야만 **대중**의 인정을 받을 수 있어요.

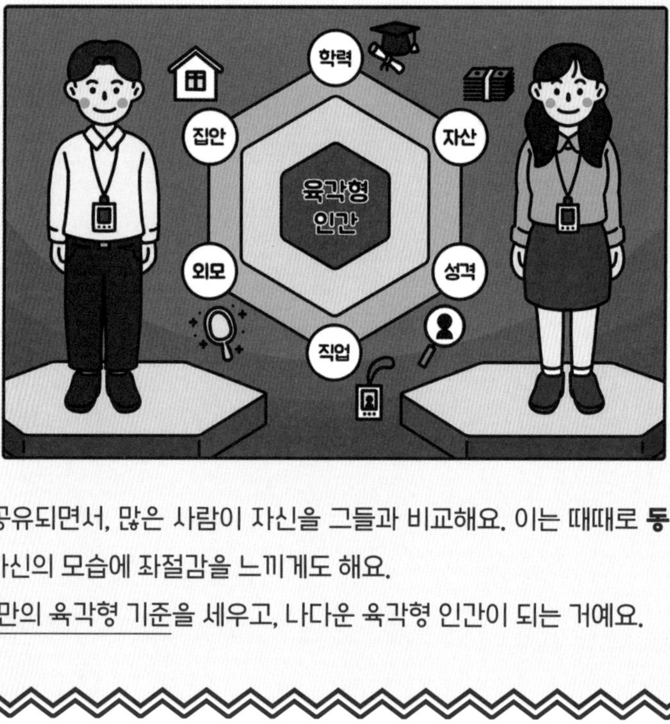

SNS를 통해 유명 연예인이나 재벌 2·3세의 일상이 실시간으로 공유되면서, 많은 사람이 자신을 그들과 비교해요. 이는 때때로 **동기** 부여가 되기도 하지만, 부족한 자신의 모습에 좌절감을 느끼게도 해요.

타인과의 비교보다 중요한 것은 나만의 육각형 기준을 세우고, 나다운 육각형 인간이 되는 거예요.

1 또박또박 **읽어 보기** 읽기력

위의 기사를 밑줄 친 키워드에 집중하며 5분 동안 소리 내어 읽어 보세요.
읽으면서 모르는 어휘나 문장이 얼마나 있는지 표시해 보세요.

2 샤샤샥 팩트 체크 분석력

아래의 내용 중 맞는 것에는 ○, 틀린 것에는 ×표 해 보세요.

1 모든 면에서 완벽한 사람을 요즘에는 육각형 인간이라고 한다. ☐

2 요즘 아이돌은 보컬, 댄스 등 한 분야만 뛰어나면 된다. ☐

3 사람은 반드시 타인과 비교해야만 스스로 동기 부여가 된다. ☐

4 중요한 것은 나다운 육각형 인간이 되는 것이다. ☐

3 뚝딱 주제 정리 요약력

기사의 핵심 내용을 요약해 보세요.

( )은 모든 면에서 ( ) 사람을 말한다. 타인과의 ( )보다는 나만의 육각형 ( )을 세우는 것이 중요하다.

4 제대로 의미 알기 어휘력

어휘의 뜻을 연결시켜 보고, 비슷한 어휘까지 줄로 이어 보세요.

어휘			뜻			비슷한 어휘
① 완벽	•	•	⑤ 수많은 사람의 무리	•	•	㉠ 원인
② 자질	•	•	⑥ 결함이 없이 완전함	•	•	㉡ 군중
③ 대중	•	•	⑦ 어떤 일이나 행동을 일으키게 하는 계기	•	•	㉢ 능력
④ 동기	•	•	⑧ 타고난 성품이나 소질	•	•	㉣ 무결

5 번뜩 배경지식 활용 — 연상 추론력

아래 써 있는 키워드를 들어 본 적 있나요?
앞의 기사와 관련 있어 보이는 것을 모두 골라 보고 정확한 의미도 알아보세요.

육아 휴직　　엔데믹

다재다능　　올라운더　　유니콘 기업

6 이리저리 생각하기 — 비판적 사고력

육각형 인간과 관련해서 이리저리 궁리해 볼까요?
두 가지 주제 중 하나를 골라 3줄 쓰기를 해 보세요. (이유나 예시도 2가지 이상 써 보세요.)

1 나의 장점은 무엇일까요?

2 육각형 인간을 추구하는 사회 속에서 우리는 어떻게 대응해야 할까요?

정답

2영역 ○, ×, ×, ○　**3영역** 육각형 인간, 완벽한, 비교, 기준　**4영역** ①-⑥-㉣, ②-⑧-㉢, ③-⑤-㉡, ④-⑦-㉠

5영역 다재다능 : 재주와 능력이 여러 가지로 많은 것
올라운더 : 여러 분야에서 고루 능력을 발휘하는 사람을 뜻하는 용어

육각형 인간

기사 내용에 대한 이해 수준을 스스로 점검해 보고 나의 육각형 읽기 능력을 알아봐!

▶1단계 나의 육각형 점수는?

영역	평가 기준	점수	내 점수는?
1 읽기력	이해 안 가는 어휘나 문장이 3개 이상 있어. 주제도 잘 모르겠어.	4점	
	전체적인 내용은 알겠는데, 이해 안 가는 부분이 있어.	6점	
	거의 이해했어. 이해 안 가는 부분은 앞뒤 문맥을 통해 파악했어.	8점	
	모든 어휘와 문장을 이해하고, 빠르게 읽었어.	10점	
2 분석력	힝. 1개 이하로 맞혔어.	4점	
	2개 맞혔어.	6점	
	3개 맞혔어.	8점	
	모두 다 맞혔어.	10점	
3 요약력	힝. 1개 이하로 맞혔어.	4점	
	2개 맞혔어.	6점	
	3개 맞혔어.	8점	
	모두 다 맞혔어.	10점	
4 어휘력	8개 중에 1-2개만 알고 있어.	4점	
	8개 중에 절반 정도 알고 있어.	6점	
	8개 중에 1-2개 정도만 어렵고 거의 알고 있어.	8점	
	모든 어휘의 뜻을 다 알고 있어.	10점	
5 연상 추론력	이번에 다 처음 봤어.	4점	
	1개 정도만 들어 봤어.	6점	
	답은 맞혔지만 무엇인지는 잘 모르겠어.	8점	
	답도 맞히고, 무엇인지도 잘 알고 있어.	10점	
6 비판적 사고력	잘 못하겠어.	4점	
	문장 말고 어휘 위주로 썼어.	6점	
	이유나 예시를 1개 정도 제시하여 문장을 잘 썼어.	8점	
	이유나 예시를 2개 이상 제시하여 문장을 잘 썼어.	10점	

▶2단계 나의 육각형 그리기!

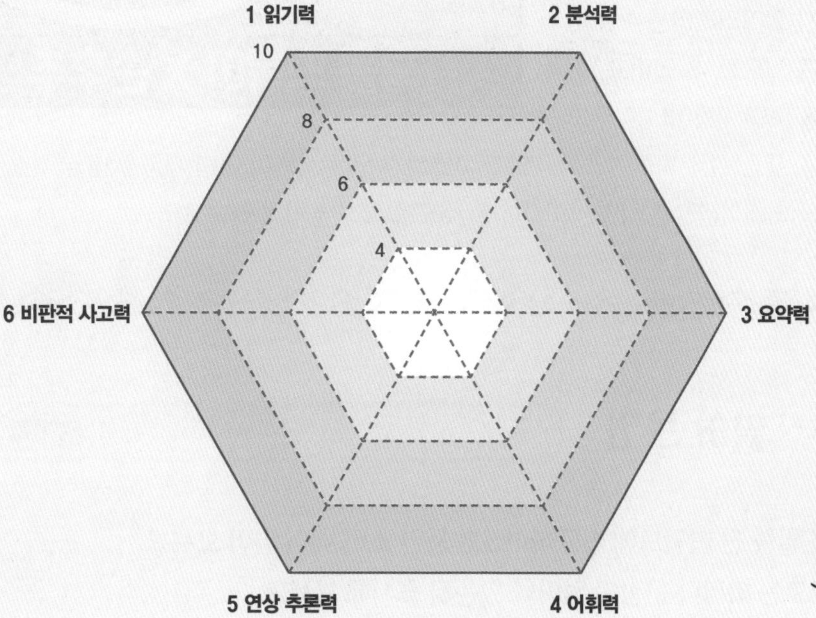

이건 도대체 무슨 맛일까?
MZ 세대를 겨냥한 이색 상품 등장

'순후추 라면', '순후추 떡볶이', '순후추 커피', '순후추 볶음밥'을 들어 봤나요? 오뚜기의 '순후추'와 컬래버레이션으로 만든 음식들이에요.

최근 식품 업계에서는 다양한 컬래버레이션 제품들이 쏟아져 나오고 있어요. 주 소비층인 MZ 세대에게 재미와 특별함을 주며 제품 **충성**도를 높이기 위한 전략이에요. 컬래버레이션 제품들이 인기를 끌며, 각각 다른 분야의 기업이 함께하기도 해요.

빙그레와 오뚜기는 '꽃게랑면'과 '참깨라면타임'을, 농심은 '짜파링'을, 롯데 제과는 '메론먹은 죠스바', 빙그레는 '멘붕어싸만코'를 내놓았어요.

편의점 업계에서도 다양한 컬래버레이션 상품을 출시하고 있어요. '모나미매직스파클링' 음료, 딱풀 모양의 캔디, 구두약 모양의 초콜릿, 시멘트 봉지 모양의 팝콘 등이 대표적이지요. 편의점 CU는 **이색** 상품 덕분에 매출이 650%나 늘었어요.

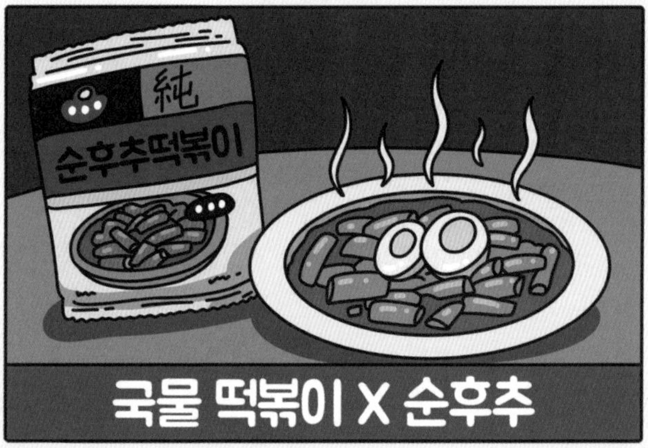

하지만 지나친 컬래버레이션은 소비자들의 혼란을 일으킬 수 있어요. 어린이들은 딱풀 모양 사탕이나 구두약 통에 든 초콜릿 등을 실제 딱풀이나 구두약과 **구별**하지 못해 식품이 아닌 제품을 먹을 수 있기 때문이에요. 또 컬래버레이션한 음식의 맛이 이상할 수도 있으니 주의가 필요해요.

1 또박또박 읽어 보기

읽기력

위의 기사를 밑줄 친 키워드에 집중하며 5분 동안 소리 내어 읽어 보세요.
읽으면서 모르는 어휘나 문장이 얼마나 있는지 표시해 보세요.

2 샤샤샥 팩트 체크 (분석력)

아래의 내용 중 맞는 것에는 ○, 틀린 것에는 ×표 해 보세요.

1 컬래버레이션 제품들은 재미와 특별함을 준다. ( )

2 컬래버레이션은 서로 다른 분야의 기업이 함께하기도 한다. ( )

3 이색 상품은 매출을 줄인다. ( )

4 컬래버레이션 상품의 판매는 장점만 있다. ( )

3 뚝딱 주제 정리 (요약력)

기사의 핵심 내용을 요약해 보세요.

( ) 제품들은 소비자에게 ( )와 ( )을 제공해 판매를 높인다. 하지만 지나치면 오히려 ( )을 일으킬 수 있어 주의해야 한다.

4 제대로 의미 알기 (어휘력)

어휘의 뜻을 연결시켜 보고, 비슷한 어휘와 반대 어휘까지 줄로 이어 보세요.

어휘	뜻	비슷한 어휘	반대 어휘
① 충성	④ 성질이나 종류에 따라 갈라놓음	㉠ 성실	㉣ 배신
② 이색	⑤ 어떤 것에 몸과 마음을 다함	㉡ 특이	㉤ 통합
③ 구별	⑥ 보통의 것과 색다름	㉢ 구분	㉥ 동색

5 번뜩 배경지식 활용

연상 추론력

아래 써 있는 키워드를 들어 본 적 있나요?
앞의 기사와 관련 있어 보이는 것을 모두 골라 보고 정확한 의미도 알아보세요.

협업 상품　　AI
빅 데이터　　한정 상품　　가상 현실

6 이리저리 생각하기

비판적 사고력

컬래버레이션 제품과 관련해서 이리저리 궁리해 볼까요?
두 가지 주제 중 하나를 골라 3줄 쓰기를 해 보세요. (이유나 예시도 2가지 이상 써 보세요.)

1 기억에 남는 컬래버레이션 제품이 있나요?

2 나는 어떤 컬래버레이션 제품을 만들고 싶은지 상상해 보아요.

정답

2영역 ○, ○, ×, ×　**3영역** 컬래버레이션, 재미, 특별함, 혼란　**4영역** ①-⑤-㉠-㉣, ②-⑥-㉡-㉥, ③-④-㉢-㉤

5영역 협업 상품 : 두 개 이상의 브랜드, 회사, 디자이너 또는 아티스트가 협력하여 함께 개발한 제품을 의미
한정 상품 : 어떤 상품을 서비스 차원이나 상술로 제한된 수량만 판매하는 것

컬래버레이션 마케팅

기사 내용에 대한 이해 수준을 스스로 점검해 보고 나의 육각형 읽기 능력을 알아봐!

▶1단계 나의 육각형 점수는?

영역	평가 기준	점수	내 점수는?
1 읽기력	이해 안 가는 어휘나 문장이 3개 이상 있어. 주제도 잘 모르겠어.	4점	
	전체적인 내용은 알겠는데, 이해 안 가는 부분이 있어.	6점	
	거의 이해했어. 이해 안 가는 부분은 앞뒤 문맥을 통해 파악했어.	8점	
	모든 어휘와 문장을 이해하고, 빠르게 읽었어.	10점	
2 분석력	힝. 1개 이하로 맞혔어.	4점	
	2개 맞혔어.	6점	
	3개 맞혔어.	8점	
	모두 다 맞혔어.	10점	
3 요약력	힝. 1개 이하로 맞혔어.	4점	
	2개 맞혔어.	6점	
	3개 맞혔어.	8점	
	모두 다 맞혔어.	10점	
4 어휘력	9개 중에 1-2개만 알고 있어.	4점	
	9개 중에 절반 정도 알고 있어.	6점	
	9개 중에 1-2개 정도만 어렵고 거의 알고 있어.	8점	
	모든 어휘의 뜻을 다 알고 있어.	10점	
5 연상 추론력	이번에 다 처음 봤어.	4점	
	1개 정도만 들어 봤어.	6점	
	답은 맞혔지만 무엇인지는 잘 모르겠어.	8점	
	답도 맞히고, 무엇인지도 잘 알고 있어.	10점	
6 비판적 사고력	잘 못하겠어.	4점	
	문장 말고 어휘 위주로 썼어.	6점	
	이유나 예시를 1개 정도 제시하여 문장을 잘 썼어.	8점	
	이유나 예시를 2개 이상 제시하여 문장을 잘 썼어.	10점	

▶2단계 나의 육각형 그리기!

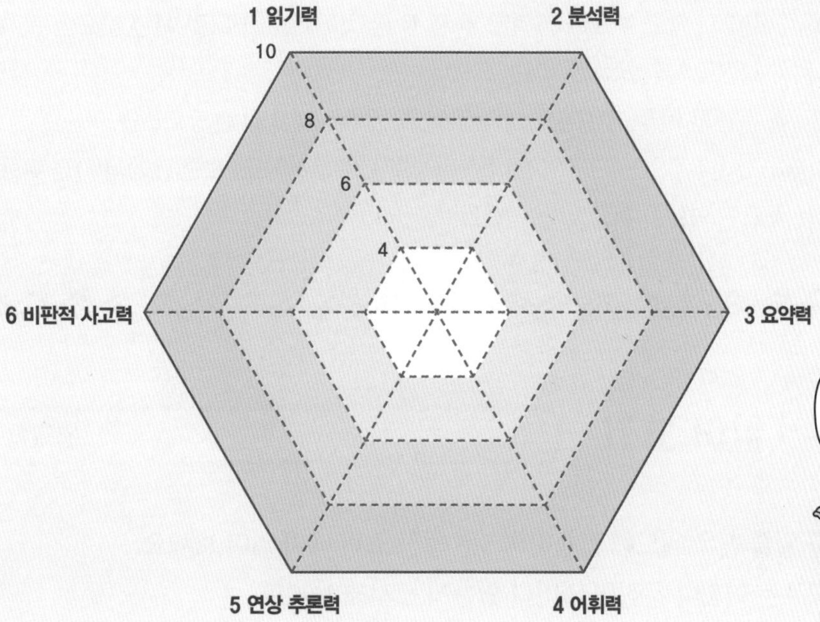

컬래버레이션 마케팅은 점점 더 많아질 것 같아!

7. 【사회·문화】 투표 기사 난이도 ★★

사전 투표로 민주주의를 꽃피워요

사전 투표의 의미와 역할

선거 날이 되기 전에 **투표**할 수 있다는 사실, 알고 있나요? 선거 날 이전에 미리 투표할 수 있게 만든 제도를 '**사전** 투표'라고 해요. 업무, 여행 등 개인 사정으로 선거 날 투표를 할 수 없다면 사전 투표일에 투표하면 돼요.

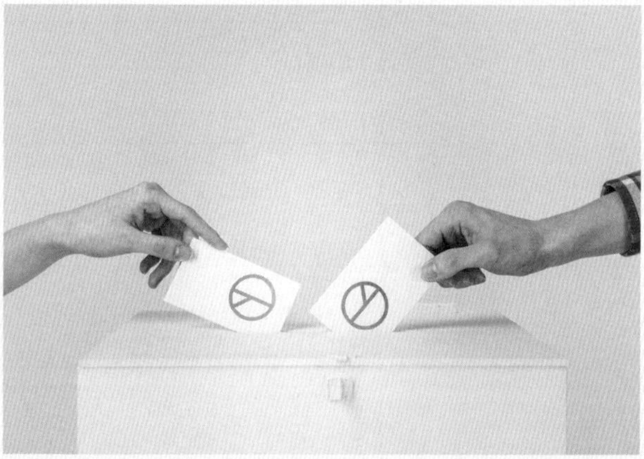

투표하는 모습

사전 투표는 우리나라 민주주의에서 매우 중요한 역할을 해요. 바쁜 일상 속에서도 모든 국민이 투표에 참여할 수 있도록 돕는 편리한 시스템이죠. 이 시스템 덕분에 더 많은 사람이 투표를 통해 자신의 의견을 낼 수 있게 되었어요.

사전 투표는 본 투표일보다 약 일주일 전에 시작돼요. 보통 이틀 동안, 아침 6시부터 저녁 6시까지 투표를 할 수 있지요. 사전 투표는 자신이 살고 있는 곳이 아닌, 지정된 어느 곳에서나 투표할 수 있어요. 다만 주민 등록증, 운전면허증 같은 신분증이 반드시 필요해요. 국민들이 시간과 장소에 구애받지 않고 투표에 참여할 수 있게 된 것이지요. 게다가 사전 투표는 본 투표보다 **대기** 시간이 짧아 시간도 절약할 수 있어요.

사전 투표 제도를 운영한 이후, 투표율이 증가했어요. 민주주의가 잘 운영되려면 가능한 한 많은 사람이 투표해야 해요. 민주주의는 모두의 참여로 완성되기 때문이에요. 그런 면에서 사전 투표는 투표율을 높여 주는 중요한 역할을 하고 있는 셈이죠.

1 또박또박 읽어 보기

읽기력

위의 기사를 밑줄 친 키워드에 집중하며 5분 동안 소리 내어 읽어 보세요.
읽으면서 모르는 어휘나 문장이 얼마나 있는지 표시해 보세요.

2 샤샤샥 팩트 체크

분석력

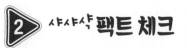

아래의 내용 중 맞는 것에는 ○, 틀린 것에는 ×표 해 보세요.

1 선거 날 이전에 투표하는 것을 사전 투표라고 한다. ☐

2 민주주의에서 사전 투표는 중요한 역할을 한다. ☐

3 사전 투표는 본 투표일보다 약 한 달 전에 시작한다. ☐

4 사전 투표를 하려면 신분증이 꼭 필요하다. ☐

3 뚝딱 주제 정리

요약력

기사의 핵심 내용을 요약해 보세요.

(   ) 날 이전에 (   ) 투표할 수 있는 제도를 (   ) 투표라고 한다. 이 제도는 선거 일주일 전에 시작되는데, 많은 사람이 참여할 수 있게 되어 (   )이 증가했다.

4 제대로 의미 알기

어휘력

어휘의 뜻을 연결시켜 보세요.

어휘			뜻
① 선거	•	•	⑤ 때나 기회를 기다림
② 투표	•	•	⑥ 일이 일어나기 전
③ 사전	•	•	⑦ 선거를 하거나 찬성과 반대를 정할 때 투표용지에 의사를 표시하는 것
④ 대기	•	•	⑧ 일정한 조직이나 집단이 대표자나 임원을 뽑는 것

5 번뜩 배경지식 활용 — 연상 추론력

다음 글은 민주주의와 투표에 대한 설명이에요.
이 글을 읽고, 투표가 왜 중요한지 이야기해 보세요.

민주주의는 국민이 스스로 선택하고 결정할 수 있는 권리를 가진 정치 제도예요. 민주주의에서는 모든 사람이 중요한 결정에 참여해요. 그중 하나가 투표예요.
사람들은 투표를 통해 자신이 원하는 의견이나 사람을 선택해요. 학교에서 반장 선거를 하는 것처럼 나라에서도 대통령이나 국회 의원을 뽑을 때 투표를 해요.
투표는 모든 사람이 자신의 의견을 표현할 기회예요. 만약 투표가 없다면, 몇몇 사람만 중요한 결정에 참여해 많은 사람의 의견이 반영되지 않을 거예요. 투표는 우리 모두가 나라의 주인으로서 참여하는 중요한 과정이랍니다.

6 이리저리 생각하기 — 비판적 사고력

투표와 관련해서 이리저리 궁리해 볼까요?
두 가지 주제 중 하나를 골라 3줄 쓰기를 해 보세요. (이유나 예시도 2가지 이상 써 보세요.)

1 사전 투표가 왜 중요할까요?

2 투표 참여를 높이기 위한 방법에는 무엇이 있을지 상상해 보아요.

정답

2영역 ○, ○, ×, ○ **3영역** 선거, 미리, 사전, 투표율 **4영역** ①-⑧, ②-⑦, ③-⑥, ④-⑤

5영역 예 모든 사람이 자신의 의견을 표현하고 나라의 중요한 결정에 참여할 수 있기 때문이다.

투표

기사 내용에 대한 이해 수준을 스스로 점검해 보고 나의 육각형 읽기 능력을 알아봐!

▶1단계 나의 육각형 점수는?

영역	평가 기준	점수	내 점수는?
1 읽기력	이해 안 가는 어휘나 문장이 3개 이상 있어. 주제도 잘 모르겠어.	4점	
	전체적인 내용은 알겠는데, 이해 안 가는 부분이 있어.	6점	
	거의 이해했어. 이해 안 가는 부분은 앞뒤 문맥을 통해 파악했어.	8점	
	모든 어휘와 문장을 이해하고, 빠르게 읽었어.	10점	
2 분석력	힝. 1개 이하로 맞혔어.	4점	
	2개 맞혔어.	6점	
	3개 맞혔어.	8점	
	모두 다 맞혔어.	10점	
3 요약력	힝. 1개 이하로 맞혔어.	4점	
	2개 맞혔어.	6점	
	3개 맞혔어.	8점	
	모두 다 맞혔어.	10점	
4 어휘력	4개 중에 1개 이하로 알고 있어.	4점	
	4개 중에 2개 알고 있어.	6점	
	4개 중에 3개 알고 있어.	8점	
	모든 어휘의 뜻을 다 알고 있어.	10점	
5 연상 추론력	힝. 잘 모르겠어.	4점	
	뭔가 썼지만 아예 다른 답 같아.	6점	
	어느 정도 알고 있지만 설명은 잘 못했어.	8점	
	제시 글에 따라 설명을 잘했어.	10점	
6 비판적 사고력	잘 못하겠어.	4점	
	문장 말고 어휘 위주로 썼어.	6점	
	이유나 예시를 1개 정도 제시하여 문장을 잘 썼어.	8점	
	이유나 예시를 2개 이상 제시하여 문장을 잘 썼어.	10점	

▶2단계 나의 육각형 그리기!

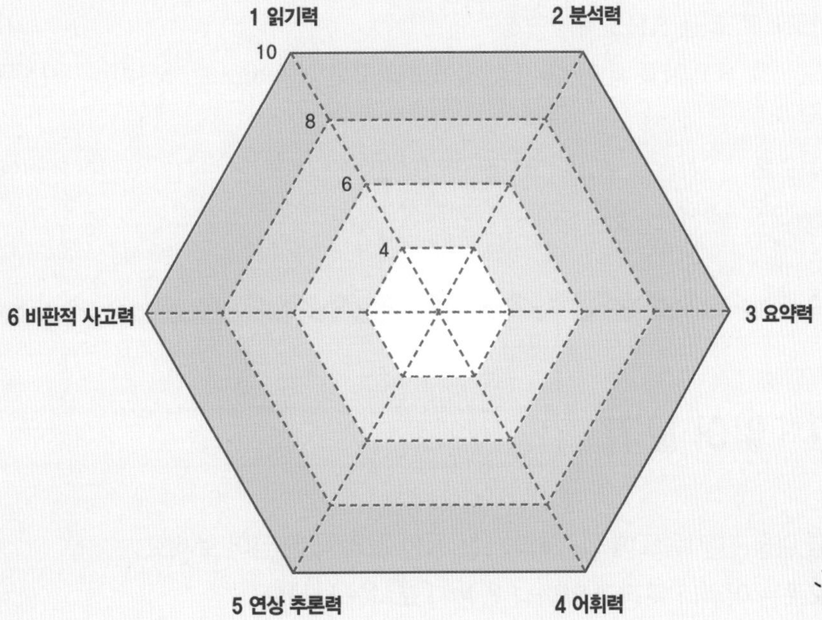

8. 【사회·문화】 원영적 사고

기사 난이도 ★

완전 럭키 비키잖아?
유행이 된 긍정적 사고

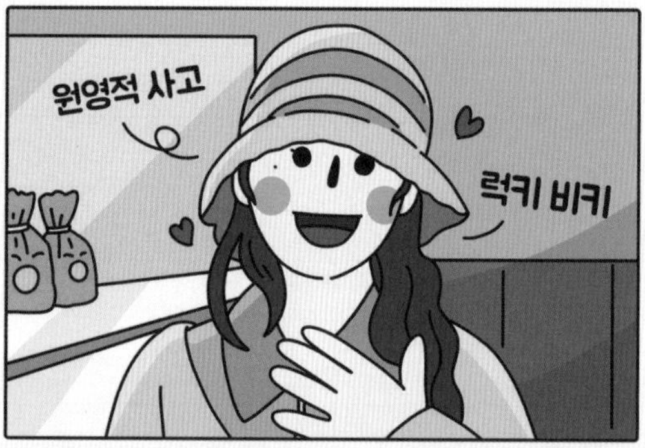

아이돌 그룹 '아이브'의 멤버 장원영을 아나요? 장원영은 긍정적인 사고를 하는 것으로 유명해요. 어느 날 그녀는 빵을 사러 갔어요. 그런데 자신이 사려던 빵이 바로 앞에서 다 팔리자, 새로 나온 따뜻한 빵을 받게 되어 **행운**이라고 말했어요. 빵이 다시 나올 동안 기다려야 해서 짜증이 날 법도 한데 말이죠.

장원영의 이런 태도는 팬들 사이에서 유명해졌고, 그녀가 자주 말했던 "럭키 비키!"라는 말도 일종의 밈(meme)이 되었어요. 여기에서 '원영적 사고'라는 말도 생겼는데, 바로 속상한 일이 있어도 긍정적으로 생각하고 행운으로 여기는 태도를 뜻해요.

원영적 사고처럼 긍정적인 마음을 가지는 건 참 중요해요. 어려운 상황에서도 "내가 잘하고 있구나!", "이렇게 좋은 일이 생겼네!" 하며 이겨 낼 수 있거든요. 사람들 사이에서 원영적 사고가 퍼져 나가면서, 기업과 정치인들도 많이 활용하고 있어요. 화장품 회사 아모레퍼시픽은 브랜드 리브랜딩 세미나에서 원영적 사고를 언급했고, 한 피자 브랜드도 이를 활용해 홍보했어요. 장원영의 말투를 이용한 '원영적 사고 GPT'라는 챗봇도 등장했죠.

한쪽에서는 '원영적 사고'에 대해 이것이 현실을 **회피**하고 문제를 바로 보지 못하는 '정신 승리'라고 **우려**하기도 해요.

그래도 부정적으로 생각하는 것보다는 매사를 긍정적으로 생각하려는 노력이 자신과 주변의 마음을 편안하게 하는 데 도움이 되는 건 확실해요.

1 또박또박 읽어 보기

읽기력

위의 기사를 밑줄 친 키워드에 집중하며 5분 동안 소리 내어 읽어 보세요.
읽으면서 모르는 어휘나 문장이 얼마나 있는지 표시해 보세요.

2 샤샤샥 팩트 체크

분석력

아래의 내용 중 맞는 것에는 ○, 틀린 것에는 ×표 해 보세요.

1 장원영은 부정적인 사고를 하는 것으로 유명하다. ☐

2 원영적 사고란 속상한 일이 생겨도 긍정적으로 생각하는 태도이다. ☐

3 원영적 사고를 기업과 정치인들도 많이 활용한다. ☐

4 원영적 사고에 대해 긍정적인 평가만 있다. ☐

3 뚝딱 주제 정리

요약력

기사의 핵심 내용을 요약해 보세요.

아이브의 멤버 (   )은 속상한 일이 생겨도 (   )으로 생각한다.
이런 그녀의 태도를 뜻하는 (   )가 퍼져 나가는 한편, 다른 한쪽에서는
현실을 회피하는 (   )라는 우려의 목소리가 있다.

4 제대로 의미 알기

어휘력

어휘의 뜻을 연결시켜 보고, 비슷한 어휘와 반대 어휘까지 줄로 이어 보세요.

어휘			뜻			비슷한 어휘			반대 어휘
① 행운	•	•	④ 근심하거나 걱정함	•	•	㉠ 길운	•	•	㉣ 안심
② 회피	•	•	⑤ 좋은 운수	•	•	㉡ 심려	•	•	㉤ 직면
③ 우려	•	•	⑥ 일하기를 꺼리어 선뜻 나서지 않음	•	•	㉢ 도피	•	•	㉥ 불운

5 번뜩 배경지식 활용

연상 추론력

다음 글은 긍정적 사고에 대한 설명이에요.
이 글을 읽고, 어떻게 하면 긍정적으로 사고할 수 있는지 이야기해 보세요.

'긍정적 사고'란 어려운 일을 겪을 때도 좋은 면을 찾아보는 것을 말해요. 심리학에서는 긍정적 사고가 우리 마음을 건강하게 만들고, 기분 좋게 해 준다고 해요.

예를 들어 학교에서 시험 점수가 잘 나오지 않았을 때, "시험을 잘 못 봤어. 다음엔 더 열심히 공부해서 잘 봐야지!"라고 생각하는 것이 긍정적 사고예요. 이렇게 생각하면 더 잘할 수 있는 힘이 생겨요. 축구 경기에서 졌을 때도 "오늘은 졌지만, 더 열심히 연습하면 이길 수 있어!"라고 생각하면 슬프거나 화나는 대신, 자신감을 가질 수 있어요.

긍정적으로 생각하면 어려운 상황에서도 희망을 갖고, 더 나은 결과를 위해 노력할 수 있어요. 항상 긍정적으로 생각하는 것이 쉽지는 않지만, 연습을 통해 익숙해질 수 있어요.

6 이리저리 생각하기

비판적 사고력

긍정적 사고와 관련해서 이리저리 궁리해 볼까요?
두 가지 주제 중 하나를 골라 3줄 쓰기를 해 보세요. (이유나 예시도 2가지 이상 써 보세요.)

1 우리는 평소에 어떤 태도로 생활하는 것이 좋을까요?

2 속상했던 일을 떠올려 보고, 그 상황을 어떻게 긍정적으로 바라볼 수 있을지 이야기해 보아요.

정답

2영역 ×, ○, ○, × **3영역** 장원영, 긍정적, 원영적 사고, 정신 승리 **4영역** ①-⑤-㉠-㉥, ②-⑥-㉢-㉤, ③-④-㉡-㉣

5영역 ㉰ 안 좋은 일이 있더라도 그 일을 통해 내가 발전할 수 있는 방법을 생각해 본다.

원영적 사고

기사 내용에 대한 이해 수준을 스스로 점검해 보고 나의 육각형 읽기 능력을 알아봐!

▶1단계 나의 육각형 점수는?

영역	평가 기준	점수	내 점수는?
1 읽기력	이해 안 가는 어휘나 문장이 3개 이상 있어. 주제도 잘 모르겠어.	4점	
	전체적인 내용은 알겠는데, 이해 안 가는 부분이 있어.	6점	
	거의 이해했어. 이해 안 가는 부분은 앞뒤 문맥을 통해 파악했어.	8점	
	모든 어휘와 문장을 이해하고, 빠르게 읽었어.	10점	
2 분석력	힝. 1개 이하로 맞혔어.	4점	
	2개 맞혔어.	6점	
	3개 맞혔어.	8점	
	모두 다 맞혔어.	10점	
3 요약력	힝. 1개 이하로 맞혔어.	4점	
	2개 맞혔어.	6점	
	3개 맞혔어.	8점	
	모두 다 맞혔어.	10점	
4 어휘력	9개 중에 1-2개만 알고 있어.	4점	
	9개 중에 절반 정도 알고 있어.	6점	
	9개 중에 1-2개 정도만 어렵고 거의 알고 있어.	8점	
	모든 어휘의 뜻을 다 알고 있어	10점	
5 연상 추론력	힝. 잘 모르겠어.	4점	
	뭔가 썼지만 아예 다른 답 같아.	6점	
	어느 정도 알고 있지만 설명은 잘 못했어.	8점	
	제시 글에 따라 설명을 잘했어.	10점	
6 비판적 사고력	잘 못하겠어.	4점	
	문장 말고 어휘 위주로 썼어.	6점	
	이유나 예시를 1개 정도 제시하여 문장을 잘 썼어.	8점	
	이유나 예시를 2개 이상 제시하여 문장을 잘 썼어.	10점	

▶2단계 나의 육각형 그리기!

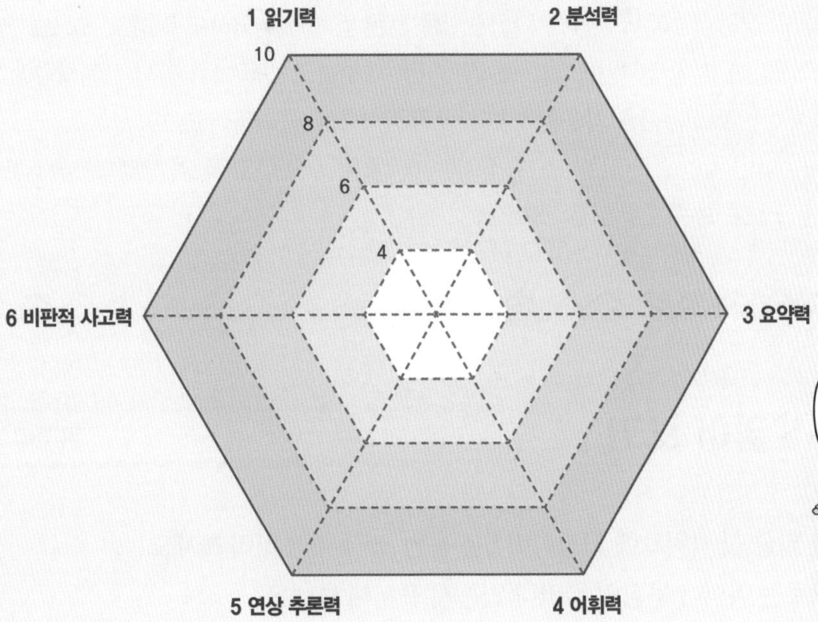

기사 난이도 ★★

장례식장에서도 일회용품 OUT!

다회용기로 교체되는 일회용품

어른들을 따라 장례식장에 가 본 적 있나요? 장례식장에서 사용되는 컵, 접시, 수저 등 대부분의 **물품**은 일회용품이에요. 장례식장에서 발생하는 일회용품 쓰레기의 양이 어마어마하지요. 삼성 서울 병원은 2025년부터 장례식장에서 일회용 컵, 접시, 수저 등을 사용하지 않고 다회용기를 도입할 계획이에요. 이를 위해 2024년 7월부터 시범 운영을 시작했어요. **상급** 종합 병원 중에서 처음으로 시도하는 일이에요.

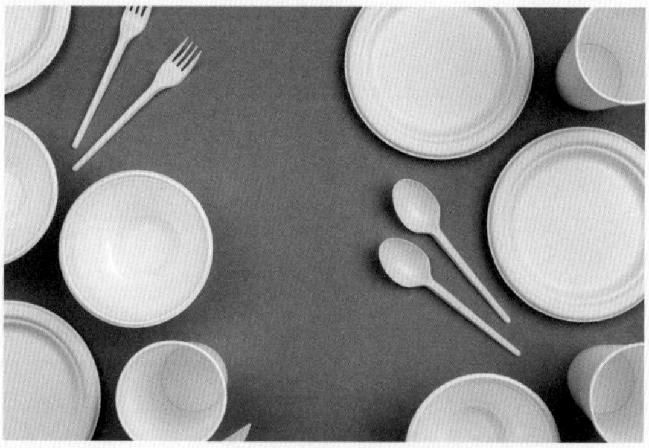

다양한 형태의 일회용품

전국 장례식장에서 한 해 동안 배출되는 일회용품 쓰레기는 3억 7,000만 개로, 모두 2,300톤 **규모**예요. 일회용 접시 중 약 20%가 장례식장에서 사용돼요.

이렇게 버려지는 일회용품은 환경을 오염시킬 뿐만 아니라 건강에도 좋지 않아요. 다회용기는 일회용기보다 미세 플라스틱 발생량이 최대 4.5배 적어요. 삼성 서울 병원은 이 문제를 해결하기 위해 다회용기를 사용하기로 한 거예요.

삼성 서울 병원은 장례식장에서 사용한 다회용기를 전문 업체가 **수거**하도록 하고 있어요. 업체에서는 수거한 다회용기를 친환경적인 방법으로 깨끗하게 세척하고 소독해서 다시 장례식장에 보내 주는 거죠. 이렇게 하면 일회용품을 사용할 때보다 쓰레기가 훨씬 줄어들어요.

다회용기를 사용하면 일반 쓰레기 발생량을 80% 이상 줄일 수 있다고 해요. 장례식장에서 다회용기를 사용하면 환경 보호에 큰 도움이 될 거예요.

1 또박또박 읽어 보기

읽기력

위의 기사를 밑줄 친 키워드에 집중하며 5분 동안 소리 내어 읽어 보세요.
읽으면서 모르는 어휘나 문장이 얼마나 있는지 표시해 보세요.

2 샤샤샥 팩트 체크

분석력

아래의 내용 중 맞는 것에는 ○, 틀린 것에는 ×표 해 보세요.

1 장례식장 물품은 대부분 일회용품이다. ( )

2 상급 종합 병원 장례식장에서 다회용기를 사용하는 것은 삼성 서울 병원이 최초이다. ( )

3 일회용품은 다회용기보다 미세 플라스틱 발생량이 최대 4.5배 적다. ( )

4 다회용기를 사용하면 일반 쓰레기 발생량을 크게 줄일 수 있다. ( )

3 뚝딱 주제 정리

요약력

기사의 핵심 내용을 요약해 보세요.

(   )에서 사용되는 (   ) 쓰레기의 양은 어마어마하다. 이렇게 버려지는 일회용품은 (   )을 오염시키고 건강에도 좋지 않다. 이에 삼성 서울 병원은 2025년부터 장례식장에서 (   )를 도입하겠다고 했다.

4 제대로 의미 알기

어휘력

어휘의 뜻을 연결시켜 보고, 비슷한 어휘까지 줄로 이어 보세요.

어휘			뜻			비슷한 어휘
① 물품	•	•	⑤ 거두어 감	•	•	㉠ 상품
② 상급	•	•	⑥ 사물이나 현상의 크기나 범위	•	•	㉡ 정도
③ 규모	•	•	⑦ 보다 높은 등급이나 계급	•	•	㉢ 철거
④ 수거	•	•	⑧ 일정하게 쓸 만한 값어치가 있는 물건	•	•	㉣ 상등

5 번뜩 배경지식 활용 — 연상 추론력

다음 글은 환경 오염에 대한 설명이에요.
이 글을 읽고, 일회용품 사용을 줄여야 하는 이유를 이야기해 보세요.

미국의 한 대학원생이 코에 무언가 박혀 힘들어하는 바다거북의 영상을 공개했어요. 코에 박혀 있던 것은 바로 플라스틱 빨대였어요. 바다거북은 빨대 때문에 숨을 제대로 쉬지 못했고, 먹이를 먹을 수도 없었지요. 왜 이런 일이 생겼을까요? 바로 우리가 사용한 일회용 플라스틱 빨대가 바다로 흘러갔기 때문이에요. 바다로 간 쓰레기는 물고기나 거북 같은 바다 동물들에게 큰 위험이 될 수 있어요. 그들은 플라스틱을 먹이로 착각해서 먹거나, 플라스틱이 몸에 엉켜서 다치기도 해요. 우리가 일회용품 사용을 줄이고, 다회용품을 이용하는 작은 노력으로 환경을 보호할 수 있어요.

6 이리저리 생각하기 — 비판적 사고력

일회용품과 관련해서 이리저리 궁리해 볼까요?
두 가지 주제 중 하나를 골라 3줄 쓰기를 해 보세요. (이유나 예시도 2가지 이상 써 보세요.)

1 우리 주변에서 일회용품을 많이 사용하는 곳은 어디일까요?
2 집이나 학교에서 자주 사용하는 일회용품을 생각해 보고, 대신할 수 있는 다회용품이 있을지 이야기해 보아요.

정답

2영역 ○, ○, ×, ○ **3영역** 장례식장, 일회용품, 환경, 다회용기 **4영역** ①-⑧-㉠, ②-⑦-㉣, ③-⑥-㉡, ④-⑤-㉢
5영역 ㉮ 우리가 사용하는 일회용품이 바다 동물들에게 피해를 줄 수 있기 때문이다.

일회용품

기사 내용에 대한 이해 수준을 스스로 점검해 보고 나의 육각형 읽기 능력을 알아봐!

▶1단계 나의 육각형 점수는?

영역	평가 기준	점수	내 점수는?
1 읽기력	이해 안 가는 어휘나 문장이 3개 이상 있어. 주제도 잘 모르겠어.	4점	
	전체적인 내용은 알겠는데, 이해 안 가는 부분이 있어.	6점	
	거의 이해했어. 이해 안 가는 부분은 앞뒤 문맥을 통해 파악했어.	8점	
	모든 어휘와 문장을 이해하고, 빠르게 읽었어.	10점	
2 분석력	힝. 1개 이하로 맞혔어.	4점	
	2개 맞혔어.	6점	
	3개 맞혔어.	8점	
	모두 다 맞혔어.	10점	
3 요약력	힝. 1개 이하로 맞혔어.	4점	
	2개 맞혔어.	6점	
	3개 맞혔어.	8점	
	모두 다 맞혔어.	10점	
4 어휘력	8개 중에 1-2개만 알고 있어.	4점	
	8개 중에 절반 정도 알고 있어.	6점	
	8개 중에 1-2개 정도만 어렵고 거의 알고 있어.	8점	
	모든 어휘의 뜻을 다 알고 있어.	10점	
5 연상 추론력	힝. 잘 모르겠어.	4점	
	뭔가 썼지만 아예 다른 답 같아.	6점	
	어느 정도 알고 있지만 설명은 잘 못했어.	8점	
	제시 글에 따라 설명을 잘했어.	10점	
6 비판적 사고력	잘 못하겠어.	4점	
	문장 말고 어휘 위주로 썼어.	6점	
	이유나 예시를 1개 정도 제시하여 문장을 잘 썼어.	8점	
	이유나 예시를 2개 이상 제시하여 문장을 잘 썼어.	10점	

▶2단계 나의 육각형 그리기!

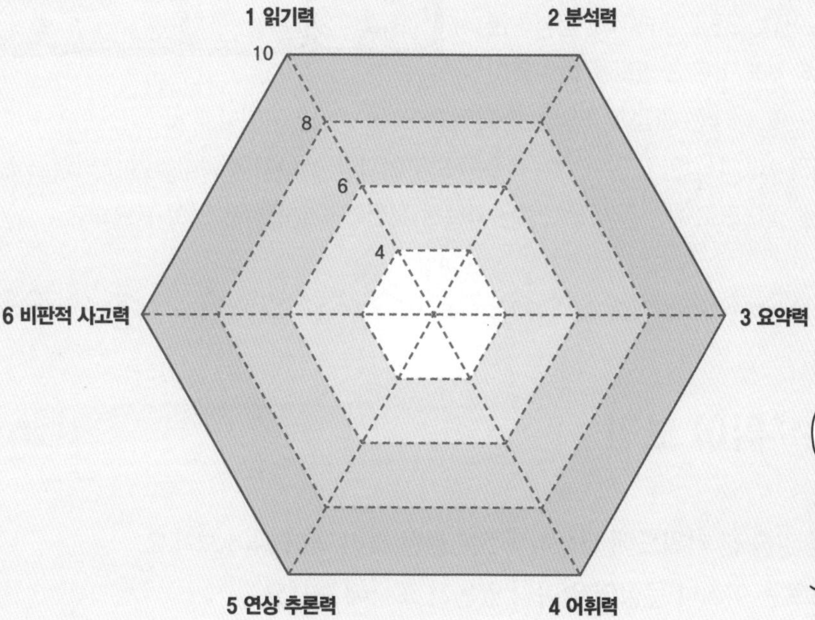

기사 난이도 ★

네 MBTI는 뭐야?
16가지 성격 유형

여러분의 MBTI는 뭔가요? 요즘은 자기소개를 할 때, 다른 것보다 MBTI를 먼저 말하기도 하고, 다른 사람을 MBTI로 **판단**하기도 해요.

MBTI는 성격 유형 검사 도구예요. MBTI 검사를 통해 자신의 성격 유형을 16가지 중 하나로 분류할 수 있어요. MBTI는 우리가 어떤 방향으로 에너지를 내보내는지, 어떤 방식으로 판단하고 행동하는지를 알려 줘요. 성격 유형을 알면 자신을 더 잘 이해할 수 있어요.

MBTI를 알면 좋은 점이 많아요. 나와 상대방의 MBTI를 알면 이야기를 나눌 때, 상대에게 맞춰서 대화할 수 있어요. 또, 나 자신을 이해하는 데도 좋아요. 그리고 나와 잘 맞는 성격을 가진 사람을 쉽게 찾을 수 있어, 더 빨리 친해질 수 있어요.

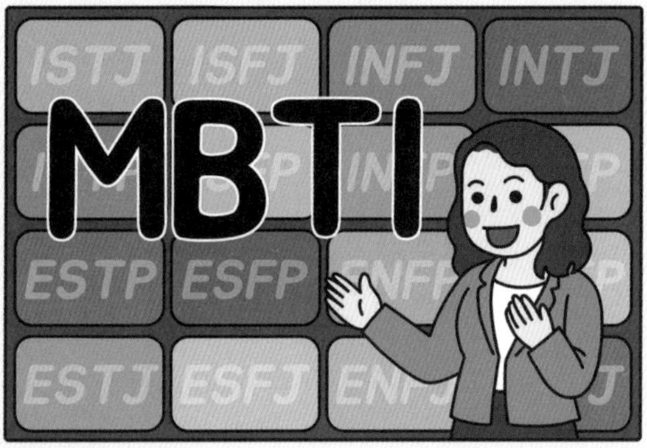

그런데 점점 많은 사람이 MBTI에 지나치게 **몰입**하는 경향을 보여 우려의 목소리가 나오고 있어요. MBTI에 몰입하다 보면, 자신의 MBTI 유형과 맞다고 생각하는 행동을 떠올리며 일부러 그렇게 행동하기도 하거든요. 인간은 주변 환경에 **적응**하기 때문에 검사 결과는 바뀔 수 있어요. 그런데 MBTI에 집착하면 스스로를 그 유형에 가두고 변화를 받아들이지 못하게 돼요. 또 다양한 관점과 경험을 얻지 못하고, 일부분만 이해하게 될 수 있어요.

MBTI는 자기가 어떤 사람인지 알아보는 **유용**한 도구이지만, 지나치게 의식하면 오히려 스스로의 발전을 방해할 수 있으므로 자신을 성장시키는 자료로 적절하게 활용하는 것이 중요해요.

1 또박또박 읽어 보기

읽기력

위의 기사를 밑줄 친 키워드에 집중하며 5분 동안 소리 내어 읽어 보세요.
읽으면서 모르는 어휘나 문장이 얼마나 있는지 표시해 보세요.

2 샤샤샥 팩트 체크

분석력

아래의 내용 중 맞는 것에는 ○, 틀린 것에는 ×표 해 보세요.

1 MBTI는 성격 유형을 검사하는 도구이다. ( )

2 성격 유형을 알면 자신을 이해하기 어렵다. ( )

3 MBTI 유형에 자신을 맞춰 행동해야 한다. ( )

4 MBTI에 몰입할수록 스스로 발전할 수 있다. ( )

3 뚝딱 주제 정리

요약력

기사의 핵심 내용을 요약해 보세요.

( )는 ( ) 유형 검사로, 어떤 방향으로 에너지를 내보내는지 어떤 방식으로 ( )하고 ( )하는지를 알려 준다. 하지만 지나치게 몰입하지 말고, 스스로를 성장시키는 자료로 적절히 활용해야 한다.

4 제대로 의미 알기

어휘력

어휘의 뜻을 연결시켜 보세요.

어휘			뜻
① 판단	•	•	⑤ 사물을 인식하여 논리나 기준 등에 따라 판정을 내림
② 몰입	•	•	⑥ 쓸모가 있음
③ 적응	•	•	⑦ 지나치게 깊이 파고들거나 빠짐
④ 유용	•	•	⑧ 조건이나 환경에 맞추어 응하거나 알맞게 됨

5 번뜩 배경지식 활용

연상 추론력

다음 글은 MBTI 성격 유형에 대한 설명이에요.
이 글을 읽고, 나는 어떤 성격을 가진 사람인지 이야기해 보세요.

MBTI는 사람들의 성격을 16가지 유형으로 나누는 테스트예요.
첫째, 에너지를 어디서 얻는지에 따라 외향형(E)과 내향형(I)으로 나눠요. 외향형은 사람들과 어울리는 걸 좋아하고, 내향형은 혼자 있는 걸 좋아해요.
둘째, 정보를 어떻게 받아들이는지에 따라 감각형(S)과 직관형(N)으로 나눠요. 감각형은 현실적인 정보를 중요하게 생각하고, 직관형은 아이디어와 가능성을 중요하게 여겨요.
셋째, 결정을 어떻게 내리는지에 따라 사고형(T)과 감정형(F)으로 나눠요. 사고형은 논리적으로 생각하고, 감정형은 사람들의 감정을 중요하게 생각해요.
마지막으로, 생활 방식에 따라 판단형(J)과 인식형(P)으로 나눠요. 판단형은 계획을 세우는 걸 좋아하고, 인식형은 유연하게 대처하는 걸 좋아해요.

6 이리저리 생각하기

비판적 사고력

MBTI와 관련해서 이리저리 궁리해 볼까요?
두 가지 주제 중 하나를 골라 3줄 쓰기를 해 보세요. (이유나 예시도 2가지 이상 써 보세요.)

1 나는 외향형일까요, 내향형일까요? 그것이 나의 학교 생활에 어떤 영향을 주는지 생각해 보아요.
2 나와 내 친구의 성격을 비교해 보고, 어떻게 하면 더 사이좋게 지낼 수 있을지 이야기해 보아요.

정답

2영역 ○, ×, ×, ×　**3영역** MBTI, 성격, 판단, 행동　**4영역** ①-⑤, ②-⑦, ③-⑧, ④-⑥
5영역 예 INTJ 유형 / 혼자 있는 것과 아이디어 내는 것을 좋아하고 논리적이며 계획하는 걸 좋아하기 때문이다.

ISTJ MBTI

기사 내용에 대한 이해 수준을 스스로 점검해 보고 나의 육각형 읽기 능력을 알아봐!

▶1단계 나의 육각형 점수는?

영역	평가 기준	점수	내 점수는?
1 읽기력	이해 안 가는 어휘나 문장이 3개 이상 있어. 주제도 잘 모르겠어.	4점	
	전체적인 내용은 알겠는데, 이해 안 가는 부분이 있어.	6점	
	거의 이해했어. 이해 안 가는 부분은 앞뒤 문맥을 통해 파악했어.	8점	
	모든 어휘와 문장을 이해하고, 빠르게 읽었어.	10점	
2 분석력	힝. 1개 이하로 맞혔어.	4점	
	2개 맞혔어.	6점	
	3개 맞혔어.	8점	
	모두 다 맞혔어.	10점	
3 요약력	힝. 1개 이하로 맞혔어.	4점	
	2개 맞혔어.	6점	
	3개 맞혔어.	8점	
	모두 다 맞혔어.	10점	
4 어휘력	4개 중에 1개 이하로 알고 있어.	4점	
	4개 중에 2개 알고 있어.	6점	
	4개 중에 3개 알고 있어.	8점	
	모든 어휘의 뜻을 다 알고 있어.	10점	
5 연상 추론력	힝. 잘 모르겠어.	4점	
	뭔가 썼지만 아예 다른 답 같아.	6점	
	어느 정도 알고 있지만 설명은 잘 못했어.	8점	
	제시 글에 따라 설명을 잘했어.	10점	
6 비판적 사고력	잘 못하겠어.	4점	
	문장 말고 어휘 위주로 썼어.	6점	
	이유나 예시를 1개 정도 제시하여 문장을 잘 썼어.	8점	
	이유나 예시를 2개 이상 제시하여 문장을 잘 썼어.	10점	

▶2단계 나의 육각형 그리기!

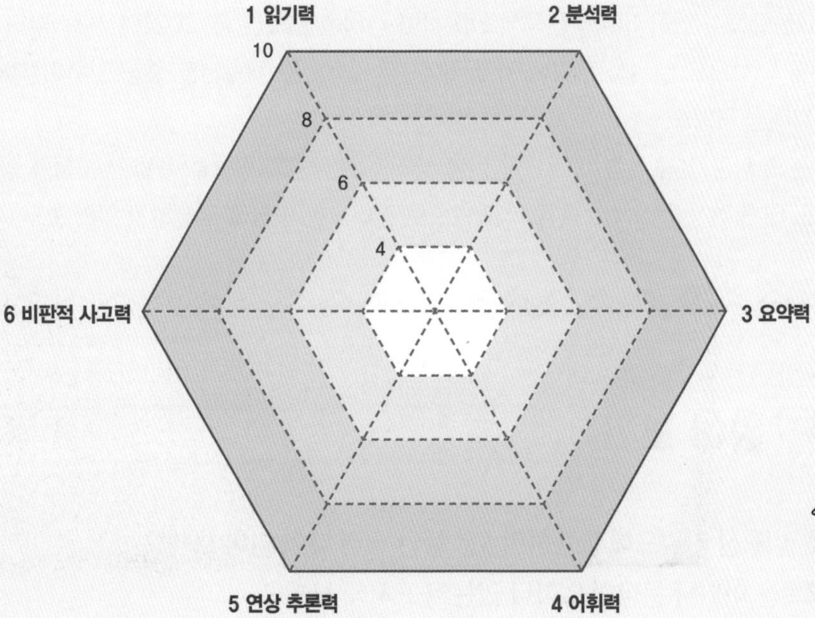

11. 【사회·문화】 늘봄학교 기사 난이도 ★

학원보다 학교가 더 좋아요!

늘봄학교의 확대

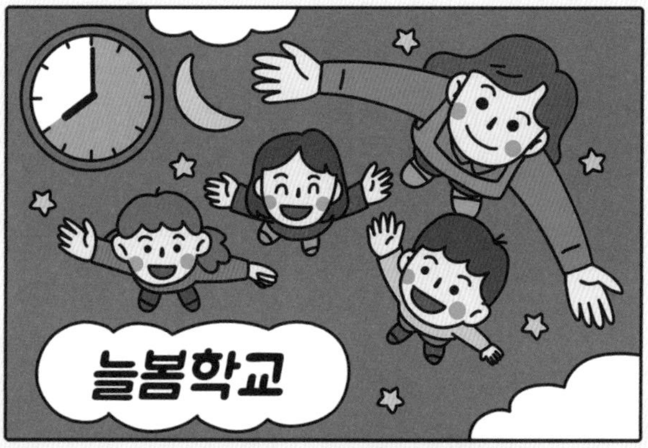

요즘 사람들은 높은 **사교육비** 때문에 아이 낳기를 **꺼려** 해요. 또 회사 일과 육아를 함께하기 힘든 것도 저출산의 이유 중 하나이지요.

정부는 이런 저출산 문제를 해결하기 위해서 '늘봄학교'를 **확대**하고 있어요. 늘봄학교는 오전 7시부터 저녁 8시까지 초등학생의 교육과 돌봄을 책임지는 정책이에요. 늘봄학교를 신청한 초등학교 학생들은 정규 수업이 끝난 후에도 학교에서 머무르며 여러 활동을 할 수 있어요.

늘봄학교는 한자, 미술, 음악, 연극, 구연동화, 체육 등 다양한 프로그램을 운영해요. 오후 7시까지 돌봄 서비스도 제공하고 있어, 부모님이 퇴근할 때까지 아이들은 학교에 있을 수 있어요.

늘봄학교를 이용하면 학원에 다니지 않아도 되어서 사교육비 부담이 줄고, 아이들이 학교에 계속 있을 수 있어 학부모들도 안심할 수 있어요.

현재 늘봄학교는 2024년 1학기부터 전국적으로 시범 사업을 진행한 후, 2024년 2학기부터 모든 초등학교 1학년을 대상으로 실시하고 있어요. 초기에는 1~2학년인 저학년을 중심으로 이루어지지만, 점차 학년이 확대될 거예요.

한편, 부산시는 24시간 긴급 돌봄이 가능한 늘봄 센터와 보살핌과 학습을 통합한 거점형 학교인 늘봄 전용 학교도 더 많이 만들어 사교육을 학교 안으로 끌어오는 **방안**을 구상하고 있어요.

1 또박또박 읽어 보기

읽기력

위의 기사를 밑줄 친 키워드에 집중하며 5분 동안 소리 내어 읽어 보세요.
읽으면서 모르는 어휘나 문장이 얼마나 있는지 표시해 보세요.

2 샤샤샥 팩트 체크 분석력

아래의 내용 중 맞는 것에는 ○, 틀린 것에는 ×표 해 보세요.

1 요즘 사람들은 사교육비 때문에 아이를 많이 낳는다. ( )

2 늘봄학교는 초등학생들의 교육과 돌봄을 책임지는 정책이다. ( )

3 늘봄학교를 이용하면 학부모의 사교육비 부담이 늘어난다. ( )

4 대구시는 24시간 긴급 돌봄도 확대 중이다. ( )

3 뚝딱 주제 정리 요약력

기사의 핵심 내용을 요약해 보세요.

정부는 (   ) 문제를 해결하기 위해 (   )를 시행하고 있다. 이 정책을 통해 (   )의 교육과 (   )을 책임지고 있다. 늘봄학교는 다양한 프로그램을 운영하며, 오후 7시까지 돌봄 서비스도 제공한다.

4 제대로 의미 알기 어휘력

다음 어휘의 뜻을 보고, 알맞은 말을 써 보세요.

어휘	뜻
① 사교육비	(ㄱ ㄱ ㅇ) 외 학부모가 자녀 교육을 위해 추가로 지출하는 경비
② 꺼리다	사물이나 일이 자신에게 해가 될까 하여 (ㅍ ㅎ ㄱ ㄴ) 싫어함
③ 확대	모양이나 규모 따위를 더 (ㅋ ㄱ) 함
④ 방안	일을 처리하거나 해결하여 나갈 방법이나 (ㄱ ㅎ)

5 번뜩 배경지식 활용

연상 추론력

다음 글은 방과 후 수업과 늘봄학교를 비교한 설명이에요.
이 글을 읽고, 어떤 것이 더 좋은지 생각해 보고 그 이유도 이야기해 보세요.

기존의 방과 후 수업은 미리 짜인 시간표에, 정해진 시간에만 운영되었고 제한된 인원만 참여할 수 있었어요. 학생들이 자신이 원하는 시간에 원하는 방과 후 수업을 듣기 힘들었어요. 반면, 늘봄학교는 방과 후에도 계속 운영되어서 학생들이 다양한 프로그램에 참여할 수 있어요. 또한 수업 종료 후에도 학교에 안전하게 머물 수 있기 때문에 맞벌이를 하는 부모들이 자녀를 돌봐줄 사람을 찾지 않아도 되어서 만족도가 높아요.

6 이리저리 생각하기

비판적 사고력

늘봄학교와 관련해서 이리저리 궁리해 볼까요?
두 가지 주제 중 하나를 골라 3줄 쓰기를 해 보세요. (이유나 예시도 2가지 이상 써 보세요.)

1 내가 늘봄학교에 다닌다면 어떤 점이 좋을까요?

2 늘봄학교에서 해 보고 싶은 활동은 무엇인지 생각해 보고, 그 이유를 이야기해 보아요.

정답

2영역 ×, ○, ×, ×　**3영역** 저출산, 늘봄학교, 초등학생, 돌봄　**4영역** ① 공교육, ② 피하거나, ③ 크게, ④ 계획

5영역 예 다양한 프로그램이 있고, 학교에 안전하게 머물 수 있어서 부모님들이 안심할 수 있기 때문에 늘봄학교가 더 좋은 것 같다.

늘봄학교

기사 내용에 대한 이해 수준을 스스로 점검해 보고 나의 육각형 읽기 능력을 알아봐!

▶1단계 나의 육각형 점수는?

영역	평가 기준	점수	내 점수는?
1 읽기력	이해 안 가는 어휘나 문장이 3개 이상 있어. 주제도 잘 모르겠어.	4점	
	전체적인 내용은 알겠는데, 이해 안 가는 부분이 있어.	6점	
	거의 이해했어. 이해 안 가는 부분은 앞뒤 문맥을 통해 파악했어.	8점	
	모든 어휘와 문장을 이해하고, 빠르게 읽었어.	10점	
2 분석력	힝. 1개 이하로 맞혔어.	4점	
	2개 맞혔어.	6점	
	3개 맞혔어.	8점	
	모두 다 맞혔어.	10점	
3 요약력	힝. 1개 이하로 맞혔어.	4점	
	2개 맞혔어.	6점	
	3개 맞혔어.	8점	
	모두 다 맞혔어.	10점	
4 어휘력	4개 중에 1개 이하로 알고 있어.	4점	
	4개 중에 2개 알고 있어.	6점	
	4개 중에 3개 알고 있어.	8점	
	모든 어휘의 뜻을 다 알고 있어.	10점	
5 연상 추론력	힝. 잘 모르겠어.	4점	
	뭔가 썼지만 아예 다른 답 같아.	6점	
	어느 정도 알고 있지만 설명은 잘 못했어.	8점	
	제시 글에 따라 설명을 잘했어.	10점	
6 비판적 사고력	잘 못하겠어.	4점	
	문장 말고 어휘 위주로 썼어.	6점	
	이유나 예시를 1개 정도 제시하여 문장을 잘 썼어.	8점	
	이유나 예시를 2개 이상 제시하여 문장을 잘 썼어.	10점	

▶2단계 나의 육각형 그리기!

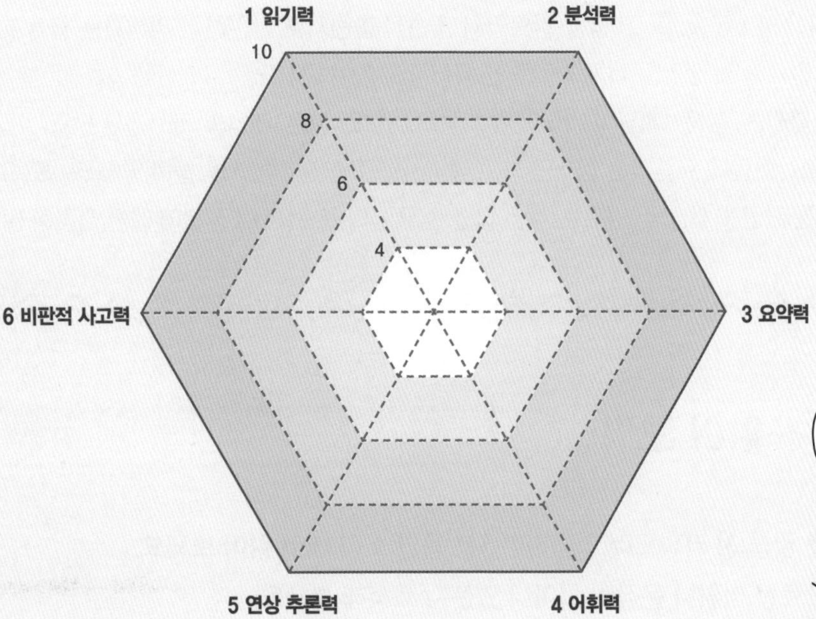

12. 【사회·문화】 AI 프롬프트 기사 난이도 ★★

당신의 질문에 따라 나의 답이 달라져요

좋은 대답을 이끌어 내는 좋은 질문

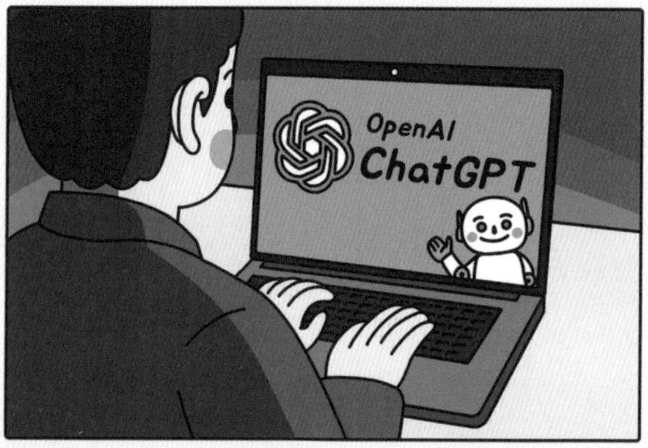

생성형 AI를 사용해 본 적 있나요? 생성형 AI를 처음 사용한 사람들이 공통적으로 하는 말이 있어요. "생각보다 똑똑하지 않다."는 거예요. **질문**에 엉뚱한 대답을 하는 경우가 많기 때문이에요.

생성형 AI를 잘 사용하기 위해서는 프롬프트를 잘 이해해야 해요. 프롬프트는 사용자의 명령어를 받아들이는 **체계**를 말하는데요. 컴퓨터나 프로그램이 어떤 동작을 할 **준비**가 됐다고 알려 주는 거예요. 생성형 AI를 잘 사용하기 위해서는 어떤 질문을 하느냐가 더 중요해요. 질문을 어떻게 하느냐에 따라 생성형 AI의 답이 달라져요. 또, 생성형 AI의 답이 항상 옳은 것도 아니에요. 때로는 잘못된 정보를 알려 줄 수도 있거든요. 이 답이 옳은지 틀린지를 판단하는 건 사람의 몫이에요.

생성형 AI에 적절한 질문을 하기 위해서는 내가 먼저 생각할 수 있어야 해요. 좋은 답을 찾으려면 좋은 질문을 해야 하거든요. 또 그 답을 읽으면서 옳은지 틀린지를 판단하기 위해서는 글을 읽고 생각하는 능력이 필요해요. 생각할 시간과 다양한 독서가 도움이 되지요.

인류 문명의 **발전**은 '질문-대답'의 과정에서 시작되었어요. 질문-대답의 과정에서 반드시 필요한 것이 '생각'이고요. 그런데 요즘에는 검색만 하고 생각하는 것을 멈추는 사람들이 많아졌어요. 그렇게 해서는 좋은 질문과 답을 찾을 수 없어요. 좋은 답을 얻고 싶다면, 먼저 내 질문에 대한 점검이 필요해요.

1 또박또박 읽어 보기 읽기력

위의 기사를 밑줄 친 키워드에 집중하며 5분 동안 소리 내어 읽어 보세요.
읽으면서 모르는 어휘나 문장이 얼마나 있는지 표시해 보세요.

2 샤샤샥 팩트 체크 분석력

아래의 내용 중 맞는 것에는 ○, 틀린 것에는 ×표 해 보세요.

1 생성형 AI를 잘 사용하려면 프롬프트를 잘 이해해야 한다. ( )

2 질문을 어떻게 하든 생성형 AI의 답은 같다. ( )

3 생성형 AI는 항상 옳은 정보만 준다. ( )

4 요즘은 검색만 하고 생각하지 않는 사람들이 많아졌다. ( )

3 뚝딱 주제 정리 요약력

기사의 핵심 내용을 요약해 보세요.

생성형 AI를 잘 사용하기 위해서는 (   )를 잘 이해해야 한다. 좋은 답을 찾기 위해서는 좋은 (   )을 해야 한다. 이를 위해서 (   )할 시간과 다양한 (   )가 도움이 된다.

4 제대로 의미 알기 어휘력

다음의 뜻을 가진 어휘를 쓰고, 그 어휘를 활용해서 짧은 문장을 만들어 보세요.

뜻	어휘	짧은 문장
① 미리 마련하여 갖춤	ㅈ ㅂ	
② 알고자 하는 바를 얻기 위해 물음	ㅈ ㅁ	
③ 일정한 원리에 따라서 낱낱의 부분이 짜임새 있게 조직되어 통일된 전체	ㅊ ㄱ	
④ 더 낫고 좋은 상태나 더 높은 단계로 나아감	ㅂ ㅈ	

5 번뜩 배경지식 활용

연상 추론력

아래 써 있는 키워드를 들어 본 적 있나요?
앞의 기사와 관련 있어 보이는 것을 모두 골라 보고 정확한 의미도 알아보세요.

호모 프롬프트　　팬슈머
챗GPT　　엔데믹　　부동산

6 이리저리 생각하기

비판적 사고력

생성형 AI와 관련해서 이리저리 궁리해 볼까요?
두 가지 주제 중 하나를 골라 3줄 쓰기를 해 보세요. (이유나 예시도 2가지 이상 써 보세요.)

1 생성형 AI에게 어떻게 해야 좋은 답변을 받을 수 있을까요?
2 생성형 AI를 효과적으로 이용하기 위해서 필요한 능력은 무엇이 있을지 이야기해 보아요.

정답

2영역 ○, ×, ×, ○　**3영역** 프롬프트, 질문, 생각, 독서　**4영역** ① 준비, ② 질문, ③ 체계, ④ 발전

5영역 호모 프롬프트 : 인간을 의미하는 '호모(Homo)'와 사용자의 지시와 명령어를 뜻하는 '프롬프트(Prompt)'를 합친 말로, AI를 능숙하게 다루는 인간의 능력을 강조하는 신조어
챗GPT : Open AI가 개발한 프로토 타입 대화형 인공 지능 챗봇

AI 프롬프트

기사 내용에 대한 이해 수준을 스스로 점검해 보고 나의 육각형 읽기 능력을 알아봐!

▶1단계 나의 육각형 점수는?

영역	평가 기준	점수	내 점수는?
1 읽기력	이해 안 가는 어휘나 문장이 3개 이상 있어. 주제도 잘 모르겠어.	4점	
	전체적인 내용은 알겠는데, 이해 안 가는 부분이 있어.	6점	
	거의 이해했어. 이해 안 가는 부분은 앞뒤 문맥을 통해 파악했어.	8점	
	모든 어휘와 문장을 이해하고, 빠르게 읽었어.	10점	
2 분석력	힝. 1개 이하로 맞혔어.	4점	
	2개 맞혔어.	6점	
	3개 맞혔어.	8점	
	모두 다 맞혔어.	10점	
3 요약력	힝. 1개 이하로 맞혔어.	4점	
	2개 맞혔어.	6점	
	3개 맞혔어.	8점	
	모두 다 맞혔어.	10점	
4 어휘력	어휘만 1개 이하로 맞혔어.	4점	
	어휘만 2개 이상 맞혔어.	6점	
	어휘는 다 맞혔는데, 문장은 1-2개 정도만 만들었어.	8점	
	어휘도 다 맞혔고, 모든 문장도 만들었어.	10점	
5 연상 추론력	이번에 다 처음 봤어.	4점	
	1개 정도만 들어 봤어.	6점	
	답은 맞혔지만 무엇인지는 잘 모르겠어.	8점	
	답도 맞히고, 무엇인지도 잘 알고 있어.	10점	
6 비판적 사고력	잘 못하겠어.	4점	
	문장 말고 어휘 위주로 썼어.	6점	
	이유나 예시를 1개 정도 제시하여 문장을 잘 썼어.	8점	
	이유나 예시를 2개 이상 제시하여 문장을 잘 썼어.	10점	

▶2단계 나의 육각형 그리기!

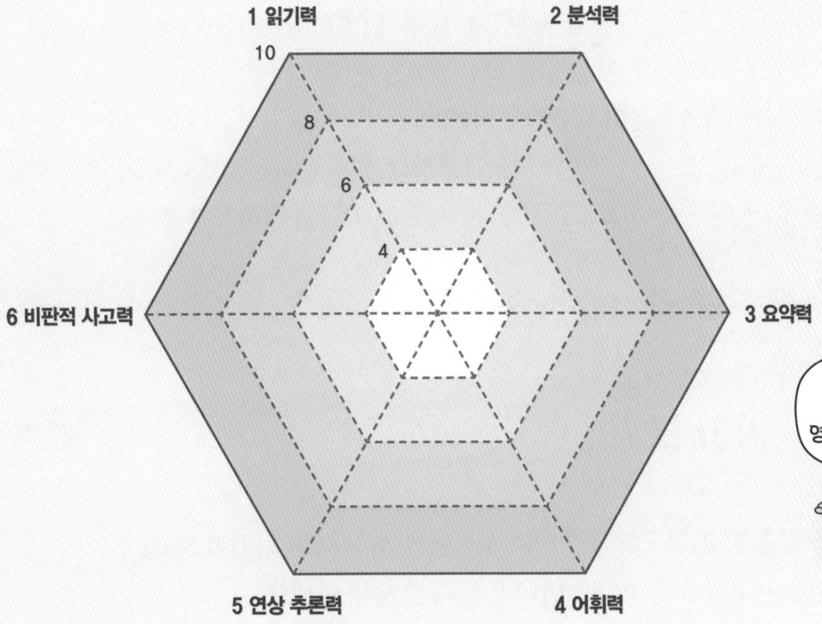

13. 【사회·문화】 온라인 피싱 기사 난이도 ★★★

내가 이런 광고를 했다고?
유명인 사칭 온라인 피싱 범죄의 확산

인터넷에서 유명한 강사나 개그맨 등이 광고 모델로 등장하는 모습을 쉽게 볼 수 있어요. 그런데 그런 광고 중 대부분이 사기인 경우가 많다고 해요.

이런 사기 범죄는 SNS 플랫폼에서 시작되어 점점 더 퍼져 나가고 있어요. 2024년 상반기만 하더라도 사기 광고로 인한 피해액은 약 2,300억 원에 달하는 것으로 알려졌어요. 드러나지 않은 사례까지 계산한다면 실제로는 피해 금액이 1조 원을 넘을 것으로 **추정**하고 있어요.

이에 유명인들이 직접 나서서 정부에 사기 문제를 해결할 것을 요구했어요. 유명인들이 직접 '유명인 사칭 온라인 피싱 범죄 해결을 위한 모임'을 만든 거예요. 피싱은 개인 정보(private data)와 낚시(fishing)의 합성어로, 불특정 다수가 위장된 홈페이지에 접속하도록 한 뒤, 인터넷 이용자들의 금융 정보 등을 빼내는 거예요. 이들은 기자 회견을 열어 SNS 플랫폼 기업들이 이러한 사기 범죄를 막을 시스템이 없다고 지적했어요. 또 정부에 이 문제를 보이스 피싱 범죄로 간주해서 강력히 처벌해 달라고 했어요.

SNS 플랫폼에는 누구나 돈만 내면 쉽게 광고를 할 수 있어요. 사기 광고도 쉽게 할 수 있는 거죠. 또, **신고**해서 그 계정이 삭제되어도 곧 또 다른 사기 계정을 만들 수 있어요.

유명인들은 자신의 이름과 얼굴이 **도용**되는 피해보다, 이로 인해 더 많은 피해자가 생기는 것을 막아야 한다는 절박한 마음으로 문제 해결에 나섰다고 해요. 이들은 시민들에게 유명인의 이름과 얼굴을 미끼로 접근하는 사람은 모두 가짜라고 경고하면서 절대 속지 말 것을 **당부**했어요.

1 또박또박 읽어 보기

읽기력

위의 기사를 밑줄 친 키워드에 집중하며 5분 동안 소리 내어 읽어 보세요.
읽으면서 모르는 어휘나 문장이 얼마나 있는지 표시해 보세요.

2 샤샤샥 팩트 체크 — 분석력

아래의 내용 중 맞는 것에는 ○, 틀린 것에는 ×표 해 보세요.

1 인터넷에서 유명인들이 광고 모델로 등장하는 모습을 쉽게 볼 수 있다. ☐

2 2024년 1월부터 6월까지 사기 광고의 실제 피해 금액은 2조 원이 넘는다. ☐

3 지금도 SNS 플랫폼 기업들에 유명인 사칭 범죄를 막을 시스템이 있다. ☐

4 사기 광고 계정을 신고하면 계정이 삭제되어 더 이상 피해가 발생하지 않는다. ☐

3 뚝딱 주제 정리 — 요약력

기사의 핵심 내용을 요약해 보세요.

SNS 플랫폼 등 (   )에 (   )들이 모델로 등장하는 광고 중 (   )인 경우가 많다. 이에 유명인들은 모임을 만들어 정부에 처벌을 요구했고, 시민들에게 절대 가짜 (   )에 속아서는 안 된다고 당부했다.

4 제대로 의미 알기 — 어휘력

어휘의 뜻을 연결시켜 보고, 비슷한 어휘까지 줄로 이어 보세요.

어휘			뜻			비슷한 어휘
① 추정	•	•	⑤ 말로 단단히 부탁함	•	•	㉠ 절도
② 신고	•	•	⑥ 남의 물건이나 명의를 몰래 씀	•	•	㉡ 가정
③ 도용	•	•	⑦ 국민이 법령의 규정에 따라 행정 관청에 일정한 사실을 진술·보고함	•	•	㉢ 간청
④ 당부	•	•	⑧ 미루어 생각하여 판정함	•	•	㉣ 통보

5 번뜩 배경지식 활용

연상 추론력

아래 써 있는 키워드를 들어 본 적 있나요?
앞의 기사와 관련 있어 보이는 것을 모두 골라 보고 정확한 의미도 알아보세요.

투자 리딩 사기　　딥페이크

실업률　　GDP　　미세 플라스틱

6 이리저리 생각하기

비판적 사고력

사기 광고와 관련해서 이리저리 궁리해 볼까요?
두 가지 주제 중 하나를 골라 3줄 쓰기를 해 보세요. (이유나 예시도 2가지 이상 써 보세요.)

1 온라인 사기 광고들은 왜 유명인의 이름과 얼굴을 도용할까요?

2 사기 광고를 막기 위해 우리가 할 수 있는 방법을 이야기해 보아요.

정답

2영역 ○, ×, ×, ×　**3영역** 인터넷, 유명인, 사기, 광고　**4영역** ①-⑧-ⓛ, ②-⑦-ⓡ, ③-⑥-ⓖ, ④-⑤-ⓒ

5영역 투자 리딩 사기 : 주식 투자 등으로 돈을 벌게 해 준다면서 모은 투자금을 갈취하는 수법의 사기
딥페이크 : 인공 지능 기술을 이용하여 진위 여부를 구별하기 어려운 가짜 이미지나 영상물. 최근에는 피싱 범죄에 많이 활용되고 있음

온라인 피싱

기사 내용에 대한 이해 수준을 스스로 점검해 보고 나의 육각형 읽기 능력을 알아봐!

▶1단계 나의 육각형 점수는?

영역	평가 기준	점수	내 점수는?
1 읽기력	이해 안 가는 어휘나 문장이 3개 이상 있어. 주제도 잘 모르겠어.	4점	
	전체적인 내용은 알겠는데, 이해 안 가는 부분이 있어.	6점	
	거의 이해했어. 이해 안 가는 부분은 앞뒤 문맥을 통해 파악했어.	8점	
	모든 어휘와 문장을 이해하고, 빠르게 읽었어.	10점	
2 분석력	힝. 1개 이하로 맞혔어.	4점	
	2개 맞혔어.	6점	
	3개 맞혔어.	8점	
	모두 다 맞혔어.	10점	
3 요약력	힝. 1개 이하로 맞혔어.	4점	
	2개 맞혔어.	6점	
	3개 맞혔어.	8점	
	모두 다 맞혔어.	10점	
4 어휘력	8개 중에 1-2개만 알고 있어.	4점	
	8개 중에 절반 정도 알고 있어.	6점	
	8개 중에 1-2개 정도만 어렵고 거의 알고 있어.	8점	
	모든 어휘의 뜻을 다 알고 있어.	10점	
5 연상 추론력	이번에 다 처음 봤어.	4점	
	1개 정도만 들어 봤어.	6점	
	답은 맞혔지만 무엇인지는 잘 모르겠어.	8점	
	답도 맞히고, 무엇인지도 잘 알고 있어.	10점	
6 비판적 사고력	잘 못하겠어.	4점	
	문장 말고 어휘 위주로 썼어.	6점	
	이유나 예시를 1개 정도 제시하여 문장을 잘 썼어.	8점	
	이유나 예시를 2개 이상 제시하여 문장을 잘 썼어.	10점	

▶2단계 나의 육각형 그리기!

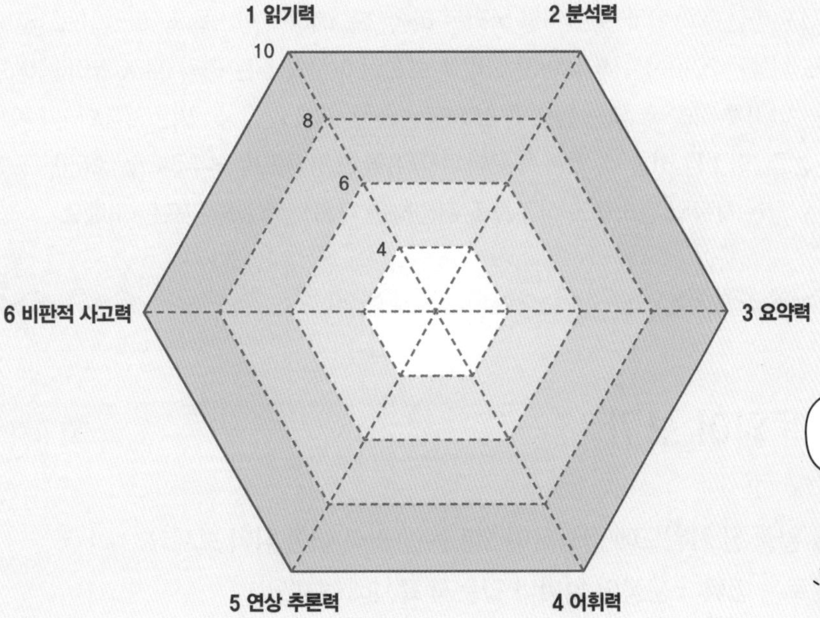

아기를 지켜 주는 베이비 박스
베이비 박스에 남겨진 아기들

'베이비 박스'라는 말을 들어 본 적 있나요? 베이비 박스는 아기를 키우기 어려운 엄마들이 아기를 두고 갈 수 있는 곳이에요. 엄마가 아기를 베이비 박스에 두면, 아기는 **안전**하게 보호받을 수 있어요. 베이비박스에 아기가 놓이면 경보음이 울리고, 보육사나 상담사가 와서 아기와 엄마를 도와줘요.

베이비 박스가 국내에서 운영된 지 벌서 10년이 넘었어요. 현재 베이비 박스는 두 곳에서 운영되고 있어요. 그런데 2022년 한 달에 10명 이상 맡겨지던 아기들이 2023년부터는 1~2명 정도만 맡겨지고 있어요. 지자체에서 출생 미신고 아동에 대한 조사를 시작했고, 경찰 역시 아기를 두고 간 엄마들을 찾고 있어서예요. 엄마들이 **처벌**을 받을까 봐 베이비 박스 이용을 두려워하고 있는 거죠.

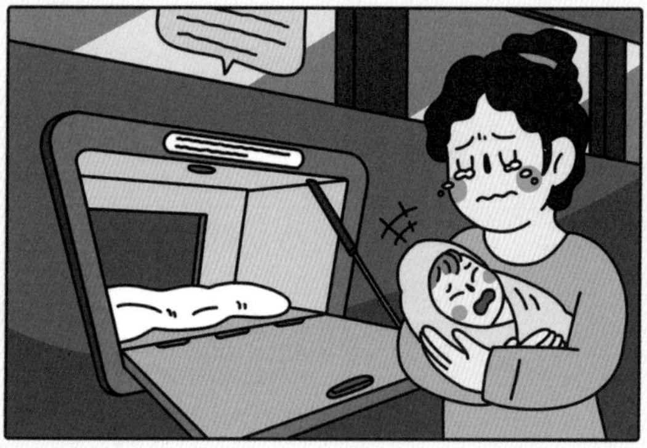

베이비 박스를 찾는 아기 엄마들은 아기를 키울 수 없는 상황인 경우가 많아요. 나이가 매우 어리거나, 가족들이 아기 낳는 것을 반대하거나, 혹은 경제적으로 어려운 엄마들이죠.

이런 상황에서 엄마들은 아기가 잘 살기를 바라는 마음으로 베이비 박스를 찾고 있어요. 베이비 박스가 본격적으로 시행된 2010년 이후 14년간 이렇게 보호된 아기의 수는 대략 2,100명이 넘어요.

베이비 박스는 아기를 키울 수 없는 엄마가 아기를 안전한 곳에 맡길 수 있는 **최후**의 수단이라는 의견이 있어요. 반면, 아기를 키울 수 있는 부모까지 아기를 **포기**하도록 부추긴다는 의견도 있지요. 가장 중요한 것은 힘든 상황의 엄마들과 아기들을 지원하는 사회적 체계를 만드는 거예요.

1 또박또박 읽어 보기

읽기력

위의 기사를 밑줄 친 키워드에 집중하며 5분 동안 소리 내어 읽어 보세요.
읽으면서 모르는 어휘나 문장이 얼마나 있는지 표시해 보세요.

2 샤샤샥 팩트 체크

분석력

아래의 내용 중 맞는 것에는 ○, 틀린 것에는 ×표 해 보세요.

1 엄마가 아기를 베이비 박스에 두면 아기는 위험해진다. ☐

2 베이비 박스는 최근 국내에 들어왔다. ☐

3 처벌을 받을까 봐 베이비 박스에 아기를 두고 가는 엄마들이 줄어들었다. ☐

4 베이비 박스를 찾는 엄마들은 대부분 아기를 키우기 싫어서이다. ☐

3 뚝딱 주제 정리

요약력

기사의 핵심 내용을 요약해 보세요.

(   )는 아기를 키우기 어려운 (   )를 위한 곳으로, 이곳을 통해 들어온 (   )들은 (   )하게 보호받는다. 최근 들어 베이비 박스에 아기를 맡기는 엄마들이 줄고 있다.

4 제대로 의미 알기

어휘력

다음의 뜻을 가진 어휘를 쓰고, 그 어휘를 활용해서 짧은 문장을 만들어 보세요.

뜻	어휘	짧은 문장
① 하려던 일을 도중에 그만두어 버림	ㅍ ㄱ	
② 위험이 생기거나 사고가 날 염려가 없음	ㅇ ㅈ	
③ 죄를 지은 사람에게 벌을 내림	ㅊ ㅂ	
④ 맨 마지막	ㅊ ㅎ	

5 번뜩 배경지식 활용 — 연상 추론력

아래 써 있는 키워드를 들어 본 적 있나요?
앞의 기사와 관련 있어 보이는 것을 모두 골라 보고 정확한 의미도 알아보세요.

보육원　　비정규직
미혼모　　고령화　　노후

6 이리저리 생각하기 — 비판적 사고력

베이비 박스와 관련해서 이리저리 궁리해 볼까요?
두 가지 주제 중 하나를 골라 3줄 쓰기를 해 보세요. (이유나 예시도 2가지 이상 써 보세요.)

1 베이비 박스가 계속 운영되는 것이 좋을까요, 없어지는 것이 좋을까요?
2 아기가 버려지는 것을 막을 수 있는 방법은 무엇이 있을까요?

정답

2영역 ×, ×, ○, ×　**3영역** 베이비 박스, 엄마, 아기, 안전　**4영역** ① 포기, ② 안전, ③ 처벌, ④ 최후

5영역 보육원 : 부모나 보호자가 없는 아이들을 받아들여 기르고 가르치는 곳
미혼모 : 결혼을 하지 않은 상태로 임신 또는 출산하였거나, 출산 후 자녀를 양육하고 있는 여성

베이비 박스

기사 내용에 대한 이해 수준을 스스로 점검해 보고 나의 육각형 읽기 능력을 알아봐!

▶1단계 나의 육각형 점수는?

영역	평가 기준	점수	내 점수는?
1 읽기력	이해 안 가는 어휘나 문장이 3개 이상 있어. 주제도 잘 모르겠어.	4점	
	전체적인 내용은 알겠는데, 이해 안 가는 부분이 있어.	6점	
	거의 이해했어. 이해 안 가는 부분은 앞뒤 문맥을 통해 파악했어.	8점	
	모든 어휘와 문장을 이해하고, 빠르게 읽었어.	10점	
2 분석력	힝. 1개 이하로 맞혔어.	4점	
	2개 맞혔어.	6점	
	3개 맞혔어.	8점	
	모두 다 맞혔어.	10점	
3 요약력	힝. 1개 이하로 맞혔어.	4점	
	2개 맞혔어.	6점	
	3개 맞혔어.	8점	
	모두 다 맞혔어.	10점	
4 어휘력	어휘만 1개 이하로 맞혔어.	4점	
	어휘만 2개 이상 맞혔어.	6점	
	어휘는 다 맞혔는데, 문장은 1~2개 정도만 만들었어.	8점	
	어휘도 다 맞혔고, 모든 문장도 만들었어.	10점	
5 연상 추론력	이번에 다 처음 봤어.	4점	
	1개 정도만 들어 봤어.	6점	
	답은 맞혔지만 무엇인지는 잘 모르겠어.	8점	
	답도 맞히고, 무엇인지도 잘 알고 있어.	10점	
6 비판적 사고력	잘 못하겠어.	4점	
	문장 말고 어휘 위주로 썼어.	6점	
	이유나 예시를 1개 정도 제시하여 문장을 잘 썼어.	8점	
	이유나 예시를 2개 이상 제시하여 문장을 잘 썼어.	10점	

▶2단계 나의 육각형 그리기!

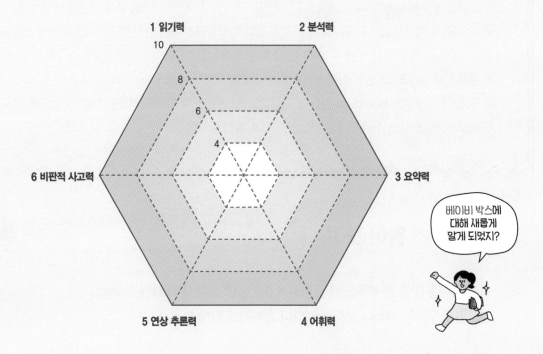

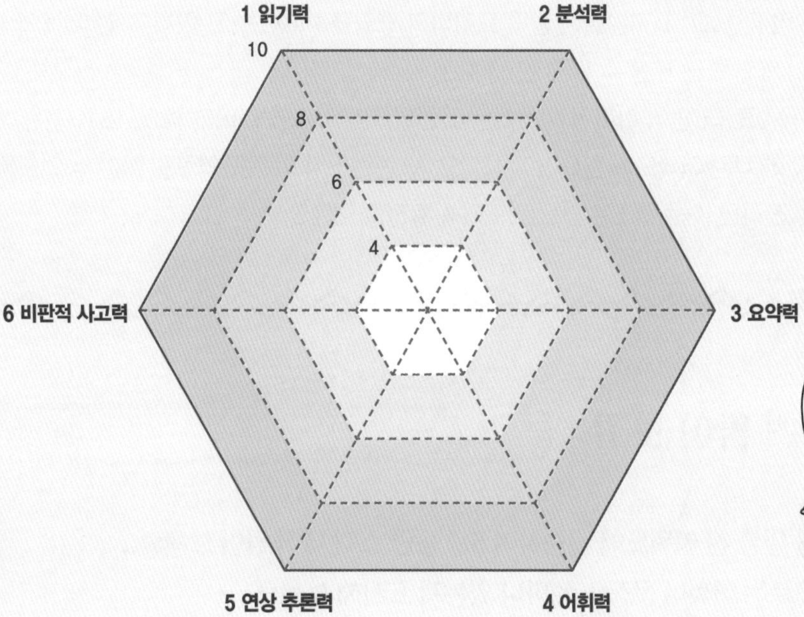

베이비 박스에 대해 새롭게 알게 되었지?

전 세계 사람들이 우리 드라마를 본대

전 세계로 뻗어 나가는 K-콘텐츠

문화 체육 관광부의 발표에 따르면 최근 1~2년 동안 한국의 콘텐츠 수출액이 2차 전지와 가전 수출액을 뛰어넘었다고 해요. 세계 곳곳에서 K-콘텐츠 열풍이 몰아친 결과예요.

한국에서 만든 드라마, 영화, 예능 프로그램 등을 'K-콘텐츠'라고 해요. K-콘텐츠는 전 세계 많은 사람에게 사랑받고 있어요.

해외에서 판매했던 드라마 '오징어 게임' 속 달고나

K-콘텐츠가 세계적으로 인기 있는 이유는 스토리가 재미있고 **창의적**이기 때문이에요. 한국 드라마나 영화는 다른 나라에서는 볼 수 없는 독특한 이야기와 재미있는 캐릭터를 다루고 있고, 상업성과 작품성도 겸비하고 있어요.

K-콘텐츠는 퀄리티 높은 영상과 음악으로 인정을 받고 있어요. 그런데도 그동안 쌓아 온 경험과 **노하우**로 다른 나라들보다 제작비는 적게 들지요.

K-콘텐츠가 **주목**을 받으며 전 세계 OTT(온라인 동영상 서비스) 기업들도 K-콘텐츠에 관심을 보이고 있어요. 이미 많은 OTT 기업들이 한국 드라마와 영화를 서비스하고 있지요. 전 세계의 사람들이 한국 드라마나 영화를 쉽게 볼 수 있게 된 거예요.

K-콘텐츠가 세계로 더 뻗어 나가기 위해서는 표현의 자유가 **보장**되어야 해요. 또 K-콘텐츠에 대한 장기적인 연구와 지원 대책도 마련되어야 하지요. K-콘텐츠가 마음껏 역량을 펼칠 수 있도록 제도나 시스템이 갖춰진다면 K-콘텐츠는 앞으로도 더욱 발전할 거예요.

1 또박또박 읽어 보기 — 읽기력

위의 기사를 밑줄 친 키워드에 집중하며 5분 동안 소리 내어 읽어 보세요.
읽으면서 모르는 어휘나 문장이 얼마나 있는지 표시해 보세요.

2 샤샤샥 팩트 체크

분석력

아래의 내용 중 맞는 것에는 ○, 틀린 것에는 ×표 해 보세요.

1 최근 1~2년 동안 한국의 콘텐츠 수출액이 2차 전지와 가전 수출액을 앞질렀다. ☐

2 K-콘텐츠의 인기 비결은 재미있고 창의적인 스토리 때문이다. ☐

3 K-콘텐츠는 작품성은 있지만 상업성이 부족하다. ☐

4 K-콘텐츠가 발전하려면 표현의 자유가 보장되어야 한다. ☐

3 뚝딱 주제 정리

요약력

기사의 핵심 내용을 요약해 보세요.

(　　　　　　　　　　)는 스토리가 (　　　　　　　　　　)이고, 상업성과 (　　　　　　　　　　)을 겸비하고 있어 전 세계에서 사랑받고 있다. K-콘텐츠가 세계적으로 더 뻗어 나가기 위해서는 (　　　　　　)의 자유를 보장하고, 지원이 필요하다.

4 제대로 의미 알기

어휘력

어휘의 뜻을 연결시켜 보고, 비슷한 어휘까지 줄로 이어 보세요.

어휘	뜻	비슷한 어휘
① 창의적 •	• ⑤ 관심을 가지고 주의 깊게 살핌 •	• ㉠ 눈길
② 노하우 •	• ⑥ 창의성을 띠거나 가짐 •	• ㉡ 약속
③ 주목 •	• ⑦ 어떤 일이 어려움 없이 이루어지도록 조건을 마련해 보증하거나 보호함 •	• ㉢ 비법
④ 보장 •	• ⑧ 어떤 일을 오래 하면서 자연스럽게 터득한 방법이나 요령 •	• ㉣ 독창적

5 번뜩 배경지식 활용

연상 추론력

아래 써 있는 키워드를 들어 본 적 있나요?
앞의 기사와 관련 있어 보이는 것을 모두 골라 보고 정확한 의미도 알아보세요.

최저 임금　　한류

탄소 중립　　웹툰　　스마트 시티

6 이리저리 생각하기

비판적 사고력

K-콘텐츠와 관련해서 이리저리 궁리해 볼까요?
두 가지 주제 중 하나를 골라 3줄 쓰기를 해 보세요. (이유나 예시도 2가지 이상 써 보세요.)

1 K-콘텐츠의 힘을 느낀 경험에 대해 이야기해 보아요.

2 K-콘텐츠의 발전은 우리 생활에 어떤 변화를 가져올까요?

정답

2영역 ○, ○, ×, ○　**3영역** K-콘텐츠, 창의적, 작품성, 표현　**4영역** ①-⑥-㉣, ②-⑧-㉢, ③-⑤-㉠, ④-⑦-㉡

5영역 한류 : 한국의 대중문화가 해외에서 인기를 얻는 현상

웹툰 : 인터넷에서 연재하는 디지털 만화로, 전 세계에서 인기를 끌며 K-콘텐츠의 대표 주자로 자리 잡음

K-콘텐츠

기사 내용에 대한 이해 수준을 스스로 점검해 보고 나의 육각형 읽기 능력을 알아봐!

▶1단계 나의 육각형 점수는?

영역	평가 기준	점수	내 점수는?
1 읽기력	이해 안 가는 어휘나 문장이 3개 이상 있어. 주제도 잘 모르겠어.	4점	
	전체적인 내용은 알겠는데, 이해 안 가는 부분이 있어.	6점	
	거의 이해했어. 이해 안 가는 부분은 앞뒤 문맥을 통해 파악했어.	8점	
	모든 어휘와 문장을 이해하고, 빠르게 읽었어.	10점	
2 분석력	힝. 1개 이하로 맞혔어.	4점	
	2개 맞혔어.	6점	
	3개 맞혔어.	8점	
	모두 다 맞혔어.	10점	
3 요약력	힝. 1개 이하로 맞혔어.	4점	
	2개 맞혔어.	6점	
	3개 맞혔어.	8점	
	모두 다 맞혔어.	10점	
4 어휘력	8개 중에 1-2개만 알고 있어.	4점	
	8개 중에 절반 정도 알고 있어.	6점	
	8개 중에 1-2개 정도만 어렵고 거의 알고 있어.	8점	
	모든 어휘의 뜻을 다 알고 있어.	10점	
5 연상 추론력	이번에 다 처음 봤어.	4점	
	1개 정도만 들어 봤어.	6점	
	답은 맞혔지만 무엇인지는 잘 모르겠어.	8점	
	답도 맞히고, 무엇인지도 잘 알고 있어.	10점	
6 비판적 사고력	잘 못하겠어.	4점	
	문장 말고 어휘 위주로 썼어.	6점	
	이유나 예시를 1개 정도 제시하여 문장을 잘 썼어.	8점	
	이유나 예시를 2개 이상 제시하여 문장을 잘 썼어.	10점	

▶2단계 나의 육각형 그리기!

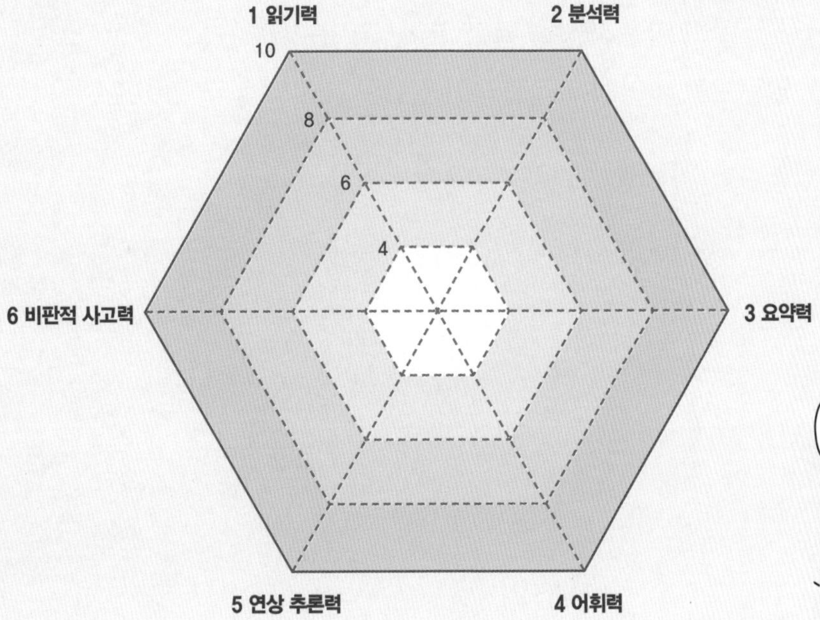

국제 기사를 읽으면 지구 반대편에서 어떤 일이 일어나고 있는지 알 수 있어요.
다른 나라 사람들이 겪는 기쁨과 어려움,
그리고 새로운 소식을 접하다 보면 서로 다른 세상을
이해하는 마음이 자라나지요. 함께 생각할 주제도 던져 주고요.
더 넓은 세상을 알아 가며, 우리는 지구촌의
일원으로서 어떤 마음가짐이 필요한지도 배울 수 있어요.

PART 3
국제

읽기력
분석력
요약력
어휘력
유추 추론력
비판적 사고력

1. 【국제】 노인식 기사 난이도 ★

노인을 위한 음식을 만들다!
노인식 시장에 뛰어든 네슬레

'네슬레'라는 회사를 아나요? 네슬레는 세계에서 가장 큰 식품 회사 중 하나예요. 네슬레는 아기들을 위한 분유를 만드는 회사로 유명하지만, 이제 분유뿐 아니라 노인들을 위한 음식도 만들겠다고 밝혔어요.

네슬레의 최고경영자인 마크 슈나이더는 앞으로는 나이가 많은 사람이 더 많아질 것이라고 전망하며, "앞으로 10년에서 20년 사이에 50세 이상의 사람이 많이 늘어날 겁니다. 이분들에게 필요한 특별한 영양소가 있는 음식을 만들 계획입니다."라고 했어요.

성인들은 체중을 **유지**하고 근육을 보존하며, 혈당 수치를 조절하기 위해 **미량** 영양소의 섭취가 필요해요. 네슬레는 이런 문제를 해결할 수 있는 건강 보조 제품의 개발에도 힘쓰고 있어요.

마크 슈나이더는 "우리 회사가 처음 시작했던 분유 생산을 **중단**하지는 않을 거예요. 하지만 이제는 아기뿐 아니라 중장년층과 노년층에 더 큰 기회가 있다는 것을 알고 있어요."라고 강조했어요.

네슬레의 이러한 변화는 저출산과 고령화 현상에 따라 사회와 기업들이 변화하고 있다는 것을 보여 주어요.

1 또박또박 읽어 보기

읽기력

위의 기사를 밑줄 친 키워드에 집중하며 5분 동안 소리 내어 읽어 보세요.
읽으면서 모르는 어휘나 문장이 얼마나 있는지 표시해 보세요.

2 샤샤샥 팩트 체크

분석력

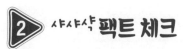

아래의 내용 중 맞는 것에는 ○, 틀린 것에는 ×표 해 보세요.

1 네슬레는 세계에서 가장 큰 의류 회사 중 하나이다. ☐

2 네슬레는 노인식으로 이미 유명한 회사이다. ☐

3 성인은 미량 영양소의 섭취가 필요하다. ☐

4 네슬레는 분유 생산을 중단하기로 했다. ☐

3 뚝딱 주제 정리

요약력

기사의 핵심 내용을 요약해 보세요.

전 세계에서 가장 큰 식품 회사 중 하나인 (   )는 (   )과 (   ) 현상이 심해지면서 (   )들을 위한 음식을 만들기로 했다.

4 제대로 의미 알기

어휘력

어휘의 뜻을 연결시켜 보고, 비슷한 어휘와 반대 어휘까지 줄로 이어 보세요.

어휘		뜻		비슷한 어휘		반대 어휘
① 유지	• •	④ 중도에서 끊어지거나 끊음	• •	㉠ 단절	• •	㉣ 대량
② 미량	• •	⑤ 아주 적은 분량	• •	㉡ 연속	• •	㉤ 연장
③ 중단	• •	⑥ 어떤 상태나 상황을 그대로 보존하거나 변함없이 계속하여 지탱함	• •	㉢ 극소량	• •	㉥ 중지

5 번뜩 배경지식 활용

연상 추론력

아래 써 있는 키워드를 들어 본 적 있나요?
앞의 기사와 관련 있어 보이는 것을 모두 골라 보고 정확한 의미도 알아보세요.

펫티켓　　그린 워싱

인구 절벽　　실버 산업　　보이스 피싱

6 이리저리 생각하기

비판적 사고력

노인식과 관련해서 이리저리 궁리해 볼까요?
두 가지 주제 중 하나를 골라 3줄 쓰기를 해 보세요. (이유나 예시도 2가지 이상 써 보세요.)

1 네슬레는 왜 노인들을 위한 음식을 만들기로 했을까요?

2 고령화 사회에서 생긴 사회적·문화적 변화에는 무엇이 있을까요?

정답

2영역 ×, ×, ○, ×　**3영역** 네슬레, 저출산, 고령화, 노인　**4영역** ①-⑥-ⓛ-ⓗ, ②-⑤-ⓒ-ⓡ, ③-④-ⓖ-ⓜ

5영역 인구 절벽 : 소비와 노동, 투자의 주체인 15세~64세의 생산 가능 인구가 전체 인구에서 차지하는 비율이 급속하게 줄어드는 현상
실버 산업 : 노년층을 대상으로 한 상품이나 서비스를 제조 · 판매하거나 제공하는 것을 목적으로 하는 산업

노인식

기사 내용에 대한 이해 수준을 스스로 점검해 보고 나의 육각형 읽기 능력을 알아봐!

▶1단계 나의 육각형 점수는?

영역	평가 기준	점수	내 점수는?
1 읽기력	이해 안 가는 어휘나 문장이 3개 이상 있어. 주제도 잘 모르겠어.	4점	
	전체적인 내용은 알겠는데, 이해 안 가는 부분이 있어.	6점	
	거의 이해했어. 이해 안 가는 부분은 앞뒤 문맥을 통해 파악했어.	8점	
	모든 어휘와 문장을 이해하고, 빠르게 읽었어.	10점	
2 분석력	힝. 1개 이하로 맞혔어.	4점	
	2개 맞혔어.	6점	
	3개 맞혔어.	8점	
	모두 다 맞혔어.	10점	
3 요약력	힝. 1개 이하로 맞혔어.	4점	
	2개 맞혔어.	6점	
	3개 맞혔어.	8점	
	모두 다 맞혔어.	10점	
4 어휘력	9개 중에 1-2개만 알고 있어.	4점	
	9개 중에 절반 정도 알고 있어.	6점	
	9개 중에 1-2개 정도만 어렵고 거의 알고 있어.	8점	
	모든 어휘의 뜻을 다 알고 있어.	10점	
5 연상 추론력	이번에 다 처음 봤어.	4점	
	1개 정도만 들어 봤어.	6점	
	답은 맞혔지만 무엇인지는 잘 모르겠어.	8점	
	답도 맞히고, 무엇인지도 잘 알고 있어.	10점	
6 비판적 사고력	잘 못하겠어.	4점	
	문장 말고 어휘 위주로 썼어.	6점	
	이유나 예시를 1개 정도 제시하여 문장을 잘 썼어.	8점	
	이유나 예시를 2개 이상 제시하여 문장을 잘 썼어.	10점	

▶2단계 나의 육각형 그리기!

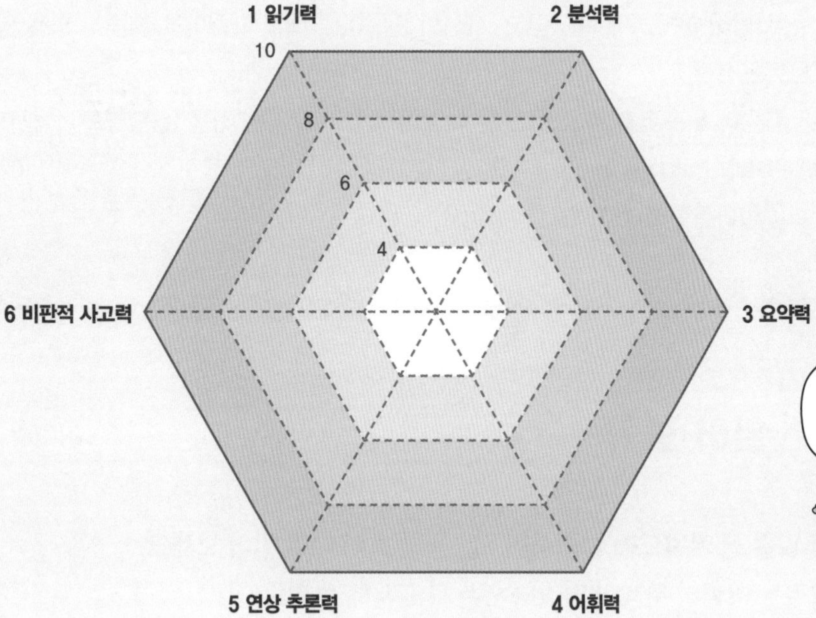

2. [국제] 인종 차별

기사 난이도 ★

논란으로 얼룩진 세계적인 영화제

경호원의 인종 차별 논란

우크라이나 출신 모델 사와는 칸 국제 영화제에 갔다가 레드 카펫에서 경호원이 자신을 **난폭**하게 막아서서 정신적, 육체적 피해를 입었다고 주장했어요. 그녀는 영화제 측에 10만 유로(약 1억 5,000만 원) 보상을 요구하는 소송을 걸었어요.

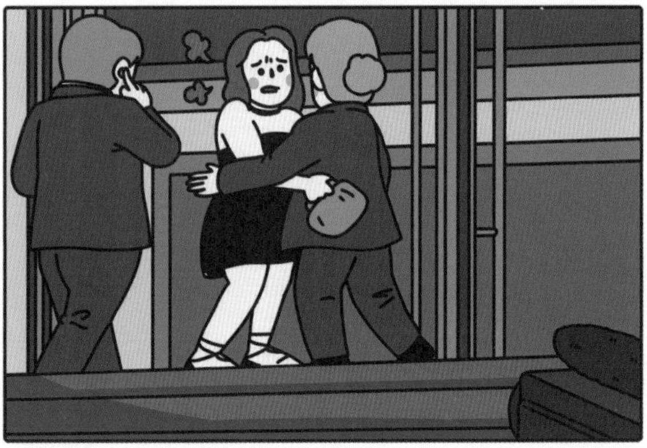

문제가 된 경호원은 이 영화제에서 유색 인종, 즉 백인이 아닌 스타들이 취재진이나 팬들과 소통하는 것을 막고, 빨리 안으로 들어가라고 **재촉**한 것으로 알려졌어요. 사와뿐만 아니라, 아프리카계 미국 가수 겸 배우인 켈리 롤런드, 도미니카 공화국 출신 배우 마시엘 타베라스, 그리고 우리나라 아이돌 그룹인 '소녀시대'의 윤아까지 이런 **대우**를 받았다고 해요.

켈리 롤런드는 자신이 나쁘게 대우받았다고 느꼈다며, 경호원의 행동이 인종 차별이라고 주장했어요. 인종 차별은 사람의 피부색이나 출신 배경을 이유로 다른 사람들과 다르게 대우하는 것을 말해요. 그녀는 모든 사람이 **공평**하게 대우받고, 자신의 인종이나 배경 때문에 차별받지 않는 영화제가 되기를 바란다고 했어요.

이 사건은 많은 사람에게 충격을 주었어요. 전 세계 영화인이 모이는 이름 높은 영화제에서 이런 일이 벌어졌기 때문이에요. 갈수록 논란이 거세져서 영화제 측이 어떻게 대응할지 많은 관심이 쏟아졌지만, 영화제 측은 별다른 반응을 보이지 않았어요.

1 또박또박 읽어 보기

읽기력

위의 기사를 밑줄 친 키워드에 집중하며 5분 동안 소리 내어 읽어 보세요.
읽으면서 모르는 어휘나 문장이 얼마나 있는지 표시해 보세요.

2 샤샤샥 팩트 체크

분석력

아래의 내용 중 맞는 것에는 ○, 틀린 것에는 ×표 해 보세요.

1 사와는 칸 영화제에서 경호원이 자신을 난폭하게 막아섰다고 주장했다. ☐

2 칸 영화제의 경호원은 백인 스타들에게 빨리 들어가라고 재촉했다. ☐

3 켈리 롤런드는 경호원의 행동이 인종 차별이라고 주장했다. ☐

4 영화제 측은 이 사건에 대해 공식적으로 사과했다. ☐

3 뚝딱 주제 정리

요약력

기사의 핵심 내용을 요약해 보세요.

칸 국제 (   )에서 한 (   )이 (   ) 스타들을 인종 (   )했다는 논란이 제기됐다. 이 사건은 많은 사람에게 충격을 줬다.

4 제대로 의미 알기

어휘력

다음의 뜻을 가진 어휘를 쓰고, 그 어휘를 활용해서 짧은 문장을 만들어 보세요.

뜻	어휘	짧은 문장
① 어떤 사회적 관계나 태도로 대하는 일	ㄷ ㅇ	
② 행동이 몹시 거칠고 사나움	ㄴ ㅍ	
③ 어떤 일을 빨리하도록 조름	ㅈ ㅊ	
④ 어느 쪽으로도 치우치지 않고 고름	ㄱ ㅍ	

5 번뜩 배경지식 활용

연상 추론력

아래 써 있는 키워드를 들어 본 적 있나요?
앞의 기사와 관련 있어 보이는 것을 모두 골라 보고 정확한 의미도 알아보세요.

국제 영화제 / 인종 우월 주의 / 사이클론 / 블랙 프라이데이 / 트라이슈머

6 이리저리 생각하기

비판적 사고력

인종 차별과 관련해서 이리저리 궁리해 볼까요?
두 가지 주제 중 하나를 골라 3줄 쓰기를 해 보세요. (이유나 예시도 2가지 이상 써 보세요.)

1 인종 차별은 왜 하면 안 될까요?

2 우리 주변에서 벌어지는 인종 차별은 무엇이 있는지, 그것이 왜 인종 차별이라고 생각하는지 이야기 해 보아요.

정답

2영역 ○, ×, ○, × **3영역** 영화제, 경호원, 유색 인종, 차별 **4영역** ① 대우, ② 난폭, ③ 재촉, ④ 공평

5영역 국제 영화제 : 세계 각국의 영화들을 다양하게 상영하는 축제. 칸 국제 영화제, 베니스 국제 영화제, 베를린 국제 영화제 등
인종 우월 주의 : 특정 인종이 다른 인종들보다 본질적으로 우월하다고 믿는 사상이나 신념

인종 차별

기사 내용에 대한 이해 수준을 스스로 점검해 보고 나의 육각형 읽기 능력을 알아봐!

▶1단계 나의 육각형 점수는?

영역	평가 기준	점수	내 점수는?
1 읽기력	이해 안 가는 어휘나 문장이 3개 이상 있어. 주제도 잘 모르겠어.	4점	
	전체적인 내용은 알겠는데, 이해 안 가는 부분이 있어.	6점	
	거의 이해했어. 이해 안 가는 부분은 앞뒤 문맥을 통해 파악했어.	8점	
	모든 어휘와 문장을 이해하고, 빠르게 읽었어.	10점	
2 분석력	힝. 1개 이하로 맞혔어.	4점	
	2개 맞혔어.	6점	
	3개 맞혔어.	8점	
	모두 다 맞혔어.	10점	
3 요약력	힝. 1개 이하로 맞혔어.	4점	
	2개 맞혔어.	6점	
	3개 맞혔어.	8점	
	모두 다 맞혔어.	10점	
4 어휘력	어휘만 1개 이하로 맞혔어.	4점	
	어휘만 2개 이상 맞혔어.	6점	
	어휘는 다 맞혔는데, 문장은 1-2개 정도만 만들었어.	8점	
	어휘도 다 맞혔고, 모든 문장도 만들었어.	10점	
5 연상 추론력	이번에 다 처음 봤어.	4점	
	1개 정도만 들어 봤어.	6점	
	답은 맞혔지만 무엇인지는 잘 모르겠어.	8점	
	답도 맞히고, 무엇인지도 잘 알고 있어.	10점	
6 비판적 사고력	잘 못하겠어.	4점	
	문장 말고 어휘 위주로 썼어.	6점	
	이유나 예시를 1개 정도 제시하여 문장을 잘 썼어.	8점	
	이유나 예시를 2개 이상 제시하여 문장을 잘 썼어.	10점	

▶2단계 나의 육각형 그리기!

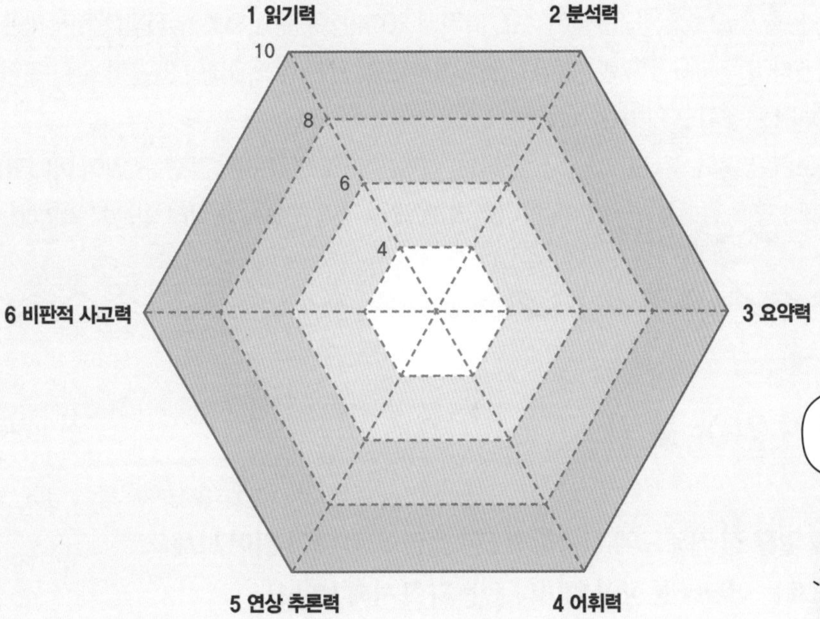

3. 【국제】 영국 화폐 기사 난이도 ★★

찰스 3세가 지폐에!
새로운 화폐의 발행

영국에 새로운 **화폐**가 등장했어요. 2022년 9월에 엘리자베스 2세 여왕이 세상을 떠나고, 찰스 3세가 새로운 왕이 되면서 2년 만에 영국 화폐에도 변화가 생겼어요. 5파운드, 10파운드, 20파운드, 50파운드 지폐에 엘리자베스 2세 여왕 대신, 찰스 3세의 **초상화**가 들어간 거예요. 새 지폐의 디자인은 예전과 똑같지만, 지폐에 있던 왕의 초상화만 바뀌었어요.

그럼 옛날에 쓰던 지폐는 어떻게 하냐고요? 물론 옛날 지폐도 계속 쓸 수 있어요. 둘 다 영국에서 인정하는 거죠.

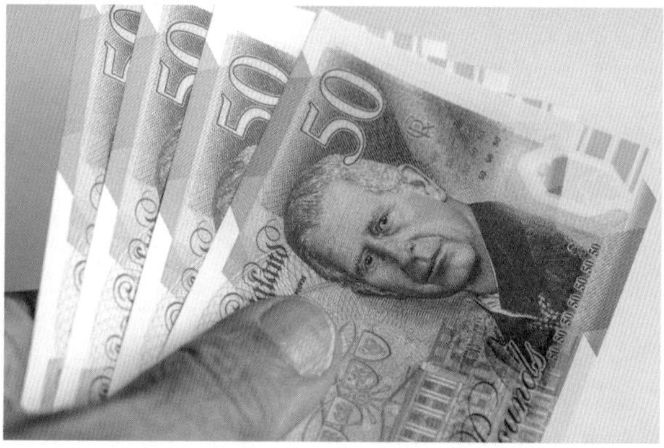

찰스 3세 초상화가 실린 50파운드 지폐

모든 지폐를 다 찰스 3세의 초상화로 바꾸는 건 아니에요. 새로 찍어 내는 지폐만 새롭게 바꾸는 거예요. 영국의 중앙은행인 BOE(잉글랜드 은행)는 환경을 생각하고, 돈을 아끼기 위해 이렇게 결정했다고 발표했어요. 새 지폐는 오래되거나 **손상**된 돈을 **대체**하거나, 사람들이 더 많은 돈을 필요로 할 때 만들어져요. 따라서 2024년 중순에 유통을 시작했지만 많은 사람이 새 지폐를 사용하기까지 시간이 좀 걸릴 것으로 예상돼요. 한편 찰스 3세의 얼굴이 실린 동전은 이미 2022년 12월부터 사용되고 있어요.

영국 화폐를 보면 영국의 역사를 배울 수 있어요. 새로운 화폐가 나오는 건 흔한 일이 아니거든요. 영국을 방문하거나 영국 화폐를 볼 기회가 있다면, 화폐에 누구의 초상화가 실려 있는지 확인해 보세요.

1 또박또박 읽어 보기 읽기력

위의 기사를 밑줄 친 키워드에 집중하며 5분 동안 소리 내어 읽어 보세요.
읽으면서 모르는 어휘나 문장이 얼마나 있는지 표시해 보세요.

2 샤샤샥 팩트 체크

분석력

아래의 내용 중 맞는 것에는 ○, 틀린 것에는 ×표 해 보세요.

1 엘리자베스 2세 여왕은 2022년에 세상을 떠났다. ( )

2 영국에서 새로 찍는 돈에는 찰스 3세의 초상화가 들어간다. ( )

3 영국 지폐가 새로 나오면 옛날 돈은 쓸 수 없다. ( )

4 찰스 3세의 얼굴이 있는 동전은 아직 만들고 있지 않다. ( )

3 뚝딱 주제 정리

요약력

기사의 핵심 내용을 요약해 보세요.

영국의 (   ) 여왕이 세상을 떠나고 (   )가 왕이 되면서 새로운 왕의 (   )가 실린 (   )가 만들어지고 있다.

4 제대로 의미 알기

어휘력

어휘의 뜻을 연결시켜 보고, 비슷한 어휘까지 줄로 이어 보세요.

어휘	뜻	비슷한 어휘
① 화폐 •	• ⑤ 다른 것으로 대신함 •	• ㉠ 인물화
② 초상화 •	• ⑥ 물체가 깨지거나 상함 •	• ㉡ 돈
③ 손상 •	• ⑦ 사람의 얼굴을 중심으로 그린 그림 •	• ㉢ 파손
④ 대체 •	• ⑧ 동전, 지폐 등 상품을 교환하는 수단 •	• ㉣ 교체

5 번뜩 배경지식 활용

연상 추론력

아래 써 있는 키워드를 들어 본 적 있나요?
앞의 기사와 관련 있어 보이는 것을 모두 골라 보고 정확한 의미도 알아보세요.

유로　　대체 식량

유전자 가위　　법정 통화　　이상 기후

6 이리저리 생각하기

비판적 사고력

영국 화폐와 관련해서 이리저리 궁리해 볼까요?
두 가지 주제 중 하나를 골라 3줄 쓰기를 해 보세요. (이유나 예시도 2가지 이상 써 보세요.)

1 영국은 왜 새 지폐를 옛날 지폐와 함께 사용할까요?

2 내가 우리나라 지폐를 새로 만든다면 어떤 그림을 싣고 싶은지 이야기해 보아요.

정답

2영역 ○, ○, ×, ×　　**3영역** 엘리자베스 2세, 찰스 3세, 초상화, 화폐(지폐)

4영역 ①-⑧-ㄴ, ②-⑦-ㄱ, ③-⑥-ㄷ, ④-⑤-ㄹ

5영역 유로 : 유럽 연합의 단일 통화　　법정 통화 : 법률상 강제 통용력과 지불 능력이 주어진 화폐

영국 화폐

기사 내용에 대한 이해 수준을 스스로 점검해 보고 나의 육각형 읽기 능력을 알아봐!

▶1단계 나의 육각형 점수는?

영역	평가 기준	점수	내 점수는?
1 읽기력	이해 안 가는 어휘나 문장이 3개 이상 있어. 주세도 잘 모르겠어.	4점	
	전체적인 내용은 알겠는데, 이해 안 가는 부분이 있어.	6점	
	거의 이해했어. 이해 안 가는 부분은 앞뒤 문맥을 통해 파악했어.	8점	
	모든 어휘와 문장을 이해하고, 빠르게 읽었어.	10점	
2 분석력	힝. 1개 이하로 맞혔어.	4점	
	2개 맞혔어.	6점	
	3개 맞혔어.	8점	
	모두 다 맞혔어.	10점	
3 요약력	힝. 1개 이하로 맞혔어.	4점	
	2개 맞혔어.	6점	
	3개 맞혔어.	8점	
	모두 다 맞혔어.	10점	
4 어휘력	8개 중에 1-2개만 알고 있어.	4점	
	8개 중에 절반 정도 알고 있어.	6점	
	8개 중에 1-2개 정도만 어렵고 거의 알고 있어.	8점	
	모든 어휘의 뜻을 다 알고 있어.	10점	
5 연상 추론력	이번에 다 처음 봤어.	4점	
	1개 정도만 들어 봤어.	6점	
	답은 맞혔지만 무엇인지는 잘 모르겠어.	8점	
	답도 맞히고, 무엇인지도 잘 알고 있어.	10점	
6 비판적 사고력	잘 못하겠어.	4점	
	문장 말고 어휘 위주로 썼어.	6점	
	이유나 예시를 1개 정도 제시하여 문장을 잘 썼어.	8점	
	이유나 예시를 2개 이상 제시하여 문장을 잘 썼어.	10점	

▶2단계 나의 육각형 그리기!

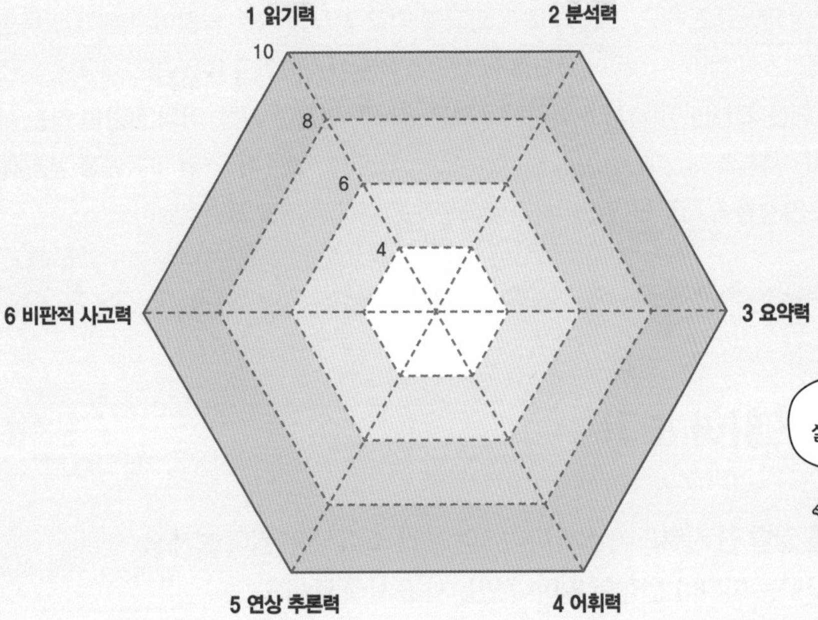

4. 【국제】 이색 음식 기사 난이도 ★

매운 과자 때문에 목숨을 잃었다고?
원칩 챌린지가 불러온 결과

SNS에서 '원칩 챌린지'가 유행했어요. 원칩 챌린지는 아주 매운 '파퀴 칩스'라는 과자 한 조각을 먹고 물이나 다른 음식 없이 버티는 거예요. 많은 사람이 원칩 챌린지 영상을 틱톡 등 SNS에 올리며 원칩 챌린지가 **확산**되었어요.

편의점에 진열된 파퀴 칩스

과자에 사용된 캐롤라이나 리퍼 고추는 아주 매운 맛으로 유명해요. 매움의 정도를 나타내는 국제 기준인 스코빌 지수가 무려 140만~220만에 이르지요. 우리나라 청양고추가 4,000~1만, 불닭볶음면이 4400 정도이니 청양고추의 약 220배, 불닭볶음면의 약 500배 더 매운 셈이에요.

그런데 미국의 한 소년이 원칩 챌린지에 도전했다가 사망했다는 소식이 전해졌어요. 14세의 해리스는 학교에서 이 과자를 먹은 후 복통을 호소했어요. 그리고 그날 오후, 병원에 실려 갔지만 결국 심장 마비로 세상을 떠났어요. 해리스는 선천적으로 다른 사람들보다 심장이 조금 크고, 심장 혈관이 복잡한 상태였다고 해요. 그런데 매운 과자를 먹고 심장에 많은 부담이 가해져서 목숨을 잃고 만 거예요. 해리스의 엄마는 아들이 과자를 먹기 전까지는 괜찮았다고 말했어요.

파퀴 칩스를 만든 회사는 이 과자가 어린이나 매운 음식에 **민감**한 사람, **기저 질환**이 있는 사람을 위한 것이 아니란 사실을 사전에 경고했다고 했어요. 하지만 별개로 해리스의 가족에게 깊은 **애도**를 표했어요. 또 모든 상품을 매장에서 회수하고 구매한 사람들에게 돈을 돌려주었어요.

1 또박또박 **읽어 보기** 읽기력

위의 기사를 밑줄 친 키워드에 집중하며 5분 동안 소리 내어 읽어 보세요.
읽으면서 모르는 어휘나 문장이 얼마나 있는지 표시해 보세요.

2 샤샤삭 팩트 체크

분석력

아래의 내용 중 맞는 것에는 ○, 틀린 것에는 ×표 해 보세요.

1 원칩 챌린지는 짠 과자를 먹고 버티는 도전이다. ☐

2 과자에 사용된 캐롤라이나 리퍼 고추는 매우 쓴 음식이다. ☐

3 원칩 챌린지에 도전한 해리스는 복통을 호소했지만 곧 괜찮아졌다. ☐

4 파퀴 칩스를 만든 회사는 모든 상품을 매장에서 회수하기로 했다. ☐

3 뚝딱 주제 정리

요약력

기사의 핵심 내용을 요약해 보세요.

SNS를 통해 (　　　　　　) 챌린지가 (　　　　　　)하면서 미국의 14세 소년, 해리스가 파퀴 칩스를 먹었다가 (　　　　　　)했다. 파퀴 칩스 회사는 모든 상품을 매장에서 (　　　　　　)했다.

4 제대로 의미 알기

어휘력

다음의 뜻을 가진 어휘를 쓰고, 그 어휘를 활용해서 짧은 문장을 만들어 보세요.

뜻	어휘	짧은 문장
① 흩어져 널리 퍼짐	ㅎ ㅅ	
② 자극에 빠르게 반응을 보이거나 쉽게 영향을 받음	ㅁ ㄱ	
③ 사람의 죽음을 슬퍼함	ㅇ ㄷ	
④ 어떤 질병의 원인이나 바탕이 되는 질병	ㄱ ㅈ ㅈ ㅎ	

5 번뜩 배경지식 활용

연상 추론력

다음은 안전에 대한 설명이에요.
이 글을 읽고, 만약 해리스가 내 친구였다면 나는 어떻게 했을지 이야기해 보세요.

안전은 우리 모두에게 아주 중요해요. 학교나 집에서 친구들과 놀 때도 항상 안전을 생각해야 해요. 운동장에서 놀 때는 뛰어다니다가 서로 부딪치지 않도록 조심해야 해요. 그리고 길을 건널 때는 항상 좌우를 잘 살피고, 신호를 지켜야 해요. 음식을 먹을 때도 조심해야 해요. 너무 매운 음식이나 알레르기를 일으킬 수 있는 음식은 피하는 게 좋아요. 친구가 위험한 행동을 하려고 하면, 그 친구에게도 조심하라고 알려 줘요. 집에서는 가전제품을 만질 때 조심해야 하고, 뜨거운 물건이나 날카로운 물건을 다룰 때도 주의해요. 안전을 먼저 생각하고 행동하면, 다치지 않고 건강하게 지낼 수 있어요.

6 이리저리 생각하기

비판적 사고력

원칩 챌린지와 관련해서 이리저리 궁리해 볼까요?
두 가지 주제 중 하나를 골라 3줄 쓰기를 해 보세요. (이유나 예시도 2가지 이상 써 보세요.)

1 사람들은 왜 원칩 챌린지에 도전했을까요?

2 나는 원칩 챌린지에 도전했을 것 같나요? 내 생각을 이야기해 보아요.

정답

2영역 ×, ×, ×, ○ **3영역** 원칩, 유행, 사망, 회수 **4영역** ① 확산, ② 민감, ③ 애도, ④ 기저 질환

5영역 ㉵ 너무 매운 음식이니 위험할 수 있다며 먹지 말라고 한다.

이색 음식

기사 내용에 대한 이해 수준을 스스로 점검해 보고 나의 육각형 읽기 능력을 알아봐!

▶1단계 나의 육각형 점수는?

영역	평가 기준	점수	내 점수는?
1 읽기력	이해 안 가는 어휘나 문장이 3개 이상 있어. 주제도 잘 모르겠어.	4점	
	전체적인 내용은 알겠는데, 이해 안 가는 부분이 있어.	6점	
	거의 이해했어. 이해 안 가는 부분은 앞뒤 문맥을 통해 파악했어.	8점	
	모든 어휘와 문장을 이해하고, 빠르게 읽었어.	10점	
2 분석력	힝. 1개 이하로 맞혔어.	4점	
	2개 맞혔어.	6점	
	3개 맞혔어.	8점	
	모두 다 맞혔어.	10점	
3 요약력	힝. 1개 이하로 맞혔어.	4점	
	2개 맞혔어.	6점	
	3개 맞혔어.	8점	
	모두 다 맞혔어.	10점	
4 어휘력	어휘만 1개 이하로 맞혔어.	4점	
	어휘만 2개 이상 맞혔어.	6점	
	어휘는 다 맞혔는데, 문장은 1-2개 정도만 만들었어.	8점	
	어휘도 다 맞혔고, 모든 문장도 만들었어.	10점	
5 연상 추론력	힝. 잘 모르겠어.	4점	
	뭔가 썼지만 아예 다른 답 같아.	6점	
	어느 정도 알고 있지만 설명은 잘 못했어.	8점	
	제시 글에 따라 설명을 잘했어.	10점	
6 비판적 사고력	잘 못하겠어.	4점	
	문장 말고 어휘 위주로 썼어.	6점	
	이유나 예시를 1개 정도 제시하여 문장을 잘 썼어.	8점	
	이유나 예시를 2개 이상 제시하여 문장을 잘 썼어.	10점	

▶2단계 나의 육각형 그리기!

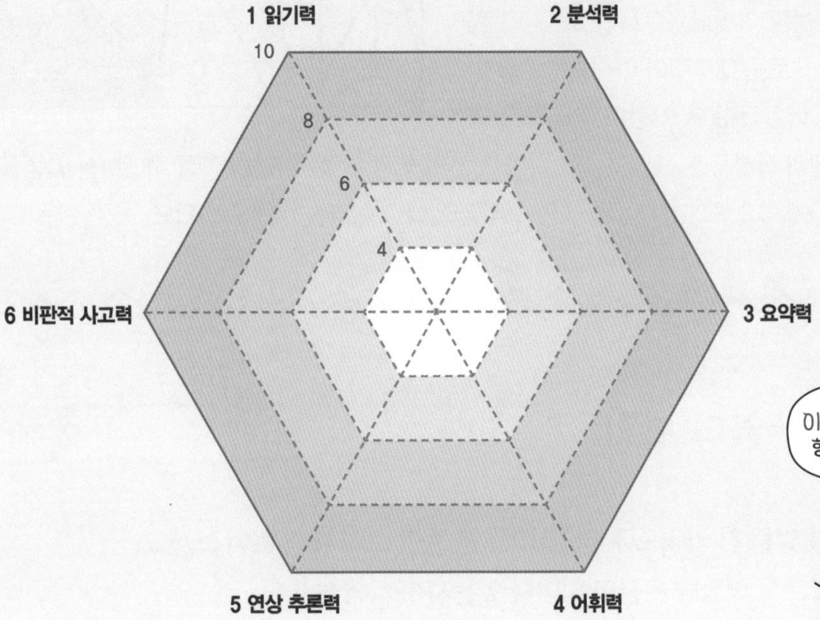

 기사 난이도 ★★

아이슬란드의 새로운 대통령
두 번째 여성 대통령의 탄생

아이슬란드에서 두 번째 여성 대통령이 **선출**되었어요. 새로운 대통령은 사업가 출신인 할라 토마스도티르(55)예요. 할라는 개표율 71.6% 기준으로 34.6%의 표를 얻으며 당당히 1위를 차지했어요. 이 선거에는 12명의 후보가 나왔는데, 그중 6명이 여성 후보였어요. 할라에 이어 두 번째와 세 번째로 많은 표를 얻은 후보들도 여성이었어요.

아이슬란드는 성평등 지수가 매우 높은 나라예요. 성평등 지수는 남성과 여성이 얼마나 **평등**하게 대우받는지를 나타내는 지표예요. 1980년에 비그디스 핀보가도티르가 세계 최초로 민주적으로 선출된 여성 대통령이 되는 등, 아이슬란드는 예전부터 여성들이 사회에서 중요한 역할을 해 왔어요. 핀보가도티르 대통령은 1980년부터 1996년까지 무려 네 번에 걸쳐 16년 동안 나라를 이끌었어요.

이번 대선은 나라가 불안정한 상황에서 치러졌어요. 남서부 그린다비크 지역에서 잦은 화산 폭발로 인해 국민의 1%에 해당하는 주민들이 다른 곳으로 **이주**해야 했거든요. 이에 따라 집값이 치솟았고, 물가도 크게 올랐어요.

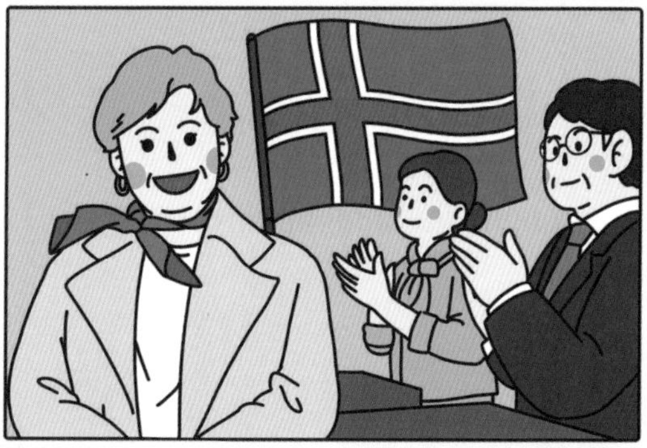

이런 어려운 상황에서 할라 토마스도티르가 대통령으로 당선된 거예요. 2024년 8월부터 **임기**를 시작한 새로운 대통령이 아이슬란드를 어떻게 이끌어 나갈지 많은 사람이 기대하고 있어요. 특히 할라 대통령은 사업가 출신이라서 경제를 잘 다룰 수 있을 거라 기대하는 사람들이 많아요. 또 여성 대통령으로서 성평등을 위한 정책을 펼칠 것이라는 기대도 크지요.

1 또박또박 읽어 보기

읽기력

위의 기사를 밑줄 친 키워드에 집중하며 5분 동안 소리 내어 읽어 보세요.
읽으면서 모르는 어휘나 문장이 얼마나 있는지 표시해 보세요.

2 샤샤샥 팩트 체크 — 분석력

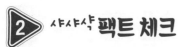

아래의 내용 중 맞는 것에는 ○, 틀린 것에는 ×표 해 보세요.

1 지금까지 아이슬란드에서는 여성 대통령이 2명 나왔다. ☐

2 대통령 후보 12명 중 절반이 여성이었다. ☐

3 아이슬란드는 성평등 지수가 매우 낮다. ☐

4 아이슬란드는 대통령 선거 당시 매우 안정적인 상태였다. ☐

3 뚝딱 주제 정리 — 요약력

기사의 핵심 내용을 요약해 보세요.

(   )는 (   ) 지수가 매우 높은 나라로, 두 번째 (   ) 대통령이 선출되었다. 많은 사람이 새로운 대통령이 나라를 잘 이끌 거라 (   )하고 있다.

4 제대로 의미 알기 — 어휘력

어휘의 뜻을 연결시켜 보세요.

어휘			뜻
① 선출	•	•	⑤ 권리, 의무, 자격 등이 차별 없이 고르고 한결같음
② 평등	•	•	⑥ 본래 살던 집에서 다른 집으로 거처를 옮김
③ 이주	•	•	⑦ 임기를 맡아보는 일정한 기간
④ 임기	•	•	⑧ 여럿 가운데서 골라냄

5 번뜩 배경지식 활용

연상 추론력

아래 써 있는 키워드를 들어 본 적 있나요?
앞의 기사와 관련 있어 보이는 것을 모두 골라 보고 정확한 의미도 알아보세요.

대선 스태그플레이션

휘게 득표율 유리 천장

6 이리저리 생각하기

비판적 사고력

아이슬란드의 여성 대통령 선출과 관련해서 이리저리 궁리해 볼까요?
두 가지 주제 중 하나를 골라 3줄 쓰기를 해 보세요. (이유나 예시도 2가지 이상 써 보세요.)

1 여성들이 정치나 사회에서 중요한 역할을 하는 것이 왜 긍정적일까요?

2 여러분이 만약 아이슬란드 대통령이라면 화산 폭발로 인해 어려움을 겪고 있는 주민들을 위해 어떤 정책을 펼치면 좋을지 내 생각을 이야기해 보아요.

정답

2영역 ○, ○, ×, × **3영역** 아이슬란드, 성평등, 여성, 기대 **4영역** ①-⑧, ②-⑤, ③-⑥, ④-⑦

5영역 대선 : 대통령을 뽑는 선거 득표율 : 전체 투표수에서 찬성표를 얻은 비율

유리 천장 : 능력과 자격이 있음에도 불구하고 여성이거나 소수 민족 출신이라는 이유로 승진이나 기타 경력 개발의 측면에서 가로막히게 되는 보이지 않는 장벽

 여성 대통령

기사 내용에 대한 이해 수준을 스스로 점검해 보고 나의 육각형 읽기 능력을 알아봐!

▶1단계 나의 육각형 점수는?

영역	평가 기준	점수	내 점수는?
1 읽기력	이해 안 가는 어휘나 문장이 3개 이상 있어. 주제도 잘 모르겠어.	4점	
	전체적인 내용은 알겠는데, 이해 안 가는 부분이 있어.	6점	
	거의 이해했어. 이해 안 가는 부분은 앞뒤 문맥을 통해 파악했어.	8점	
	모든 어휘와 문장을 이해하고, 빠르게 읽었어.	10점	
2 분석력	힝. 1개 이하로 맞혔어.	4점	
	2개 맞혔어.	6점	
	3개 맞혔어.	8점	
	모두 다 맞혔어.	10점	
3 요약력	힝. 1개 이하로 맞혔어.	4점	
	2개 맞혔어.	6점	
	3개 맞혔어.	8점	
	모두 다 맞혔어.	10점	
4 어휘력	4개 중에 1개 이하로 알고 있어.	4점	
	4개 중에 2개 알고 있어.	6점	
	4개 중에 3개 알고 있어.	8점	
	모든 어휘의 뜻을 다 알고 있어.	10점	
5 연상 추론력	이번에 다 처음 봤어.	4점	
	1개 정도만 들어 봤어.	6점	
	답은 맞혔지만 무엇인지는 잘 모르겠어.	8점	
	답도 맞히고, 무엇인지도 잘 알고 있어.	10점	
6 비판적 사고력	잘 못하겠어.	4점	
	문장 말고 어휘 위주로 썼어.	6점	
	이유나 예시를 1개 정도 제시하여 문장을 잘 썼어.	8점	
	이유나 예시를 2개 이상 제시하여 문장을 잘 썼어.	10점	

▶2단계 나의 육각형 그리기!

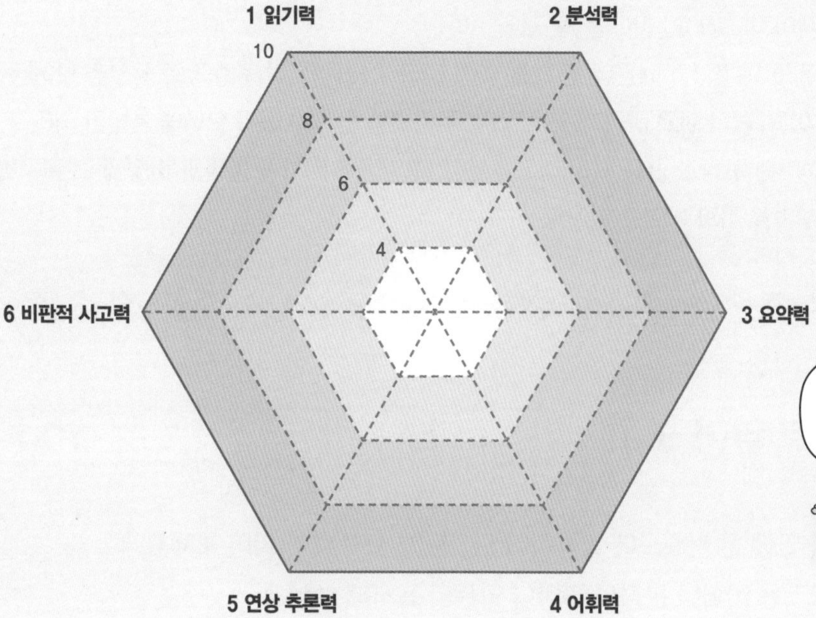

여성 대통령에 대한 다른 기사를 더 찾아봐!

6. [국제] 판다 외교 기사 난이도 ★

푸바오, 중국에서도 잘 지내지?
푸바오에게 쏠린 관심

푸바오는 2020년 7월 20일, 우리나라 용인 에버랜드에서 태어난 판다예요. 푸바오는 많은 사람의 사랑을 받으며 성장했어요. 그런데 2024년 초에 푸바오가 중국으로 돌아갔고 중국에 도착한 푸바오는 중국 판다 보호 연구 센터에서 새로운 생활을 시작했어요.

얼마 뒤, 푸바오가 중국에서 **열악**한 대우를 받으며 잘 지내지 못하고 있다는 소문이 돌았어요. 푸바오의 눈빛이 멍하고, 털도 거칠어졌다는 이야기가 퍼지며 푸바오를 아끼는 사람들이 푸바오의 건강을 걱정했어요. 이 소식은 외국 신문에까지 실리며 큰 관심을 끌었지요.

중국 판다 보호 연구 센터는 푸바오가 잘 지내고 있다는 것을 보여 주기 위해서 푸바오의 영상을 공개했어요. 영상에는 푸바오가 대나무를 맛있게 먹고, 사육사와 함께 장난치는 모습이 담겨 있었어요. 푸바오는 **철제** 우리 안에서 편안하게 쉬며, 새 환경에 잘 적응하고 있는 것 같아 보였어요. 그 모습을 보고 많은 사람이 안심할 수 있었답니다.

푸바오의 모습

푸바오의 이야기는 **단순**히 판다 한 마리의 이야기가 아니에요. 푸바오는 중국과 한국의 교류를 상징하는 존재이기도 해요. 판다는 중국에서 아주 특별한 동물로 여겨지기 때문에, 판다를 다른 나라에 보내는 것은 중국의 우정을 보여 주는 중요한 일이에요. 이를 '판다 **외교**'라고 해요. 그래서 푸바오는 한국과 중국 모두에 특별한 의미가 있어요.

푸바오의 이야기는 중국과 한국 사이의 교류뿐만 아니라, 우리가 동물들과 어떻게 더 잘 지낼 수 있는지에 대해 생각할 기회가 되고 있어요.

1 또박또박 읽어 보기

읽기력

위의 기사를 밑줄 친 키워드에 집중하며 5분 동안 소리 내어 읽어 보세요.
읽으면서 모르는 어휘나 문장이 얼마나 있는지 표시해 보세요.

2 샤샤샥 팩트 체크

분석력

아래의 내용 중 맞는 것에는 ○, 틀린 것에는 ×표 해 보세요.

1 푸바오는 중국에서 태어났다. ☐

2 푸바오가 중국에서 열악한 대우를 받는다는 소문이 있었다. ☐

3 중국 판다 보호 연구 센터는 푸바오의 영상을 공개했다. ☐

4 공개된 영상에서 푸바오는 먹이도 먹지 못하고 힘들어했다. ☐

3 뚝딱 주제 정리

요약력

기사의 핵심 내용을 요약해 보세요.

(   )으로 돌아간 판다 (   )가 잘 지내지 못한다는 소문이 있었다. 이에 중국은 푸바오가 잘 적응하고 있는 모습의 (   )을 공개했다. 푸바오는 중국과 한국의 (   )를 상징한다.

4 제대로 의미 알기

어휘력

어휘의 뜻을 연결시켜 보고, 비슷한 어휘까지 줄로 이어 보세요.

어휘	뜻	비슷한 어휘
① 열악 •	• ⑤ 복잡하지 않고 간단함 •	• ㉠ 철조
② 철제 •	• ⑥ 쇠로 만듦. 또는 그런 물건 •	• ㉡ 단일
③ 단순 •	• ⑦ 다른 나라와 정치적, 경제적, 문화적 관계를 맺는 일 •	• ㉢ 불량
④ 외교 •	• ⑧ 품질이나 능력, 시설 따위가 매우 떨어지고 나쁨 •	• ㉣ 국교

5 번뜩 배경지식 활용

연상 추론력

아래 써 있는 키워드를 들어 본 적 있나요?
앞의 기사와 관련 있어 보이는 것을 모두 골라 보고 정확한 의미도 알아보세요.

한중 친선　　동물 복지

스몸비　　상장 회사　　OTT

6 이리저리 생각하기

비판적 사고력

푸바오와 관련해서 이리저리 궁리해 볼까요?
두 가지 주제 중 하나를 골라 3줄 쓰기를 해 보세요. (이유나 예시도 2가지 이상 써 보세요.)

1 중국은 왜 우리나라에 판다를 보냈을까요?

2 동물들이 건강하고 행복하게 지내기 위해 우리가 할 수 있는 일은 무엇이 있을지 내 생각을 이야기해 보아요.

정답

2영역 ×, ○, ○, X　**3영역** 중국, 푸바오, 영상, 교류　**4영역** ①-⑧-ⓒ, ②-⑥-㉠, ③-⑤-ⓛ, ④-⑦-ⓔ

5영역 한중 친선 : 한국과 중국 간의 우호적이고 협력적인 관계

동물 복지 : 동물이 건강하고 안락하며 좋은 영양 및 안전한 상황에서 본래의 습성을 표현할 수 있으며, 고통 · 두려움 · 괴롭힘 등의 나쁜 상태를 겪지 않는 것

판다 외교

기사 내용에 대한 이해 수준을 스스로 점검해 보고 나의 육각형 읽기 능력을 알아봐!

▶1단계 나의 육각형 점수는?

영역	평가 기준	점수	내 점수는?
1 읽기력	이해 안 가는 어휘나 문장이 3개 이상 있어. 주제도 잘 모르겠어.	4점	
	전체적인 내용은 알겠는데, 이해 안 가는 부분이 있어.	6점	
	거의 이해했어. 이해 안 가는 부분은 앞뒤 문맥을 통해 파악했어.	8점	
	모든 어휘와 문장을 이해하고, 빠르게 읽었어.	10점	
2 분석력	힝. 1개 이하로 맞혔어.	4점	
	2개 맞혔어.	6점	
	3개 맞혔어.	8점	
	모두 다 맞혔어.	10점	
3 요약력	힝. 1개 이하로 맞혔어.	4점	
	2개 맞혔어.	6점	
	3개 맞혔어.	8점	
	모두 다 맞혔어.	10점	
4 어휘력	8개 중에 1-2개만 알고 있어.	4점	
	8개 중에 절반 정도 알고 있어.	6점	
	8개 중에 1-2개 정도만 어렵고 거의 알고 있어.	8점	
	모든 어휘의 뜻을 다 알고 있어.	10점	
5 연상 추론력	이번에 다 처음 봤어.	4점	
	1개 정도만 들어 봤어.	6점	
	답은 맞혔지만 무엇인지는 잘 모르겠어.	8점	
	답도 맞히고, 무엇인지도 잘 알고 있어.	10점	
6 비판적 사고력	잘 못하겠어.	4점	
	문장 말고 어휘 위주로 썼어.	6점	
	이유나 예시를 1개 정도 제시하여 문장을 잘 썼어.	8점	
	이유나 예시를 2개 이상 제시하여 문장을 잘 썼어.	10점	

▶2단계 나의 육각형 그리기!

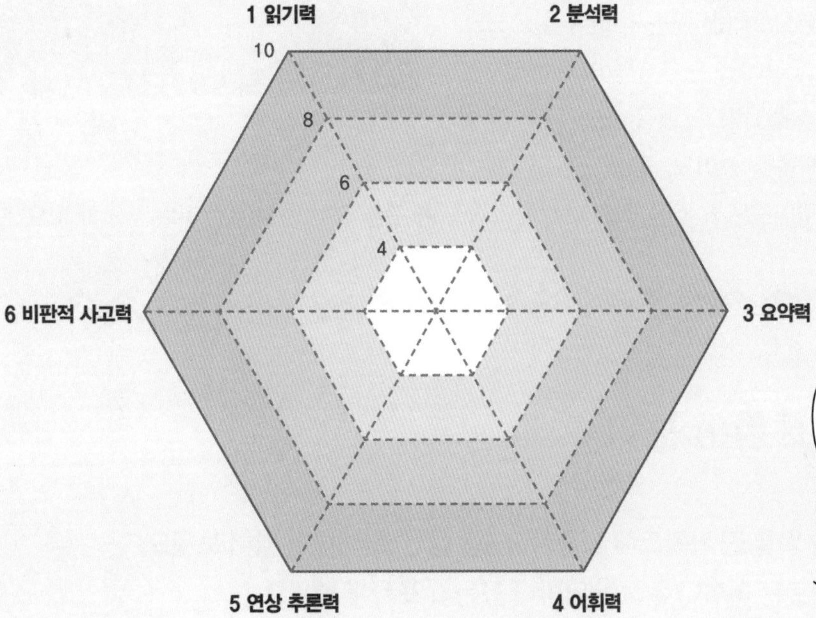

새로운 기록이 탄생하다!
30번이나 에베레스트산에 오른 셰르파

네팔의 셰르파 카미 리타(54)는 정말 대단한 일을 해냈어요. 에베레스트산에 30번이나 올라가면서 새로운 기록을 세웠거든요! 셰르파는 **등반** 안내인을 말해요.
에베레스트산은 세계에서 가장 높은 산으로, 높이가 무려 8,848.86m나 돼요. 카미는 이렇게 높은 산을 30번이나 오르내리면서 사람들에게 놀라움을 주고 있어요.
그는 1994년, 등반 안내인이었던 아버지를 따라 에베레스트산에 처음 오른 이래로, 거의 매년 에베레스트산에 올랐어요. 특히 이번에는 열흘 사이에 두 번이나 **정상**에 **도달**했어요.
그는 에베레스트산에 30번이나 오르며 새로운 기록을 세운 것에 대해 매우 기쁘지만, 기록은 언젠가 다른 사람에 의해 깨질 수 있다고 했어요. 또 기록보다는 자신이 에베레스트산을 오름으로써 네팔을 전 세계에 알리는 데 도움을 줄 수 있어 더 큰 기쁨을 느낀다고 했지요. 네팔은 에베레스트산이 있는 나라로 유명하거든요.

산을 오르고 있는 셰르파

하지만 세계 신기록을 세우겠다고 충분한 준비 없이 에베레스트산에 오르는 것은 매우 위험해요. 높은 산을 오르려면 많은 준비가 필요해요. 몇 달 전에도 몽골에서 온 두 사람이 에베레스트산을 오르다 **실종**되었고, 결국 숨을 거둔 채 발견되어 안타까움을 샀어요. 또, 한 영국인 등반가와 네팔인 가이드도 실종된 상태예요. 따라서 산을 오를 때는 충분한 준비와 주의가 필요해요.

1 또박또박 읽어 보기

읽기력

위의 기사를 밑줄 친 키워드에 집중하며 5분 동안 소리 내어 읽어 보세요.
읽으면서 모르는 어휘나 문장이 얼마나 있는지 표시해 보세요.

2 샤샤샥 팩트 체크 분석력

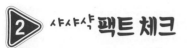

아래의 내용 중 맞는 것에는 ○, 틀린 것에는 ×표 해 보세요.

1 카미 리타는 에베레스트산에 한 번도 오르지 못했다. ( )

2 에베레스트산은 무려 9,000m가 넘는다. ( )

3 카미 리타의 어머니도 등반 안내인이었다. ( )

4 에베레스트산은 네팔에 있다. ( )

3 뚝딱 주제 정리 요약력

기사의 핵심 내용을 요약해 보세요.

네팔의 (   )인 카미 리타는 (   )산에 30번이나 올라가 새로운 (   )을 세웠다. 그는 자신이 기록을 세우면서 (   )을 전 세계에 알리는 데 도움을 줄 수 있어 기뻐했다.

4 제대로 의미 알기 어휘력

다음의 뜻을 가진 어휘를 쓰고, 그 어휘를 활용해서 짧은 문장을 만들어 보세요.

뜻	어휘	짧은 문장
① 산 따위의 맨 꼭대기	ㅈ ㅅ	
② 험한 산이나 높은 곳의 정상에 이르기 위하여 오름	ㄷ ㅂ	
③ 목적한 곳이나 수준에 다다름	ㄷ ㄷ	
④ 종적을 잃어 간 곳이나 생사를 알 수 없게 됨	ㅅ ㅈ	

5 번뜩 배경지식 활용

연상 추론력

다음 글을 읽고, 세계 신기록이 의미 있는 이유를 이야기해 보세요.

세계 신기록이란 어떤 사람이 특정 분야에서 세운 최고의 기록을 말해요. 세계 신기록은 여러 분야에서 세울 수 있어요. 가장 빨리 달리는 사람도 세계 신기록을 세울 수 있고, 피아노를 빠르게 치는 사람도 신기록을 세울 수 있어요. 세계 신기록을 세우려면 많은 노력과 연습이 필요해요. 이런 노력과 도전은 다른 사람에게도 영감을 줄 수 있어요. 누군가 새로운 기록을 세우는 모습을 보면, 많은 사람이 "나도 저렇게 해 보고 싶다."라는 도전 의식을 느끼게 되죠. 그래서 세계 신기록은 단순한 숫자가 아니라, 다른 사람에게 꿈과 희망을 주는 일이라고 할 수도 있어요.

6 이리저리 생각하기

비판적 사고력

에베레스트산과 관련해서 이리저리 궁리해 볼까요?
두 가지 주제 중 하나를 골라 3줄 쓰기를 해 보세요. (이유나 예시도 2가지 이상 써 보세요.)

1 카미 리타가 에베레스트산에 30번이나 올라간 이유는 무엇일까요?
2 에베레스트산을 오르는 것이 왜 위험할까요? 내 생각을 이야기해 보아요.

정답

2영역 ×, ×, ×, ○ **3영역** 셰르파(등반 안내인), 에베레스트, 기록, 네팔 **4영역** ① 정상, ② 등반, ③ 도전, ④ 식량
5영역 예 다른 사람에게 도전 의식을 불러일으켜 꿈과 희망을 줄 수 있기 때문이다.

세계 신기록

기사 내용에 대한 이해 수준을 스스로 점검해 보고 나의 육각형 읽기 능력을 알아봐!

▶1단계 나의 육각형 점수는?

영역	평가 기준	점수	내 점수는?
1 읽기력	이해 안 가는 어휘나 문장이 3개 이상 있어. 주제도 잘 모르겠어.	4점	
	전체적인 내용은 알겠는데, 이해 안 가는 부분이 있어.	6점	
	거의 이해했어. 이해 안 가는 부분은 앞뒤 문맥을 통해 파악했어.	8점	
	모든 어휘와 문장을 이해하고, 빠르게 읽었어.	10점	
2 분석력	힝. 1개 이하로 맞혔어.	4점	
	2개 맞혔어.	6점	
	3개 맞혔어.	8점	
	모두 다 맞혔어.	10점	
3 요약력	힝. 1개 이하로 맞혔어.	4점	
	2개 맞혔어.	6점	
	3개 맞혔어.	8점	
	모두 다 맞혔어.	10점	
4 어휘력	어휘만 1개 이하로 맞혔어.	4점	
	어휘만 2개 이상 맞혔어.	6점	
	어휘는 다 맞혔는데, 문장은 1-2개 정도만 만들었어.	8점	
	어휘도 다 맞혔고, 모든 문장도 만들었어.	10점	
5 연상 추론력	힝. 잘 모르겠어.	4점	
	뭔가 썼지만 아예 다른 답 같아.	6점	
	어느 정도 알고 있지만 설명은 잘 못했어.	8점	
	제시 글에 따라 설명을 잘했어.	10점	
6 비판적 사고력	잘 못하겠어.	4점	
	문장 말고 어휘 위주로 썼어.	6점	
	이유나 예시를 1개 정도 제시하여 문장을 잘 썼어.	8점	
	이유나 예시를 2개 이상 제시하여 문장을 잘 썼어.	10점	

▶2단계 나의 육각형 그리기!

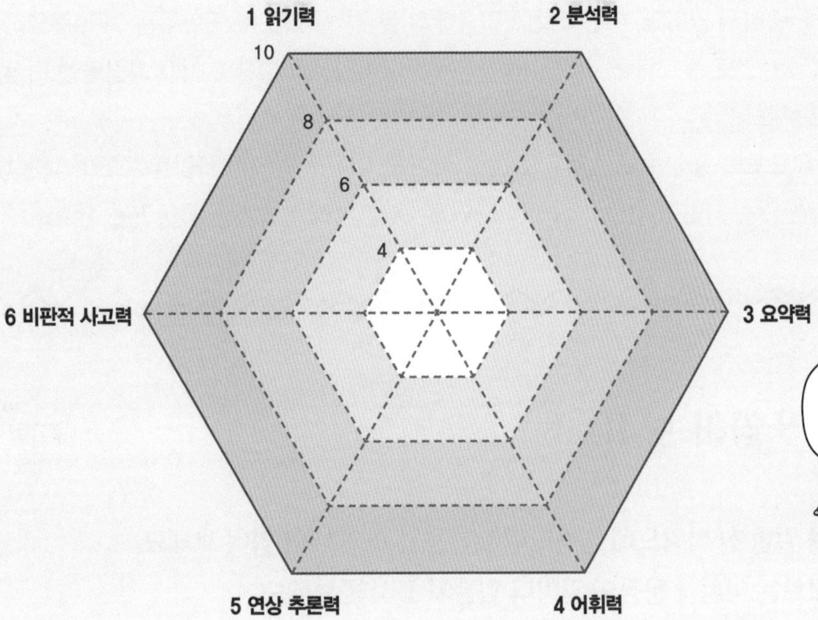

8. [국제] 법 갈등 기사 난이도 ★★★

같은 법인데 왜 다른 판결이 나지?
불법 이민자 추방법으로 생긴 갈등

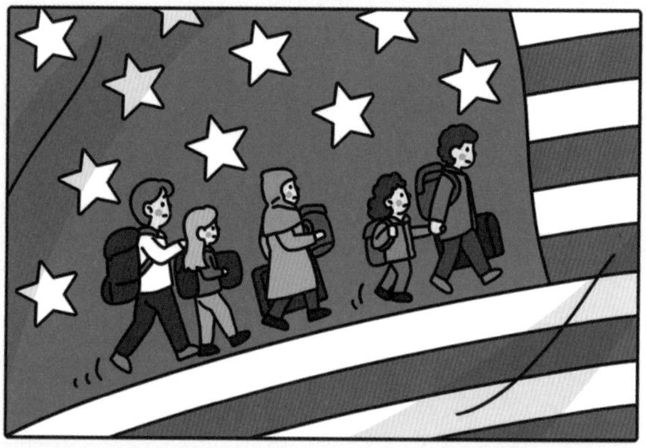

미국에는 다양한 나라에서 온 사람들이 모여 살아요. 그래서 '이민 문제'는 미국에서 아주 중요한 주제예요. **이민자**들을 어떻게 대해야 하는지, **불법**으로 들어온 사람들은 어떻게 처리해야 하는지 등에 대한 의견이 많지요.

최근 텍사스주에서는 주 정부가 불법 이민자를 체포하고 **추방**할 수 있는 법이 규정됐어요. 그런데 이 법에 대해 미국 대법원과 항소법원이 서로 다른 판결을 내렸어요. 대법원은 이 법을 일단 유지하기로 했고, 항소법원은 이 법의 시행을 잠시 멈추라고 판결을 내렸지요.

왜 이런 갈등이 생겼을까요? 미국에서는 연방 정부와 각 주 정부 사이에 각자 할 수 일과 권한이 나뉘어 있어요. 이민 문제도 마찬가지예요. 보통 이민 문제는 연방 정부가 주로 다루지만, 몇몇 주에서는 주 정부가 직접 결정하려고 해서 갈등이 생기기도 하지요.

이민 문제는 단순하지 않아요. 이민자들이 미국에서 잘 살 수 있도록 도와주는 것이 중요하지만, 동시에 법을 지키는 것도 중요해요. 어떤 사람들은 이민자를 환영하고, 또 어떤 사람들은 더 **엄격**한 규칙을 원하기도 해요.

이민 문제는 앞으로도 계속 중요한 주제로 남을 거예요. 미국은 다양한 사람들이 모여 사는 나라니까요. 중요한 것은 많은 사람이 서로 이야기를 나누고, 더 좋은 해결 방법을 찾아가는 거예요.

1 또박또박 **읽어 보기** 읽기력

위의 기사를 밑줄 친 키워드에 집중하며 5분 동안 소리 내어 읽어 보세요.
읽으면서 모르는 어휘나 문장이 얼마나 있는지 표시해 보세요.

2 샤샤샥 팩트 체크 분석력

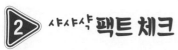

아래의 내용 중 맞는 것에는 ○, 틀린 것에는 ×표 해 보세요.

1 미국에는 다양한 나라에서 온 사람들이 살고 있다. ☐

2 텍사스주에서는 주 정부가 불법 이민자를 체포하고 추방할 수 있는 법이 규정됐다. ☐

3 텍사스주의 불법 이민자 추방법에 대해 미국 대법원과 항소법원의 판결이 같다. ☐

4 미국은 연방 정부가 모든 일을 다 한다. ☐

3 뚝딱 주제 정리 요약력

기사의 핵심 내용을 요약해 보세요.

(　　　　　　)의 텍사스주에서 (　　　　　　　　) 이민자를 체포, 추방하는 법이 나왔다. 그런데 미국 대법원과 항소법원이 서로 (　　　　　　) 판결을 내리며 (　　　　　　)이 생겼다.

4 제대로 의미 알기 어휘력

어휘의 뜻을 연결시켜 보세요.

어휘			뜻
① 이민자	•	•	⑤ 일정한 지역이나 조직 밖으로 쫓아냄
② 불법	•	•	⑥ 자기 나라를 떠나 다른 나라로 이주하여 사는 사람
③ 추방	•	•	⑦ 법에 어긋남
④ 엄격	•	•	⑧ 말, 태도, 규칙 따위가 매우 엄하고 철저함

5 번뜩 배경지식 활용

연상 추론력

다음 글은 미국 법 체계의 종류에 대한 설명이에요.
이 글을 읽고, 불법 이민자 추방법이 갈등을 빚고 있는 이유를 이야기해 보세요.

미국에는 여러 종류의 법이 있어요.

1. 헌법 : 미국의 가장 중요한 법으로, 정부의 구조와 권한을 정하고 시민의 기본적인 권리를 보호해요.
2. 연방법 : 미국 전체에 적용되는 법으로 국회에서 만들어요. 세금법이나 이민법이 있어요.
3. 주법 : 각 주마다 다른 법으로 주 의회에서 만들어요. 운전 면허 규정이나 교육법이 있어요.
4. 지방법 : 도시나 카운티에서 적용되는 법으로 시 의회나 카운티 위원회에서 만들어요. 소음 규제나 반려동물 관련 법이 있어요.
5. 민법 : 개인이나 단체 간의 분쟁을 다루는 법으로 계약 문제나 재산 분쟁에 해당해요.
6. 형법 : 범죄를 다루는 법으로 도둑질, 폭력, 사기 같은 범죄 행위를 처벌해요.

6 이리저리 생각하기

비판적 사고력

법과 관련해서 이리저리 궁리해 볼까요?
두 가지 주제 중 하나를 골라 3줄 쓰기를 해 보세요. (이유나 예시도 2가지 이상 써 보세요.)

1 어떤 문제에 대해 다른 사람과 나의 생각이 다르다면 어떻게 해야 할까요?
2 우리나라에 있는 불법 이민자는 어떻게 대해야 할까요? 내 생각을 이야기해 보아요.

정답

2영역 ○, ○, ×, × **3영역** 미국, 불법, 다른, 갈등 **4영역** ①-⑥, ②-⑦, ③-⑤, ④-⑧
5영역 ㉔ 이민법 자체는 연방법에서 다루지만, 이민자들이 실제로 살고 있는 주마다 각각의 주법도 있기 때문이다.

법 갈등

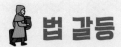

기사 내용에 대한 이해 수준을 스스로 점검해 보고 나의 육각형 읽기 능력을 알아봐!

▶1단계 나의 육각형 점수는?

영역	평가 기준	점수	내 점수는?
1 읽기력	이해 안 가는 어휘나 문장이 3개 이상 있어. 주제도 잘 모르겠어.	4점	
	전체적인 내용은 알겠는데, 이해 안 가는 부분이 있어.	6점	
	거의 이해했어. 이해 안 가는 부분은 앞뒤 문맥을 통해 파악했어.	8점	
	모든 어휘와 문장을 이해하고, 빠르게 읽었어.	10점	
2 분석력	힝. 1개 이하로 맞혔어.	4점	
	2개 맞혔어.	6점	
	3개 맞혔어.	8점	
	모두 다 맞혔어.	10점	
3 요약력	힝. 1개 이하로 맞혔어.	4점	
	2개 맞혔어.	6점	
	3개 맞혔어.	8점	
	모두 다 맞혔어.	10점	
4 어휘력	4개 중에 1개 이하로 알고 있어.	4점	
	4개 중에 2개 알고 있어.	6점	
	4개 중에 3개 알고 있어.	8점	
	모든 어휘의 뜻을 다 알고 있어.	10점	
5 연상 추론력	힝. 잘 모르겠어.	4점	
	뭔가 썼지만 아예 다른 답 같아.	6점	
	어느 정도 알고 있지만 설명은 잘 못했어.	8점	
	제시 글에 따라 설명을 잘했어.	10점	
6 비판적 사고력	잘 못하겠어.	4점	
	문장 말고 어휘 위주로 썼어.	6점	
	이유나 예시를 1개 정도 제시하여 문장을 잘 썼어.	8점	
	이유나 예시를 2개 이상 제시하여 문장을 잘 썼어.	10점	

▶2단계 나의 육각형 그리기!

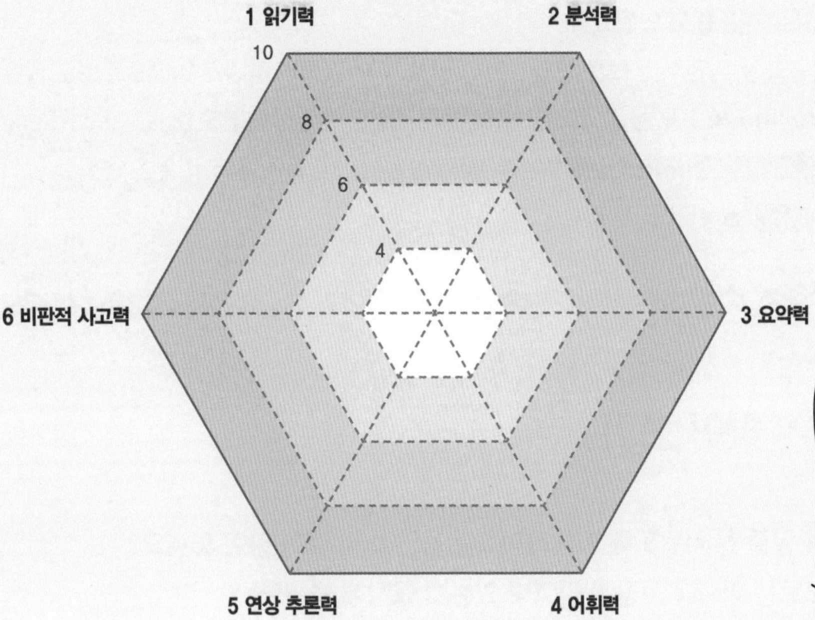

 기사 난이도 ★

돈을 많이 버는 운동선수는 누구일까?
유명한 스포츠 스타들

크리스티아누 호날두

여러분은 스포츠를 좋아하나요? 세계에는 수많은 운동선수가 있어요. 그중 몇몇은 뛰어난 실력과 스타성으로 많은 돈을 벌지요.
그럼 세계에서 가장 돈을 많이 버는 스포츠 스타는 누구일까요? 바로 축구 선수 크리스티아누 호날두예요. 호날두는 포르투갈 출신의 축구 선수로, 전 세계에서 가장 유명한 운동선수 중 한 명이에요. 그는 실력을 인정받아 하루에 거의 9억 6,000만 원 정도의 돈을 벌어요. 이를 **환산**하면 한 시간에 4,000만 원씩 버는 셈이에요. 호날두는 축구 경기뿐 아니라, 나이키 같은 큰 기업들과 **광고** 계약을 맺어서 더 큰 돈을 벌고 있어요.
두 번째로 돈을 많이 버는 스포츠 스타는 스페인의 골프 선수 욘 람이에요. 욘 람은 골프를 매우 잘 쳐서 많은 사람이 그를 좋아하고 응원해요. 그는 여러 골프 대회에서 우승해 상금으로 많은 돈을 벌었어요.
세 번째로 돈을 많이 버는 스포츠 스타는 축구 선수 리오넬 메시예요. 메시는 FC 바르셀로나와 파리 생제르맹 등 유명한 축구팀에서 **활약**하며 이름을 날렸어요. 메시 역시 호날두처럼 여러 기업과 광고 계약을 맺으며 큰돈을 벌고 있어요.
이 외에도 미국의 농구 선수 르브론 제임스와 그리스의 농구 선수 야니스 아데토쿤보도 많은 돈을 벌어요. 두 사람은 미국의 프로 농구 경기인 NBA의 대표적인 선수들이에요.
스포츠 스타들은 모두 좋아하는 일을 열심히 해서 성공한 사람들이에요. 이들은 운동을 잘하고, 많은 사람에게 꿈과 **영감**을 주기도 해요.

1 또박또박 읽어 보기

읽기력

위의 기사를 밑줄 친 키워드에 집중하며 5분 동안 소리 내어 읽어 보세요.
읽으면서 모르는 어휘나 문장이 얼마나 있는지 표시해 보세요.

2 샤샤샥 팩트 체크

분석력

아래의 내용 중 맞는 것에는 ○, 틀린 것에는 ×표 해 보세요.

1 호날두 선수는 하루에 4,000만 원씩 번다. ( )

2 두 번째로 돈을 많이 버는 스포츠 스타는 스페인의 골프 선수 욘 람이다. ( )

3 메시는 유명한 골프 선수이다. ( )

4 호날두 선수는 기업 광고로도 큰돈을 번다. ( )

3 뚝딱 주제 정리

요약력

기사의 핵심 내용을 요약해 보세요.

뛰어난 (   )과 스타성을 가진 (   )들은 큰돈을 번다. 세계에서 가장 돈을 (   ) 버는 스포츠 스타는 축구 선수 (   )이고, 골프 선수 욘 람과 축구 선수 메시가 그 뒤를 잇고 있다.

4 제대로 의미 알기

어휘력

어휘의 뜻을 연결시켜 보고, 비슷한 어휘까지 줄로 이어 보세요.

어휘			뜻			비슷한 어휘
① 환산	•	•	⑤ 상품이나 서비스에 대한 정보를 여러 매체를 통해 널리 알림	•	•	㉠ 분투
② 광고	•	•	⑥ 어떤 단위나 척도로 된 것을 다른 단위나 척도로 고쳐서 헤아림	•	•	㉡ 아이디어
③ 활약	•	•	⑦ 창조적인 일의 계기가 되는 기발한 착상이나 자극	•	•	㉢ 홍보
④ 영감	•	•	⑧ 활발히 활동함	•	•	㉣ 변환

5 번뜩 배경지식 활용

연상 추론력

다음 글은 스티브 잡스에 대한 설명이에요.
이 글을 읽고, 자신이 좋아하는 일을 하면서 성공할 수 있는 방법을 이야기해 보세요.

스티브 잡스는 '애플'이라는 회사를 만들었어요. 그는 어릴 때부터 컴퓨터와 전자 기기에 관심이 많았어요. 사람들이 더 쉽게 컴퓨터를 사용할 수 있도록 돕고 싶었던 그는 꿈을 이루기 위해 끊임없이 도전했어요. 스티브 잡스는 친구와 함께 작은 차고에 회사를 차렸는데, 처음에는 작은 회사였지만 그의 열정과 노력이 결실을 맺으면서 그가 만든 컴퓨터와 전자 기기들이 많은 사람에게 사랑을 받았어요. 그래서 애플은 점점 커지고, 지금은 전 세계적으로 유명한 회사가 되었어요.

6 이리저리 생각하기

비판적 사고력

스포츠 스타와 관련해서 이리저리 궁리해 볼까요?
두 가지 주제 중 하나를 골라 3줄 쓰기를 해 보세요. (이유나 예시도 2가지 이상 써 보세요.)

1 스포츠 스타들은 어떻게 많은 돈을 벌 수 있을까요?
2 내가 좋아하는 스포츠 스타는 누구이고, 그 선수를 왜 좋아하는지 이야기해 보아요.

정답

2영역 ×, ○, ×, ○ **3영역** 실력, 운동선수(스포츠 스타), 많이, (크리스티아누)호날두
4영역 ①-⑥-㉣, ②-⑤-㉢, ③-⑧-㉠, ④-⑦-㉡
5영역 예 내가 좋아하는 일에 열정을 가지고, 끊임없이 노력하면 성공할 수 있다.

스포츠 스타

기사 내용에 대한 이해 수준을 스스로 점검해 보고 나의 육각형 읽기 능력을 알아봐!

▶1단계 나의 육각형 점수는?

영역	평가 기준	점수	내 점수는?
1 읽기력	이해 안 가는 어휘나 문장이 3개 이상 있어. 주제도 잘 모르겠어.	4점	
	전체적인 내용은 알겠는데, 이해 안 가는 부분이 있어.	6점	
	거의 이해했어. 이해 안 가는 부분은 앞뒤 문맥을 통해 파악했어.	8점	
	모든 어휘와 문장을 이해하고, 빠르게 읽었어.	10점	
2 분석력	힝. 1개 이하로 맞혔어.	4점	
	2개 맞혔어.	6점	
	3개 맞혔어.	8점	
	모두 다 맞혔어.	10점	
3 요약력	힝. 1개 이하로 맞혔어.	4점	
	2개 맞혔어.	6점	
	3개 맞혔어.	8점	
	모두 다 맞혔어.	10점	
4 어휘력	8개 중에 1-2개만 알고 있어.	4점	
	8개 중에 절반 정도 알고 있어.	6점	
	8개 중에 1-2개 정도만 어렵고 거의 알고 있어.	8점	
	모든 어휘의 뜻을 다 알고 있어.	10점	
5 연상 추론력	힝. 잘 모르겠어.	4점	
	뭔가 썼지만 아예 다른 답 같아.	6점	
	어느 정도 알고 있지만 설명은 잘 못했어.	8점	
	제시 글에 따라 설명을 잘했어.	10점	
6 비판적 사고력	잘 못하겠어.	4점	
	문장 말고 어휘 위주로 썼어.	6점	
	이유나 예시를 1개 정도 제시하여 문장을 잘 썼어.	8점	
	이유나 예시를 2개 이상 제시하여 문장을 잘 썼어.	10점	

▶2단계 나의 육각형 그리기!

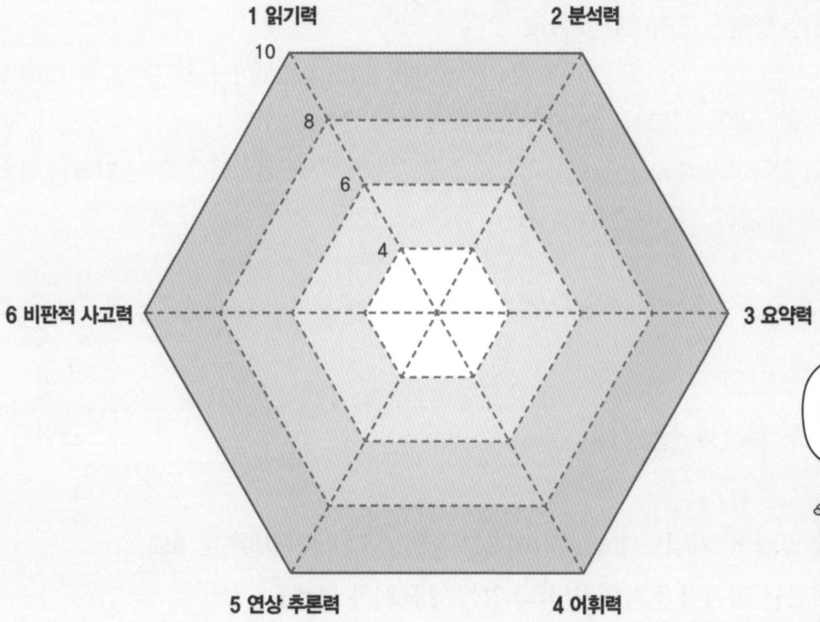

스포츠 스타에 대한 다른 기사를 더 찾아봐!

10. [국제] 스마트폰 사용 규제 기사 난이도 ★★

SNS 사용은 15세 이상부터!
어린이와 청소년을 위한 스마트폰 사용 규제

프랑스의 전문가들은 어린이들이 스마트폰을 너무 일찍부터 사용하면 좋지 않다고 말해요. 전문가들은 3세 미만의 어린이들은 TV나 스마트폰 같은 화면을 전혀 보지 않도록 하고, 3세에서 6세 사이의 어린이들은 교육적인 영상만 볼 수 있도록 하자고 제안했어요. 또, 스마트폰으로 인터넷에 **접속**하는 것은 13세 이상, SNS는 15세 이상의 어린이들에게만 허락하자고도 했지요. 특히 틱톡이나 인스타그램 같은 앱은 15세 미만의 어린이들이 사용하지 못하게 해야 한다고 주장했어요.

영국도 비슷한 의견을 가지고 있어요. 어린이들이 스마트폰을 너무 많이 사용한다는 우려가 커지면서, 영국 정부는 16세 미만의 어린이에게 스마트폰 판매를 금지하는 **방안**을 **고려**하고 있어요.

많은 부모가 이 주장에 찬성하고 있어요. 하지만 실제로 얼마나 효과가 있을지는 알 수 없어요. 전문가들은 어린이들이 스마트폰을 너무 많이 사용하면 시력이 나빠지고, 집중력이 떨어지며, 정신 건강에도 좋지 않다고 말해요. 어린이들의 스마트폰 사용 시간을 제한하고, 대신 밖에서 뛰어놀거나 책 읽는 시간을 더 많이 갖도록 **권장**하지요.

1 또박또박 읽어 보기

읽기력

위의 기사를 밑줄 친 키워드에 집중하며 5분 동안 소리 내어 읽어 보세요.
읽으면서 모르는 어휘나 문장이 얼마나 있는지 표시해 보세요.

2 샤샤샥 팩트 체크 분석력

아래의 내용 중 맞는 것에는 ○, 틀린 것에는 ×표 해 보세요.

1 전문가들은 연령에 상관없이 아이들이 자유롭게 스마트폰을 사용해야 한다고 주장한다. ( )

2 프랑스의 전문가들은 13세 이상의 아이들만 스마트폰으로 인터넷에 접속할 수 있도록 해야 한다고 주장한다. ( )

3 영국 정부는 16세 이상의 청소년들에게 스마트폰 판매를 금지하는 방안을 고려하고 있다. ( )

4 전문가들은 어린이들의 스마트폰 사용 시간 제한을 권장한다. ( )

3 뚝딱 주제 정리 요약력

기사의 핵심 내용을 요약해 보세요.

어린이들이 너무 일찍부터 (   )을 지나치게 사용하면 시력이 나빠지고, (   )도 떨어진다. 따라서 영국과 프랑스 정부는 (   )와 청소년의 스마트폰 사용을 (   )하는 방안을 고민하고 있다.

4 제대로 의미 알기 어휘력

어휘의 뜻을 연결시켜 보세요.

어휘			뜻
① 접속	•	•	⑤ 생각하고 헤아려 봄
② 방안	•	•	⑥ 권하여 장려함
③ 고려	•	•	⑦ 컴퓨터에서, 여러 개의 프로세서와 기억 장치 모듈 사이를 물리적으로 또는 전자 회로적으로 연결하는 일
④ 권장	•	•	⑧ 일을 처리하거나 해결해 나갈 방법이나 계획

5 번뜩 배경지식 활용

연상 추론력

다음 글은 스마트폰 사용에 따른 눈 건강에 대한 설명이에요.
이 글을 읽고, 스마트폰을 사용하면서 눈 건강을 지킬 수 있는 방법을 이야기해 보세요.

스마트폰 화면에서 나오는 블루 라이트는 눈에 손상을 줄 수 있어요. 블루 라이트는 햇빛보다 파장과 에너지가 더 짧은 빛으로, 눈의 긴장이나 피로 및 두통을 유발할 수 있어요. 또 여러 가지 눈병의 원인이 되기도 하지요. 사람들이 스마트폰을 지나치게 가까이 두고 보아서 시력이 나빠지는 경우가 굉장히 많아요.

6 이리저리 생각하기

비판적 사고력

스마트폰 사용 규제와 관련해서 이리저리 궁리해 볼까요?
두 가지 주제 중 하나를 골라 3줄 쓰기를 해 보세요. (이유나 예시도 2가지 이상 써 보세요.)

1 하루에 스마트폰을 얼마나 사용하는 것이 적당하다고 생각하는지 내 생각을 이야기해 보아요.

2 몇 살부터 스마트폰을 사용해도 괜찮을까요?

정답

2영역 ×, ○, ×, ○ **3영역** 스마트폰, 집중력, 어린이, 제한 **4영역** ①-⑦, ②-⑧, ③-⑤, ④-⑥

5영역 ㉠ 스마트폰을 적당한 거리에 두고 사용하며, 너무 오랫동안 사용하지 않는다.

스마트폰 사용 규제

기사 내용에 대한 이해 수준을 스스로 점검해 보고 나의 육각형 읽기 능력을 알아봐!

▶1단계 나의 육각형 점수는?

영역	평가 기준	점수	내 점수는?
1 읽기력	이해 안 가는 어휘나 문장이 3개 이상 있어. 주제도 잘 모르겠어.	4점	
	전체적인 내용은 알겠는데, 이해 안 가는 부분이 있어.	6점	
	거의 이해했어. 이해 안 가는 부분은 앞뒤 문맥을 통해 파악했어.	8점	
	모든 어휘와 문장을 이해하고, 빠르게 읽었어.	10점	
2 분석력	힝. 1개 이하로 맞혔어.	4점	
	2개 맞혔어.	6점	
	3개 맞혔어.	8점	
	모두 다 맞혔어.	10점	
3 요약력	힝. 1개 이하로 맞혔어.	4점	
	2개 맞혔어.	6점	
	3개 맞혔어.	8점	
	모두 다 맞혔어.	10점	
4 어휘력	4개 중에 1개 이하로 알고 있어.	4점	
	4개 중에 2개 알고 있어.	6점	
	4개 중에 3개 알고 있어.	8점	
	모든 어휘의 뜻을 다 알고 있어.	10점	
5 연상 추론력	힝. 잘 모르겠어.	4점	
	뭔가 썼지만 아예 다른 답 같아.	6점	
	어느 정도 알고 있지만 설명은 잘 못했어.	8점	
	제시 글에 따라 설명을 잘했어.	10점	
6 비판적 사고력	잘 못하겠어.	4점	
	문장 말고 어휘 위주로 썼어.	6점	
	이유나 예시를 1개 정도 제시하여 문장을 잘 썼어.	8점	
	이유나 예시를 2개 이상 제시하여 문장을 잘 썼어.	10점	

▶2단계 나의 육각형 그리기!

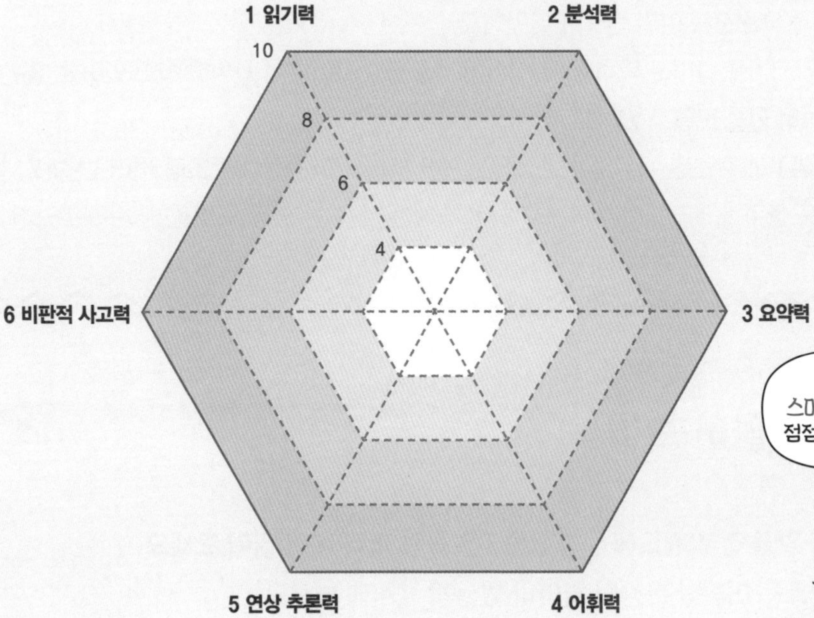

11. 【국제】 그레타 툰베리 기사 난이도 ★★

지구를 위해 시위하는 기후 활동가
시위 도중 체포된 그레타 툰베리

시위 중인 그레타 툰베리

스웨덴의 기후 활동가인 그레타 툰베리가 2024년 4월 네덜란드에서 **시위** 도중 체포되었어요. 그녀는 기후 변화에 맞서 싸우는 기후 활동가로, 헤이그에서 화석 연료 보조금 지급과 세금 **감면**을 반대하는 집회에 참석했다가 경찰에 끌려갔어요.

툰베리는 기후 변화에 따른 위기를 알리고, 이를 막기 위해 여러 가지 활동을 했어요. 그녀는 2018년 여름, 스웨덴 의회 밖에서 '기후를 위한 학교 파업'이라고 적힌 피켓을 들고 시위를 벌였어요. 이 작은 행동이 전 세계 사람들의 마음을 움직였고, 그레타는 기후 위기를 알리는 중요한 목소리가 되었어요.

이후 2019년, 국제 연합(UN) 본부에서 열린 기후 행동 정상 회의에서는 세계 여러 나라의 지도자들 앞에서 기후 위기에 대한 **연설**을 했어요. 그녀의 열정적인 노력과 메시지는 많은 사람에게 영감을 주었고, 16세의 나이로 '타임 올해의 인물'에 선정되었어요. 또, 노벨 평화상 후보로도 여러 번 **지명**되었어요.

툰베리는 기후 위기를 알리고 막기 위해서 전 세계를 돌아다니면서 시위를 하고 있어요. 많은 사람이 그녀를 지지하며 힘을 보태고 있어요.

하지만 기후 위기와 관련된 시위가 쉬운 것만은 아니에요. 그녀는 시위 도중 여러 번 체포되기도 했어요. 그럼에도 불구하고 지구와 인류를 구하기 위해 할 수 있는 모든 노력을 이어 가고 있어요.

1 또박또박 읽어 보기

읽기력

위의 기사를 밑줄 친 키워드에 집중하며 5분 동안 소리 내어 읽어 보세요.
읽으면서 모르는 어휘나 문장이 얼마나 있는지 표시해 보세요.

2 샤샤샥 팩트 체크

분석력

아래의 내용 중 맞는 것에는 ○, 틀린 것에는 ×표 해 보세요.

1 그레타 툰베리는 헤이그에서 열린 집회에 참석했다가 체포되었다. ( )

2 2019년 그레타 툰베리는 세계 지도자들 앞에서 기후 위기에 대해 연설했다. ( )

3 그레타 툰베리는 20세의 나이로 '타임 올해의 인물'에 선정되었다. ( )

4 그레타 툰베리는 많은 사람에게 비난을 받았다. ( )

3 뚝딱 주제 정리

요약력

기사의 핵심 내용을 요약해 보세요.

그레타 툰베리는 (　　　　　) 변화에 따른 (　　　　　)를 알리고, 이를 막기 위해 여러 가지 활동을 하고 있다. 시위 도중 경찰에 (　　　　　)되는 등 어려움이 있지만, 그녀는 (　　　　　)와 인류를 위해 할 수 있는 모든 노력을 이어 가고 있다.

4 제대로 의미 알기

어휘력

다음 어휘의 뜻을 보고, 알맞은 말을 써 보세요.

어휘	뜻
① 시위	많은 사람이 의사를 (ㅍ ㅅ)하기 위해 집회나 행진을 하며 위력을 나타내는 일
② 감면	매겨야 할 돈이나 부담 따위를 덜어 주거나 (ㅇ ㅇ)
③ 연설	여러 사람 앞에서 자기의 (ㅈ ㅈ) 또는 의견을 이야기함
④ 지명	여러 사람 가운데 누구의 이름을 (ㅈ ㅈ)하여 가리킴

5 번뜩 배경지식 활용

연상 추론력

아래 써 있는 키워드를 들어 본 적 있나요?
앞의 기사와 관련 있어 보이는 것을 모두 골라 보고 정확한 의미도 알아보세요.

탄소 발자국　　환경 개선 부담금

밸리 효과　　소확행　　랜선 여행

6 이리저리 생각하기

비판적 사고력

그레타 툰베리와 관련해서 이리저리 궁리해 볼까요?
두 가지 주제 중 하나를 골라 3줄 쓰기를 해 보세요. (이유나 예시도 2가지 이상 써 보세요.)

1 여러분은 그레타 툰베리가 어떤 사람이라고 생각하나요?

2 기후 변화는 우리에게 어떤 영향을 미칠까요?

정답

2영역 ○, ○, ×, ×　**3영역** 기후, 위기, 체포, 지구　**4영역** ① 표시, ② 없앰, ③ 주장, ④ 지정

5영역 탄소 발자국 : 개인을 비롯해 기업 등이 직 · 간접적으로 배출하는 온실가스의 총량. 지구 온난화를 가속시키고, 결국 기후 위기를 악화시킴
환경 개선 부담금 : 건물 및 시설물 소유자 또는 자동차의 소유자로부터 환경 오염 물질의 대량 배출에 대해 환경 개선 비용을 부담시키는 것

그레타 툰베리

기사 내용에 대한 이해 수준을 스스로 점검해 보고 나의 육각형 읽기 능력을 알아봐!

▶1단계 나의 육각형 점수는?

영역	평가 기준	점수	내 점수는?
1 읽기력	이해 안 가는 어휘나 문장이 3개 이상 있어. 주제도 잘 모르겠어.	4점	
	전체적인 내용은 알겠는데, 이해 안 가는 부분이 있어.	6점	
	거의 이해했어. 이해 안 가는 부분은 앞뒤 문맥을 통해 파악했어.	8점	
	모든 어휘와 문장을 이해하고, 빠르게 읽었어.	10점	
2 분석력	힝. 1개 이하로 맞혔어.	4점	
	2개 맞혔어.	6점	
	3개 맞혔어.	8점	
	모두 다 맞혔어.	10점	
3 요약력	힝. 1개 이하로 맞혔어.	4점	
	2개 맞혔어.	6점	
	3개 맞혔어.	8점	
	모두 다 맞혔어.	10점	
4 어휘력	4개 중에 1개 이하로 알고 있어.	4점	
	4개 중에 2개 알고 있어.	6점	
	4개 중에 3개 알고 있어.	8점	
	모든 어휘의 뜻을 다 알고 있어.	10점	
5 연상 추론력	이번에 다 처음 봤어.	4점	
	1개 정도만 들어 봤어.	6점	
	답은 맞혔지만 무엇인지는 잘 모르겠어.	8점	
	답도 맞히고, 무엇인지도 잘 알고 있어.	10점	
6 비판적 사고력	잘 못하겠어.	4점	
	문장 말고 어휘 위주로 썼어.	6점	
	이유나 예시를 1개 정도 제시하여 문장을 잘 썼어.	8점	
	이유나 예시를 2개 이상 제시하여 문장을 잘 썼어.	10점	

▶2단계 나의 육각형 그리기!

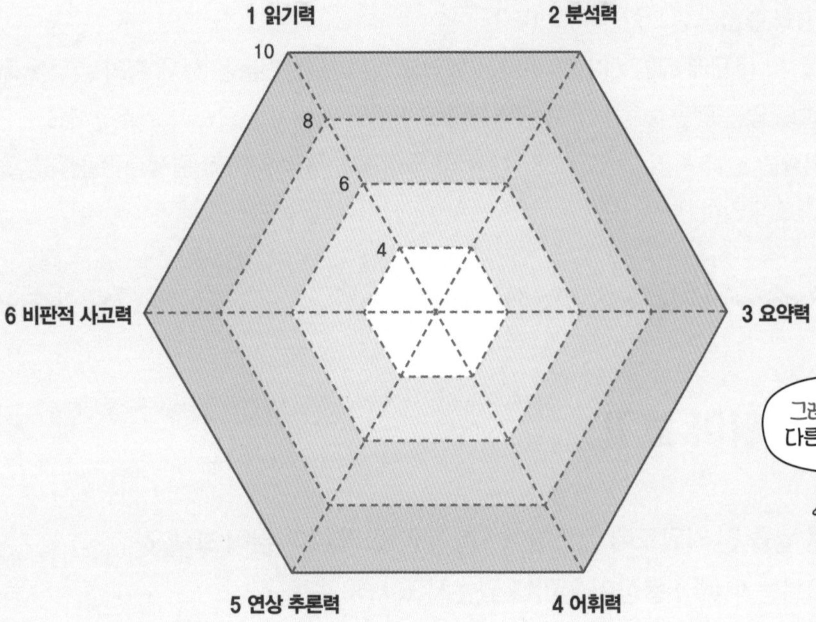

그레타 툰베리에 대한 다른 기사를 더 찾아봐!

12. [국제] 한일 관계 기사 난이도 ★★

한국인은 출입할 수 없습니다!
한국인의 출입을 금지한 일본 신사

일본 나가사키현 대마도에 '와타즈미'라는 유명한 **신사**가 있어요. 이 신사는 대마도를 찾는 관광객들에게 인기 있는 곳이죠.

와타즈미 신사의 도리이(신사로 통하는 문)

그런데 와타즈미 신사가 한국인 관광객들의 출입을 금지했다는 소식이 전해졌어요. 일부 한국인 관광객들이 신사 주차장에서 담배를 피우고, 신사 안에서 춤을 추며 노래를 부르는 등 소란을 피웠다고 해요. 신사 측은 이런 행동을 한 관광객들과 자주 갈등을 빚었고, 경찰에 신고하기도 하며 **곤란**을 겪었다고 했어요. 결국 한국인의 신사 출입 금지라는 조치를 취한 거예요.

일부에서는 한국인만을 대상으로 한다는 점에서 지나치다는 의견도 있었어요. 하지만 신사 측은 한국인 출입 금지를 **해제**할 생각이 없다고 밝혔어요. 그들은 "작은 신사에서 한국인의 문제 행동까지 대응하기는 어렵다."며 오랫동안 이곳을 지키고 싶다고 했어요.

사실, 와타즈미 신사의 한국인 출입 금지는 이번이 처음이 아니에요. 앞서 2019년에도 비슷한 일로 한국인 관광객의 출입을 금지한 적이 있어요.

일본 내에서도 이 문제에 대한 다양한 의견이 있어요. 일부 일본인들은 신사 측의 결정을 **지지**하며, 관광객들의 예의 없는 행동을 방지하기 위해서라도 강경한 조치가 필요하다고 주장해요.

반면, 어떤 이들은 신사 측의 결정이 지나치게 엄격하다며, 특정 국가의 관광객만을 대상으로 하는 것은 차별이라고 우려하고 있어요.

1 또박또박 읽어 보기

읽기력

위의 기사를 밑줄 친 키워드에 집중하며 5분 동안 소리 내어 읽어 보세요.
읽으면서 모르는 어휘나 문장이 얼마나 있는지 표시해 보세요.

2 샤샤샥 팩트 체크 분석력

아래의 내용 중 맞는 것에는 ○, 틀린 것에는 ×표 해 보세요.

1 와타즈미 신사는 일본 대마도에 있다. ( )

2 와타즈미 신사는 한국인들의 신사 출입을 금지했다. ( )

3 와타즈미 신사는 곧 한국인 관광객 출입을 허용하겠다고 했다. ( )

4 와타즈미 신사의 한국인 출입 금지는 이번이 처음이다. ( )

3 뚝딱 주제 정리 요약력

기사의 핵심 내용을 요약해 보세요.

일본 나가사키현 (   )에 있는 와타즈미 신사는 한국인 (   )들이 소란을 피운다는 이유로 (   )의 신사 출입을 (   )했다. 이 문제에 대해 일본 내에서도 이를 지지하는 쪽과 지나치다고 보는 쪽의 의견이 갈렸다.

4 제대로 의미 알기 어휘력

다음 어휘의 뜻을 보고, 알맞은 말을 써 보세요.

어휘	뜻
① 신사	일본에서 왕실의 (ㅈ ㅅ)이나 고유의 신앙 대상인 신 또는 국가에 공로가 큰 사람을 신으로 모신 사당
② 곤란	사정이 몹시 딱하고 (ㅇ ㄹ ㅇ)
③ 해제	묶인 것이나 행동에 제약을 가하는 법령 따위를 풀어 (ㅈ ㅇ ㄹ ㄱ) 함
④ 지지	어떤 사람이나 단체 따위의 주의·정책·(ㅇ ㄱ) 등에 찬동하여 이를 위하여 힘을 씀

5 번뜩 배경지식 활용

연상 추론력

아래 써 있는 키워드를 들어 본 적 있나요?
앞의 기사와 관련 있어 보이는 것을 모두 골라 보고 정확한 의미도 알아보세요.

온실 효과　　사이버 불링

다문화 가정　　혐한(嫌韓)　　반일(反日)

6 이리저리 생각하기

비판적 사고력

한국인 출입 금지 조치와 관련해서 이리저리 궁리해 볼까요?
두 가지 주제 중 하나를 골라 3줄 쓰기를 해 보세요. (이유나 예시도 2가지 이상 써 보세요.)

1 와타즈미 신사의 한국인 출입 금지에 찬성하는지 반대하는지 내 생각을 이야기해 보아요.

2 다른 나라를 여행할 때, 무엇을 조심해야 할까요?

정답

2영역 ○, ○, ×, ×　**3영역** 대마도, 관광객, 한국인, 금지　**4영역** ① 조상, ② 어려움, ③ 자유롭게, ④ 의견

5영역 혐한(嫌韓) : 한국 혹은 한국인에 대한 강한 편견과 혐오 정서를 뜻하는 말

반일(反日) : 일본의 정책 · 사상 · 문화 등에 반감을 갖거나 적대적인 성향을 뜻하는 말

한일 관계

기사 내용에 대한 이해 수준을 스스로 점검해 보고 나의 육각형 읽기 능력을 알아봐!

▶1단계 나의 육각형 점수는?

영역	평가 기준	점수	내 점수는?
1 읽기력	이해 안 가는 어휘나 문장이 3개 이상 있어. 주제도 잘 모르겠어.	4점	
	전체적인 내용은 알겠는데, 이해 안 가는 부분이 있어.	6점	
	거의 이해했어. 이해 안 가는 부분은 앞뒤 문맥을 통해 파악했어.	8점	
	모든 어휘와 문장을 이해하고, 빠르게 읽었어.	10점	
2 분석력	힝. 1개 이하로 맞혔어.	4점	
	2개 맞혔어.	6점	
	3개 맞혔어.	8점	
	모두 다 맞혔어.	10점	
3 요약력	힝. 1개 이하로 맞혔어.	4점	
	2개 맞혔어.	6점	
	3개 맞혔어.	8점	
	모두 다 맞혔어.	10점	
4 어휘력	4개 중에 1개 이하로 알고 있어.	4점	
	4개 중에 2개 알고 있어.	6점	
	4개 중에 3개 알고 있어.	8점	
	모든 어휘의 뜻을 다 알고 있어.	10점	
5 연상 추론력	이번에 다 처음 봤어.	4점	
	1개 정도만 들어 봤어.	6점	
	답은 맞혔지만 무엇인지는 잘 모르겠어.	8점	
	답도 맞히고, 무엇인지도 잘 알고 있어.	10점	
6 비판적 사고력	잘 못하겠어.	4점	
	문장 말고 어휘 위주로 썼어.	6점	
	이유나 예시를 1개 정도 제시하여 문장을 잘 썼어.	8점	
	이유나 예시를 2개 이상 제시하여 문장을 잘 썼어.	10점	

▶2단계 나의 육각형 그리기!

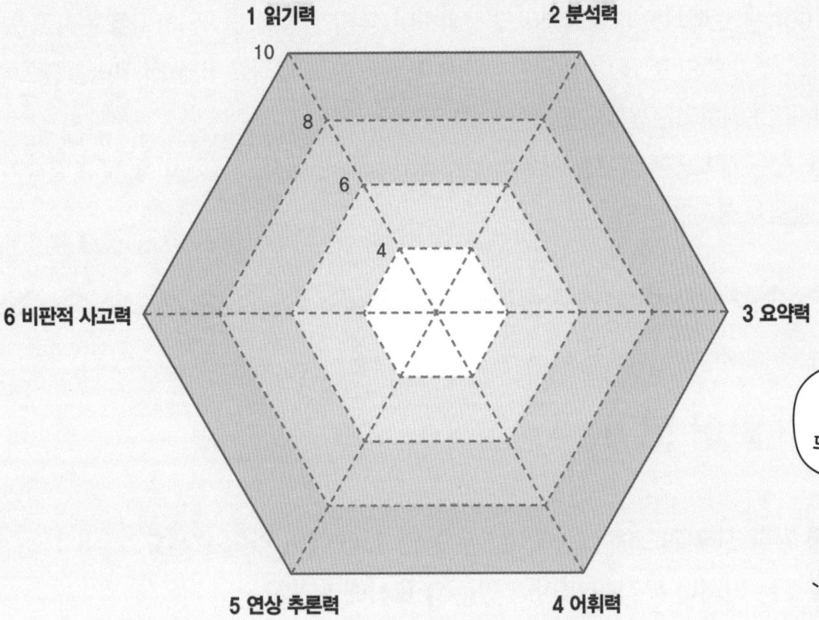

기사 난이도 ★★

정말 실패한 결정일까?
영국의 브렉시트, 그 이후

유럽 연합(EU) 회원국은 공동 정부 운영을 위해 경제 규모에 따라 부담금을 내요. 과거, 영국은 부담금을 세 번째로 많이 냈는데, **예산**은 열두 번째로 적게 받았어요. 그러자 영국 국민들의 불만이 쌓여 갔지요. 결국 영국 사람들은 국민 투표를 통해 유럽 연합에서 탈퇴하기로 결정했어요.

2020년 1월, 영국이 유럽 연합에서 공식적으로 **탈퇴**한 것을 '브렉시트'라고 해요. 브렉시트 이후 영국은 나라 안팎으로 많은 문제를 겪고 있어요.

브렉시트 반대 시위

특히 북대서양 조약 기구(NATO) 안에서 영국의 지위가 낮아지고 있어 우려하고 있어요. 영국은 나토 군사 훈련에 많은 병력을 보내는 등 영향력 유지를 위해 노력하고 있지만, 쉽지 않아 보여요. 프랑스와 독일 등 유럽 연합의 다른 국가들이 영국을 **견제**하고 있거든요.

브렉시트로 인한 국민들의 불만은 점점 거세지고 있어요. 영국의 국가 **안보**와 경제 문제를 해결하기 위해 유럽 연합에 다시 가입해야 한다는 목소리가 커지고 있어요.

영국 국민의 60%는 브렉시트가 실패했다고 생각하며, 유럽 연합에 재가입하기를 원하고 있어요. 특히 25세 미만의 영국 국민 중 80%는 유엔 재가입에 찬성하고 있지요. 아울러 북아일랜드에서는 영국 연방으로부터 분리하려는 움직임도 나타나고 있어요.

이런 상황에서 영국 정치인들 대부분은 유럽 연합 재가입에 반대하고 있어 이 문제가 영국에 어떤 영향을 미칠지 관심을 끌고 있어요.

1 또박또박 읽어 보기

읽기력

위의 기사를 밑줄 친 키워드에 집중하며 5분 동안 소리 내어 읽어 보세요.
읽으면서 모르는 어휘나 문장이 얼마나 있는지 표시해 보세요.

2 샤샤샥 팩트 체크

분석력

아래의 내용 중 맞는 것에는 ○, 틀린 것에는 ×표 해 보세요.

1 영국은 유럽 연합에 부담금을 낸 만큼 많은 예산을 받았다. ( )

2 영국이 유럽 연합에 가입한 것을 브렉시트라고 한다. ( )

3 브렉시트로 인한 영국 국민들의 불만이 점점 거세지고 있다. ( )

4 영국 정치인들은 유럽 연합 재가입에 대부분 찬성한다. ( )

3 뚝딱 주제 정리

요약력

기사의 핵심 내용을 요약해 보세요.

영국이 (   )에서 탈퇴한 것을 (   )라고 한다. 이후 영국은 국가 (   )와 경제 문제로 많은 어려움을 겪고 있고, 유럽 연합에 다시 (   )해야 한다는 국민들의 목소리가 커지고 있다.

4 제대로 의미 알기

어휘력

어휘의 뜻을 연결시켜 보고, 비슷한 어휘까지 줄로 이어 보세요.

어휘	뜻	비슷한 어휘
① 예산 •	• ⑤ 일정한 작용을 해 상대편이 세력을 펴거나 자유롭게 행동하지 못하게 억누름 •	• ㉠ 탈회
② 탈퇴 •	• ⑥ 관계하고 있던 조직이나 단체 따위에서 관계를 끊고 물러남 •	• ㉡ 제재
③ 견제 •	• ⑦ '안전 보장'을 줄여 이르는 말 •	• ㉢ 재정
④ 안보 •	• ⑧ 국가나 단체에서 한 회계 연도의 수입과 지출을 미리 셈하여 정한 계획 •	• ㉣ 국방

5 번뜩 배경지식 활용

연상 추론력

다음 글은 브렉시트의 배경에 대한 설명이에요.
이 글을 읽고, 영국이 브렉시트를 하여 어떤 점이 좋아졌을지 이야기해 보세요.

영국 사람들은 유럽 연합에 돈을 많이 내지만, 받는 혜택은 적다고 생각했어요. 또, 유럽 연합의 규칙 때문에 영국이 스스로 결정할 수 있는 부분이 적다고 느꼈어요. 특히 유럽 연합 회원국 사이에 자유로운 이동으로 영국에 이민 오는 사람들이 많아졌는데, 이민자들이 영국의 일자리를 차지하고 공공 서비스를 이용하면서 영국 사람들의 부담이 더 커졌지요. 그래서 2016년에 국민 투표를 통해 유럽 연합을 탈퇴하기로 결정했어요. 그리고 2020년 1월 31일, 유럽 연합을 공식적으로 탈퇴했어요.

6 이리저리 생각하기

비판적 사고력

브렉시트와 관련해서 이리저리 궁리해 볼까요?
두 가지 주제 중 하나를 골라 3줄 쓰기를 해 보세요. (이유나 예시도 2가지 이상 써 보세요.)

1 브렉시트 이후, 영국 국민들은 왜 유럽 연합에 다시 가입하고 싶어 하나요?
2 영국이 유럽 연합에 재가입한다면 어떤 점이 좋을까요?

정답

2영역 ×, ×, ○, × **3영역** 유럽 연합, 브렉시트, 안보, 가입 **4영역** ①-⑧-㉢, ②-⑥-㉠, ③-⑤-㉡, ④-⑦-㉣
5영역 예 영국 스스로 정책에 대한 결정권을 갖고, 이민을 통제해 재정 부담을 줄였을 것이다.

브렉시트

기사 내용에 대한 이해 수준을 스스로 점검해 보고 나의 육각형 읽기 능력을 알아봐!

▶1단계 나의 육각형 점수는?

영역	평가 기준	점수	내 점수는?
1 읽기력	이해 안 가는 어휘나 문장이 3개 이상 있어. 주제도 잘 모르겠어.	4점	
	전체적인 내용은 알겠는데, 이해 안 가는 부분이 있어.	6점	
	거의 이해했어. 이해 안 가는 부분은 앞뒤 문맥을 통해 파악했어.	8점	
	모든 어휘와 문장을 이해하고, 빠르게 읽었어.	10점	
2 분석력	힝. 1개 이하로 맞혔어.	4점	
	2개 맞혔어.	6점	
	3개 맞혔어.	8점	
	모두 다 맞혔어.	10점	
3 요약력	힝. 1개 이하로 맞혔어.	4점	
	2개 맞혔어.	6점	
	3개 맞혔어.	8점	
	모두 다 맞혔어.	10점	
4 어휘력	8개 중에 1-2개만 알고 있어.	4점	
	8개 중에 절반 정도 알고 있어.	6점	
	8개 중에 1-2개 정도만 어렵고 거의 알고 있어.	8점	
	모든 어휘의 뜻을 다 알고 있어.	10점	
5 연상 추론력	힝. 잘 모르겠어.	4점	
	뭔가 썼지만 아예 다른 답 같아.	6점	
	어느 정도 알고 있지만 설명은 잘 못했어.	8점	
	제시 글에 따라 설명을 잘했어.	10점	
6 비판적 사고력	잘 못하겠어.	4점	
	문장 말고 어휘 위주로 썼어.	6점	
	이유나 예시를 1개 정도 제시하여 문장을 잘 썼어.	8점	
	이유나 예시를 2개 이상 제시하여 문장을 잘 썼어.	10점	

▶2단계 나의 육각형 그리기!

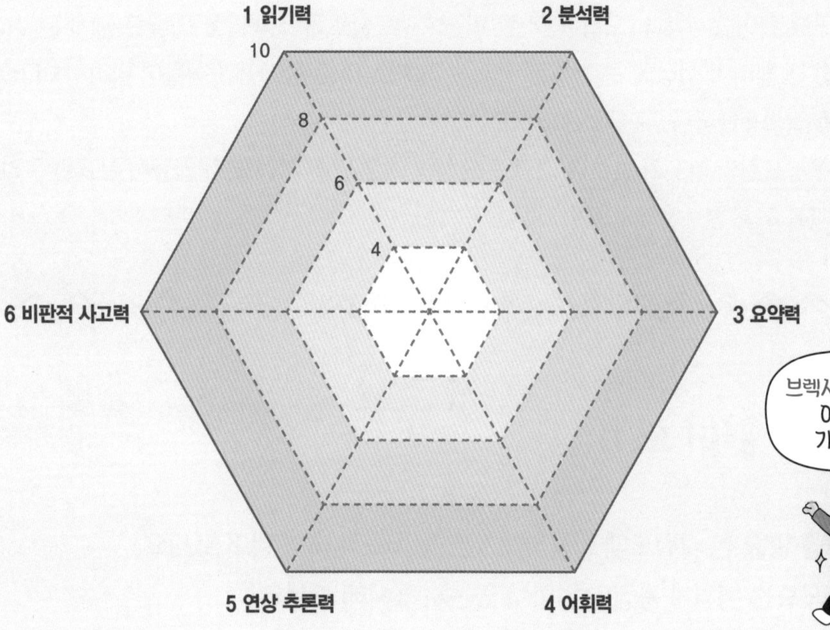

14. 【국제】 빅맥 상표권 기사 난이도 ★★

맥도날드가 아니라도 빅맥을 팔 수 있다고?

상표 소송에서 진 맥도날드

맥도날드의 빅맥 햄버거

최근 유럽의 법원이 소고기가 들어간 햄버거가 아니라면, 맥도날드가 아니더라도 상품에 '빅맥'이라는 이름을 쓸 수 있다고 판결했어요. 따라서 앞으로는 유럽 햄버거 가게에서 닭고기가 들어간 버거에 빅맥이라는 이름을 붙여 팔 수 있게 됐어요. 법원은 맥도날드가 최근 5년 동안 닭고기 버거에 빅맥이라는 이름을 사용하지 않았기 때문이라고 판결의 이유를 설명했어요. 맥도날드에서 파는 닭고기 버거의 이름은 '맥치킨'이거든요.

법원의 이러한 결정은 아일랜드에 있는 '수퍼맥'이라는 햄버거 가게에서 비롯됐어요. 수퍼맥은 아일랜드에 100여 개나 되는 가게를 갖고 있는데, 유럽 전역에서 사업을 키우기 위해 유럽 연합에 '수퍼맥'에 대한 상표권 등록을 신청했어요. 그런데 맥도날드 측이 수퍼맥의 이름이 빅맥과 비슷해서 **혼란**을 줄 수 있다며 **이의**를 제기한 거예요. 수퍼맥은 '빅맥'에 대한 상표권을 취소해 달라며 소송을 벌였고, 결국 이겼어요.

맥도날드는 이번 법원의 결정이 자사의 소고기 버거인 '빅맥'에 대한 상표 사용 권리에는 영향을 미치지 않는다고 했어요. 맥도날드의 빅맥은 여전히 맥도날드만의 특별한 메뉴로 남게 된 거지만, 이 판결은 유럽 내 햄버거 시장에 큰 변화를 가져올 거예요. 다른 햄버거 가게들이 닭고기 버거에 '빅맥'이라는 이름을 사용할 수 있게 되었으니까요.

이번 판결은 상표권의 사용과 보호에 대한 중요한 사례로 남을 거예요. 기업들은 상표권 관리와 관련된 법적 **절차**를 더욱 신중하게 검토할 거예요.

1 또박또박 읽어 보기

읽기력

위의 기사를 밑줄 친 키워드에 집중하며 5분 동안 소리 내어 읽어 보세요.
읽으면서 모르는 어휘나 문장이 얼마나 있는지 표시해 보세요.

2 샤샤샥 팩트 체크 — 분석력

아래의 내용 중 맞는 것에는 ○, 틀린 것에는 ×표 해 보세요.

1 유럽 법원에서 닭고기 버거에 빅맥이라는 이름을 붙일 수 있다고 판결했다. ( )

2 맥도날드는 최근 5년 동안 소고기 버거에 빅맥이라는 이름을 붙이지 않았다. ( )

3 맥도날드에서 파는 닭고기 버거의 이름은 맥치킨이다. ( )

4 법원의 결정은 유럽 내 햄버거 시장에 영향을 미치지 않을 것이다. ( )

3 뚝딱 주제 정리 — 요약력

기사의 핵심 내용을 요약해 보세요.

아일랜드의 (   )이라는 햄버거 가게가 상표권 등록을 신청하자, (   )는 빅맥과 이름이 비슷해서 혼란을 줄 수 있다고 (   )를 제기했다. 수퍼맥은 오히려 (   )의 상표권 취소 소송을 내서 이겼다. 이 판결은 유럽 내 햄버거 시장에 큰 변화를 가져올 것이다.

4 제대로 의미 알기 — 어휘력

어휘의 뜻을 연결시켜 보고, 비슷한 어휘와 반대 어휘까지 줄로 이어 보세요.

어휘	뜻	비슷한 어휘	반대 어휘
① 혼란 •	• ④ 민법에서 다른 사람의 행위에 반대 의사를 표시하는 일 •	• ㉠ 혼돈 •	• ㉣ 찬성
② 이의 •	• ⑤ 뒤죽박죽이 되어 어지럽고 질서가 없음 •	• ㉡ 과정 •	• ㉤ 정리
③ 절차 •	• ⑥ 일을 치르는 데 거쳐야 하는 순서나 방법 •	• ㉢ 이견 •	• ㉥ 무질서

5 번뜩 배경지식 활용

연상 추론력

아래 써 있는 키워드를 들어 본 적 있나요?
앞의 기사와 관련 있어 보이는 것을 모두 골라 보고 정확한 의미도 알아보세요.

지식 재산권　　노쇼
블랙 컨슈머　　상표 분쟁　　엥겔 계수

6 이리저리 생각하기

비판적 사고력

상표권과 관련해서 이리저리 궁리해 볼까요?
두 가지 주제 중 하나를 골라 3줄 쓰기를 해 보세요. (이유나 예시도 2가지 이상 써 보세요.)

1 맥도날드는 왜 수퍼맥에 소송을 제기했을까요?

2 기업에서 상표를 중요하게 생각하는 이유는 무엇일까요?

정답

2영역 ○, ×, ○, ×　**3영역** 수퍼맥, 맥도날드, 이의, 빅맥　**4영역** ①-⑤-㉠-㉤, ②-④-㉢-㉣, ③-⑥-㉡-㉥

5영역 지식 재산권 : 교육, 연구, 문화, 예술 등 인간의 지적 활동으로 인해 발생하는 모든 재산권
상표 분쟁 : 두 개 이상의 당사자 간에 상표 사용에 대한 권리를 놓고 발생하는 법적 갈등

빅맥 상표권

기사 내용에 대한 이해 수준을 스스로 점검해 보고 나의 육각형 읽기 능력을 알아봐!

▶1단계 나의 육각형 점수는?

영역	평가 기준	점수	내 점수는?
1 읽기력	이해 안 가는 어휘나 문장이 3개 이상 있어. 주제도 잘 모르겠어.	4점	
	전체적인 내용은 알겠는데, 이해 안 가는 부분이 있어.	6점	
	거의 이해했어. 이해 안 가는 부분은 앞뒤 문맥을 통해 파악했어.	8점	
	모든 어휘와 문장을 이해하고, 빠르게 읽었어.	10점	
2 분석력	힝. 1개 이하로 맞혔어.	4점	
	2개 맞혔어.	6점	
	3개 맞혔어.	8점	
	모두 다 맞혔어.	10점	
3 요약력	힝. 1개 이하로 맞혔어.	4점	
	2개 맞혔어.	6점	
	3개 맞혔어.	8점	
	모두 다 맞혔어.	10점	
4 어휘력	9개 중에 1-2개만 알고 있어.	4점	
	9개 중에 절반 정도 알고 있어.	6점	
	9개 중에 1-2개 정도만 어렵고 거의 알고 있어.	8점	
	모든 어휘의 뜻을 다 알고 있어.	10점	
5 연상 추론력	이번에 다 처음 봤어.	4점	
	1개 정도만 들어 봤어.	6점	
	답은 맞혔지만 무엇인지는 잘 모르겠어.	8점	
	답도 맞히고, 무엇인지도 잘 알고 있어.	10점	
6 비판적 사고력	잘 못하겠어.	4점	
	문장 말고 어휘 위주로 썼어.	6점	
	이유나 예시를 1개 정도 제시하여 문장을 잘 썼어.	8점	
	이유나 예시를 2개 이상 제시하여 문장을 잘 썼어.	10점	

▶2단계 나의 육각형 그리기!

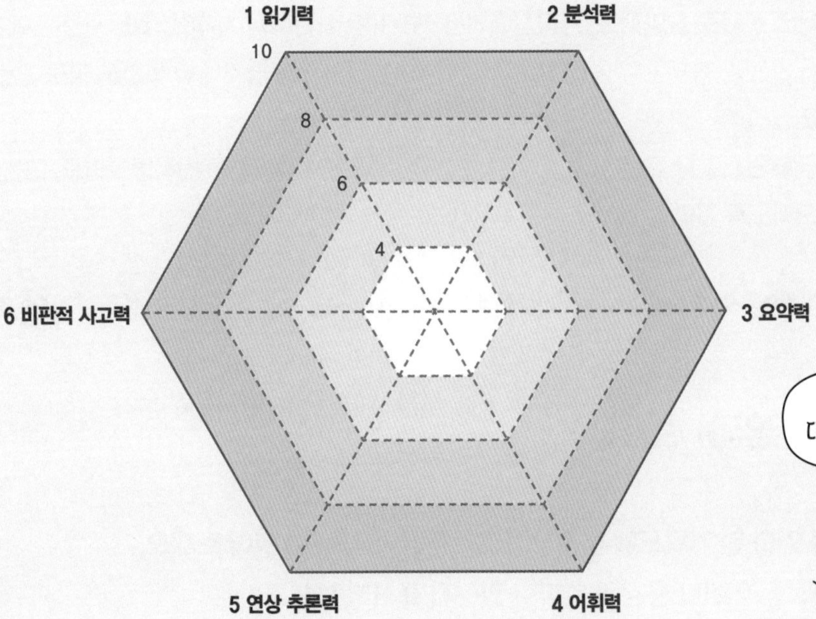

15. 【국제】 장기 기증 기사 난이도 ★

많은 사람에게 감동을 준 앨런 할아버지

미국의 최고령 장기 기증자

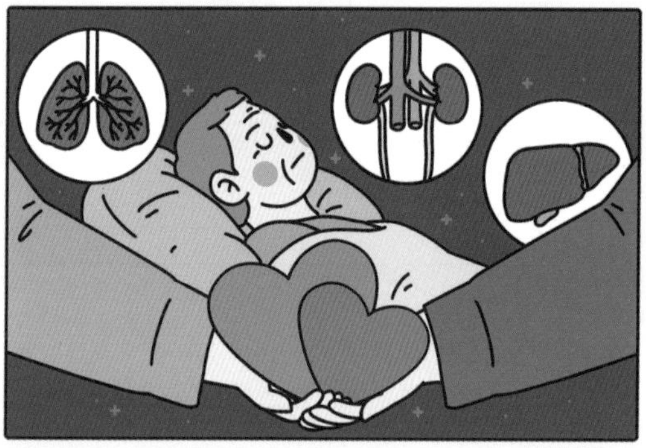

98세인 미국의 오빌 앨런은 평생 다른 사람들을 도우며 살았어요. 그는 세상을 떠난 2024년 6월, 장기 기증을 해서 많은 사람에게 감동을 주었어요.

앨런은 집에서 청소를 하다가 넘어져서 머리를 다쳐 병원으로 옮겨졌지만, 뇌부종이 심해서 치료할 수 없었어요.

병원에서는 가족들에게 장기 기증을 할지 물어봤어요. 처음에 가족들은 앨런의 나이가 많아서 장기 기증이 가능할지 **염려**했어요. 그러나 의사는 앨런의 간이 **이식**하기에 문제 없다고 설명해 주었고, 가족들은 기증을 **결심**했어요. 앨런은 늘 다른 사람을 먼저 생각하고 돕는 사람이었기 때문이에요.

그의 간은 72세 여성이 받았어요. 이 여성은 간 이식을 기다리고 있었는데, 앨런 덕분에 새 생명을 얻게 되었죠. 이로써 앨런은 미국에서 장기를 기증한 최고령자가 되었어요.

앨런은 과거 제2차 세계 대전과 한국 전쟁의 참전 용사로 한국과도 인연이 있어요. 2차 대전 때는 육군 항공대에서 조종사로 활약했고, 한국전에서는 제1 기병 사단에서 **복무**했지요. 전쟁 후에는 미 육군 예비군에서 27년간 복무한 후 중령으로 전역해 40년 동안 고등학교에서 농업을 가르치는 선생님으로 일했어요.

앨런은 숨을 거두면서까지 다른 사람을 위한 일을 하며, 많은 이들의 존경을 받았어요. 그는 사람들의 마음속에 오래도록 기억될 거예요.

1 또박또박 읽어 보기

읽기력

위의 기사를 밑줄 친 키워드에 집중하며 5분 동안 소리 내어 읽어 보세요.
읽으면서 모르는 어휘나 문장이 얼마나 있는지 표시해 보세요.

2 샤샤샥 팩트 체크 분석력

아래의 내용 중 맞는 것에는 ○, 틀린 것에는 ×표 해 보세요.

1 오빌 앨런은 샤워를 하다가 넘어져 병원에 실려 갔다. ( )

2 앨런은 나이가 많아서 장기 기증이 불가능했다. ( )

3 앨런의 간은 72세 여성이 받았다. ( )

4 앨런은 제2차 세계 대전과 한국 전쟁에 참전했다. ( )

3 뚝딱 주제 정리 요약력

기사의 핵심 내용을 요약해 보세요.

오빌 앨런은 (　　　　　　)를 다쳐서 병원에 실려 갔지만 치료를 할 수 없었다. 병원은 가족에게 (　　　　　　)을 할지 물어봤고, 가족들의 동의로 그의 (　　　　　　)을 기증했다. 그는 한국 전쟁에도 참여했던 (　　　　　　)로, 평생 다른 사람들을 돕는 삶을 살았다.

4 제대로 의미 알기 어휘력

다음의 뜻을 가진 어휘를 쓰고, 그 어휘를 활용해서 짧은 문장을 만들어 보세요.

뜻	어휘	짧은 문장
① 살아 있는 조직이나 장기를 떼어 내 다른 개체에 옮김	ㅇ ㅅ	
② 할 일에 대하여 어떻게 하기로 마음을 굳게 정함	ㄱ ㅅ	
③ 어떤 직무나 임무에 힘씀	ㅂ ㅁ	
④ 앞일에 대하여 여러 가지로 마음을 써서 걱정함	ㅇ ㄹ	

5 번뜩 배경지식 활용

연상 추론력

아래 써 있는 키워드를 들어 본 적 있나요?
앞의 기사와 관련 있어 보이는 것을 모두 골라 보고 정확한 의미도 알아보세요.

뇌사　　학교 생활 기록부

이자　　장기 이식 대기자　　워케이션

6 이리저리 생각하기

비판적 사고력

장기 기증과 관련해서 이리저리 궁리해 볼까요?
두 가지 주제 중 하나를 골라 3줄 쓰기를 해 보세요. (이유나 예시도 2가지 이상 써 보세요.)

1 오빌 앨런은 어떤 방법으로 다른 사람들을 도왔나요?

2 장기 기증은 왜 필요한지 내 생각을 이야기해 보아요.

정답

2영역 ×, ×, ○, ○　**3영역** 머리, 장기 기증, 간, 참전 용사　**4영역** ① 이식, ② 결심, ③ 복무, ④ 염려

5영역 뇌사 : 뇌의 기능이 완전히 멈추어 본디 상태로 되돌아가지 않는 상태
장기 이식 대기자 : 다른 사람의 장기를 이식받기 위해 장기 이식 등록 기관에 등록한 사람

장기 기증

기사 내용에 대한 이해 수준을 스스로 점검해 보고 나의 육각형 읽기 능력을 알아봐!

▶1단계 나의 육각형 점수는?

영역	평가 기준	점수	내 점수는?
1 읽기력	이해 안 가는 어휘나 문장이 3개 이상 있어. 주제도 잘 모르겠어.	4점	
	전체적인 내용은 알겠는데, 이해 안 가는 부분이 있어.	6점	
	거의 이해했어. 이해 안 가는 부분은 앞뒤 문맥을 통해 파악했어.	8점	
	모든 어휘와 문장을 이해하고, 빠르게 읽었어.	10점	
2 분석력	힝. 1개 이하로 맞혔어.	4점	
	2개 맞혔어.	6점	
	3개 맞혔어.	8점	
	모두 다 맞혔어.	10점	
3 요약력	힝. 1개 이하로 맞혔어.	4점	
	2개 맞혔어.	6점	
	3개 맞혔어.	8점	
	모두 다 맞혔어.	10점	
4 어휘력	어휘만 1개 이하로 맞혔어.	4점	
	어휘만 2개 이상 맞혔어.	6점	
	어휘는 다 맞혔는데, 문장은 1~2개 정도만 만들었어.	8점	
	어휘도 다 맞혔고, 모든 문장도 만들었어.	10점	
5 연상 추론력	이번에 다 처음 봤어.	4점	
	1개 정도만 들어 봤어.	6점	
	답은 맞혔지만 무엇인지는 잘 모르겠어.	8점	
	답도 맞히고, 무엇인지도 잘 알고 있어.	10점	
6 비판적 사고력	잘 못하겠어.	4점	
	문장 말고 어휘 위주로 썼어.	6점	
	이유나 예시를 1개 정도 제시하여 문장을 잘 썼어.	8점	
	이유나 예시를 2개 이상 제시하여 문장을 잘 썼어.	10점	

▶2단계 나의 육각형 그리기!

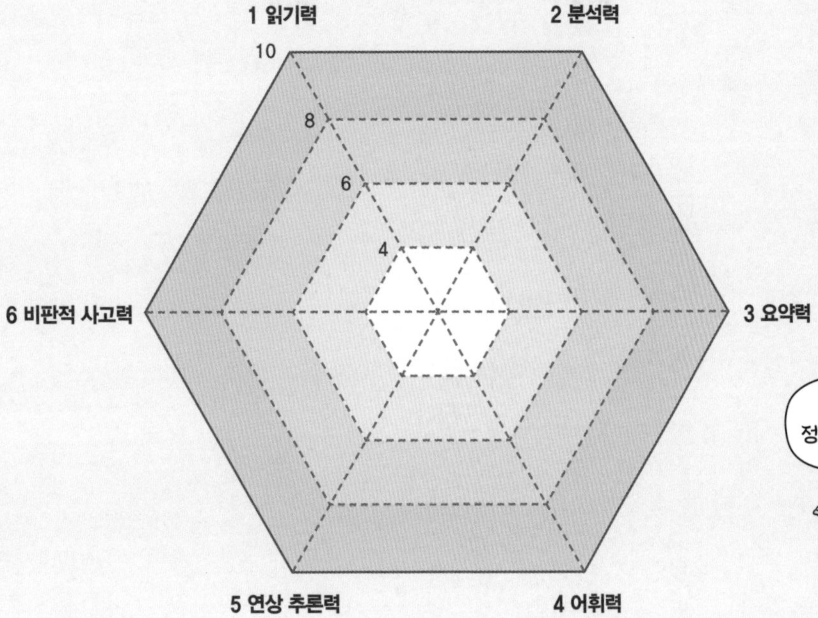

오피니언(사설) 기사는 하나의 주제에 대해
다양한 관점을 접하게 해 줍니다.
이를 통해 세상을 보는 시야가 넓어지고
나의 의견을 정립하는 데 도움을 주지요.
오피니언 기사를 읽으며 자신의 생각과 다른 의견을 존중하고
그 차이를 이해하는 능력을 길러 보세요!

PART 4
오피니언

읽기력
분석력
요약력
어휘력
연상 추론력
비판적 사고력

1. [오피니언] 촉법소년 기사 난이도 ★★

촉법소년 연령 낮추자 vs 안 된다

촉법소년은 범죄를 저지른 10살 이상 14살 미만의 어린이와 청소년을 말해요. 이들은 너무 어리기 때문에 범죄를 저질러도 형사 처벌을 받지 않고, 대신 교육을 받지요. 그런데 갈수록 촉법소년들이 저지르는 범죄가 늘어나고 있어요. 그래서 촉법소년의 연령 기준을 낮춰야 한다는 주장이 끊임없이 나오고 있어요.

촉법소년의 연령을 낮추자!

예전보다 요즘 아이들의 범죄 연령이 낮아지고 있어요. 촉법소년 제도를 **악용**하여 범죄를 저지르는 사례도 늘어나고 있기 때문에 촉법소년 연령을 낮춰야 해요. 다른 사람에게 피해를 주면 아무리 어려도 강력한 처벌을 받을 수 있고, 사회적 책임을 다해야 한다는 사실을 알려 주어야 해요. 또한 나쁜 행동에 따른 **교정** 프로그램에 좀 더 일찍 참여할 수 있다면 소년범의 재범률도 낮출 수 있을 거예요.

아직도 아이들은 어리다!

촉법소년 연령 기준을 낮추는 것은 좋지 않아요. 아이들은 아직 생각이 깊지 않아 실수로 나쁜 일을 저지를 수 있어요. 너무 어린 나이에 처벌을 받게 되면 사회적으로 **낙인**이 찍혀 정상적으로 생활하기 어려워요. 처벌하는 것보다 잘못을 깨닫고 고칠 수 있도록 이끌어 주는 게 더 중요해요. 또 소년원은 학교의 형식을 취하고 있지만 외출, 면회 등이 제한되고, 사회 봉사나 수강 명령 등 어른들과 같은 벌을 받아요. '촉법소년이 처벌받지 않는다.'는 주장이 완전히 사실은 아니라는 거예요.

22대 국회에서도 촉법소년 연령 하향이 우선 입법 과제로 꼽혔지만, 촉법소년 연령 기준을 낮추는 것에 대한 논의가 충분히 이루어져야 해요.

1 또박또박 읽어 보기 읽기력

위의 기사를 밑줄 친 키워드에 집중하며 5분 동안 소리 내어 읽어 보세요.

읽으면서 모르는 어휘나 문장이 얼마나 있는지 표시해 보세요.

2 샤샤샥 팩트 체크 분석력

아래의 내용 중 맞는 것에는 ○, 틀린 것에는 ×표 해 보세요.

1 촉법소년은 14살 미만의 어린이를 모두 말한다. ☐

2 촉법소년 제도를 악용하는 사례가 늘고 있다. ☐

3 촉법소년은 범죄를 저질러도 아무런 처벌을 받지 않는다. ☐

4 소년원은 학교 형식을 하고 있지만 외출, 면회 등이 제한된다. ☐

3 뚝딱 주제 정리 요약력

각각의 주장과 근거를 요약해 보세요.

주장 : 촉법소년의 나이를 ( ) 한다. **근거** : 범죄 ( )이 낮아지고 있어, 일찍 교정 프로그램에 참여시켜 ( )을 낮출 수 있다.	**주장** : 촉법소년의 나이를 ( ) 안 된다. **근거** : 아직 어려서 ( ) 나쁜 일을 할 수 있고, ( )보다는 잘못을 고치도록 이끌어 주는 게 중요하다.

4 제대로 의미 알기 어휘력

어휘의 뜻을 연결시켜 보고, 비슷한 어휘와 반대 어휘까지 줄로 이어 보세요.

어휘	뜻	비슷한 어휘	반대 어휘
① 악용 •	• ④ 교도소나 소년원에서 재소자의 잘못된 품성이나 행동을 바로잡음 •	• ㉠ 교속 •	• ㉣ 방치
② 교정 •	• ⑤ 알맞지 않게 쓰거나 나쁜 일에 씀 •	• ㉡ 오명 •	• ㉤ 선용
③ 낙인 •	• ⑥ 다시 씻기 어려운 불명예스럽고 욕된 판정이나 평판 •	• ㉢ 오용 •	• ㉥ 명예

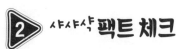

5 번뜩 배경지식 활용

연상 추론력

아래 써 있는 키워드를 들어 본 적 있나요?
앞의 기사와 관련 있어 보이는 것을 모두 골라 보고 정확한 의미도 알아보세요.

미성년자 APEC
인구 주택 총조사 책임 연령 시가 총액

6 이리저리 생각하기

비판적 사고력

촉법소년과 관련해서 이리저리 궁리해 볼까요?
두 가지 주제 중 하나를 골라 3줄 쓰기를 해 보세요. (이유나 예시도 2가지 이상 써 보세요.)

1 촉법소년 연령, 낮추는 게 좋을까요, 아니면 낮추지 않는 게 좋을까요? 내 생각을 정리해 보아요.

2 촉법소년의 기준이 되는 나이는 몇 살이 적당할까요?

정답

2영역 ×, ○, ×, ○ **3영역** 낮춰야, 연령, 재범률, 낮추면, 실수로, 처벌

4영역 ①-⑤-㉢-㉤, ②-④-㉠-㉣, ③-⑥-㉡-㉥

5영역 미성년자 : 성년이 아닌 만 19세 미만의 사람을 이르는 말
책임 연령 : 법적으로 특정한 행위를 했을 때 그 행위에 대한 법적 책임을 질 수 있는 연령

⑭ 촉법소년

기사 내용에 대한 이해 수준을 스스로 점검해 보고 나의 육각형 읽기 능력을 알아봐!

▶1단계 나의 육각형 점수는?

영역	평가 기준	점수	내 점수는?
1 읽기력	이해 안 가는 어휘나 문장이 3개 이상 있어. 주제도 잘 모르겠어.	4점	
	전체적인 내용은 알겠는데, 이해 안 가는 부분이 있어.	6점	
	거의 이해했어. 이해 안 가는 부분은 앞뒤 문맥을 통해 파악했어.	8점	
	모든 어휘와 문장을 이해하고, 빠르게 읽었어.	10점	
2 분석력	힝. 1개 이하로 맞혔어.	4점	
	2개 맞혔어.	6점	
	3개 맞혔어.	8점	
	모두 다 맞혔어.	10점	
3 요약력	힝. 1개 이하로 맞혔어.	4점	
	2-3개 맞혔어.	6점	
	4-5개 맞혔어.	8점	
	모두 다 맞혔어.	10점	
4 어휘력	9개 중에 1-2개만 알고 있어.	4점	
	9개 중에 절반 정도 알고 있어.	6점	
	9개 중에 1-2개 정도만 어렵고 거의 알고 있어.	8점	
	모든 어휘의 뜻을 다 알고 있어.	10점	
5 연상 추론력	이번에 다 처음 봤어.	4점	
	1개 정도만 들어 봤어.	6점	
	답은 맞혔지만 무엇인지는 잘 모르겠어.	8점	
	답도 맞히고, 무엇인지도 잘 알고 있어.	10점	
6 비판적 사고력	잘 못하겠어.	4점	
	문장 말고 어휘 위주로 썼어.	6점	
	이유나 예시를 1개 정도 제시하여 문장을 잘 썼어.	8점	
	이유나 예시를 2개 이상 제시하여 문장을 잘 썼어.	10점	

▶2단계 나의 육각형 그리기!

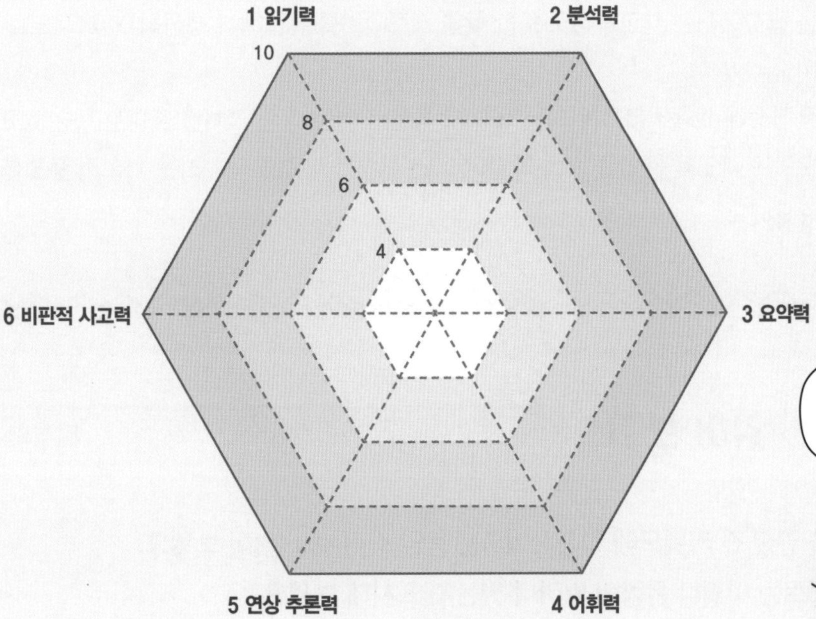

촉법소년에 대한 충분한 논의가 필요해!

2. [오피니언] 사교육

기사 난이도 ★★

학원 몇 개 다녀?
사교육 찬성 vs 사교육 반대

2023년 사교육비가 사상 최대를 기록했어요. 초·중·고 학생들의 사교육비 총액이 27조 1천억 원에 이르렀다고 해요. 학생 수는 줄었지만, 사교육비는 계속 늘어난 거예요. 특히 고등학생들의 사교육비가 8.2% 늘면서 7년 만에 가장 큰 증가율을 보였어요. 1인당 월평균 사교육비도 43만 4천 원으로 **역대** 최고 수준이에요.

사교육은 필요해!

사교육은 학교에서 배우는 내용을 보충하거나, 심화 학습을 통해 학생들이 공부를 더 잘할 수 있게 도와요. 또한 개개인의 학습 스타일과 수준에 맞는 맞춤형 교육을 제공할 수 있어 학생들이 자신의 약점을 보완하는 데 효과적이에요. 공부에 자신감을 갖도록 도와주기도 하지요. 학부모들은 사교육을 통해 자녀의 학업 성취에 대한 불안을 **해소**할 수 있어요.

사교육은 부정적인 영향이 너무 많아!

하지만 사교육비는 가정 경제에 큰 부담이 돼요. 사교육에 과도한 비용을 지출하게 되면 가정 경제가 어려워져요. 또 사회적으로도 사교육으로 인한 학생들의 성적 차이로 공교육의 형평성을 해칠 수 있어요. 학생들 입장에서는 사교육이 과도한 학업 스트레스를 유발해서 정신적·신체적으로 건강에 나쁜 영향을 미칠 수 있지요.

정부는 저소득 가정에 교육비를 지원하는 등 사교육으로 인한 학력 격차를 줄이는 방안을 마련해야 해요. 근본적으로는 사교육 논의를 떠나 **학벌**이 아닌 실력과 능력을 중시하는 사회적 **풍토**를 만들어 나가는 것이 중요해요.

1 또박또박 읽어 보기

읽기력

위의 기사를 밑줄 친 키워드에 집중하며 5분 동안 소리 내어 읽어 보세요.
읽으면서 모르는 어휘나 문장이 얼마나 있는지 표시해 보세요.

2 샤샤샥 팩트 체크 분석력

아래의 내용 중 맞는 것에는 ○, 틀린 것에는 ×표 해 보세요.

1 2023년 초·중·고 학생의 사교육비 총액이 37조에 이른다. ( )

2 고등학생 사교육비는 8년 만에 가장 크게 증가했다. ( )

3 사교육은 비싸서 하지 않는 사람들이 훨씬 많다. ( )

4 정부는 사교육으로 인한 학력 격차를 줄일 방안을 마련해야 한다. ( )

3 뚝딱 주제 정리 요약력

각각의 주장과 근거를 요약해 보세요.

주장 : 사교육은 ( )하다. **근거** : 개인의 학습 스타일과 ( ) 에 맞춘 교육을 제공하고, ( ) 을 보완해 준다.	**주장** : 사교육은 ( )인 영향을 많이 준다. **근거** : 가정 ( )에 부담을 주고, 공교육의 ( )을 해친다.

4 제대로 의미 알기 어휘력

어휘의 뜻을 연결시켜 보세요.

어휘	뜻
① 역대 •	• ⑤ 어떤 일의 바탕이 되는 제도나 조건
② 해소 •	• ⑥ 대대로 이어 내려온 여러 대 동안
③ 학벌 •	• ⑦ 어려운 일이나 문제가 되는 상태를 해결해 없애 버림
④ 풍토 •	• ⑧ 출신 학교나 학파에 따라 이루어지는 파벌

5 번뜩 배경지식 활용

연상 추론력

다음 글은 정부의 학습 지원 정책에 대한 설명이에요.
다음 글을 읽고, 사교육비와 관련해 어떤 점이 좋아질지 이야기해 보세요.

정부는 온라인 교육 플랫폼을 통해 무료 강좌를 제공하여 학생들이 필요로 하는 다양한 학습 자원에 접근할 수 있도록 하고 있어요. 각 지자체는 도서관이나 공공 학습 공간을 활용한 무료 학습 지원 프로그램을 운영해요.

6 이리저리 생각하기

비판적 사고력

사교육과 관련해서 이리저리 궁리해 볼까요?
두 가지 주제 중 하나를 골라 3줄 쓰기를 해 보세요. (이유나 예시도 2가지 이상 써 보세요.)

1 사교육을 찬성하나요, 반대하나요? 내 생각을 정리해 보아요.
2 우리 집에서 지출하고 있는 사교육비가 적당하다고 생각하나요?

정답

2일차 ×, ×, ×, ○ **3일차** 필요, 수준, 의지, 부정적, 경제, 형평성
4일차 ①-⑥, ②-⑦, ③-⑧, ④-⑤ **5일차** 예 사교육비에 대한 부담이 줄어들 것이다.

사교육

기사 내용에 대한 이해 수준을 스스로 점검해 보고 나의 육각형 읽기 능력을 알아봐!

▶1단계 나의 육각형 점수는?

영역	평가 기준	점수	내 점수는?
1 읽기력	이해 안 가는 어휘나 문장이 3개 이상 있어. 주제도 잘 모르겠어.	4점	
	전체적인 내용은 알겠는데, 이해 안 가는 부분이 있어.	6점	
	거의 이해했어. 이해 안 가는 부분은 앞뒤 문맥을 통해 파악했어.	8점	
	모든 어휘와 문장을 이해하고, 빠르게 읽었어.	10점	
2 분석력	힝. 1개 이하로 맞혔어.	4점	
	2개 맞혔어.	6점	
	3개 맞혔어.	8점	
	모두 다 맞혔어.	10점	
3 요약력	힝. 1개 이하로 맞혔어.	4점	
	2-3개 맞혔어.	6점	
	4-5개 맞혔어.	8점	
	모두 다 맞혔어.	10점	
4 어휘력	4개 중에 1개 이하로 알고 있어.	4점	
	4개 중에 2개 알고 있어.	6점	
	4개 중에 3개 알고 있어.	8점	
	모든 어휘의 뜻을 다 알고 있어.	10점	
5 연상 추론력	힝. 잘 모르겠어.	4점	
	뭔가 썼지만 아예 다른 답 같아.	6점	
	어느 정도 알고 있지만 설명은 잘 못했어.	8점	
	제시 글에 따라 설명을 잘했어.	10점	
6 비판적 사고력	잘 못하겠어.	4점	
	문장 말고 어휘 위주로 썼어.	6점	
	이유나 예시를 1개 정도 제시하여 문장을 잘 썼어.	8점	
	이유나 예시를 2개 이상 제시하여 문장을 잘 썼어.	10점	

▶2단계 나의 육각형 그리기!

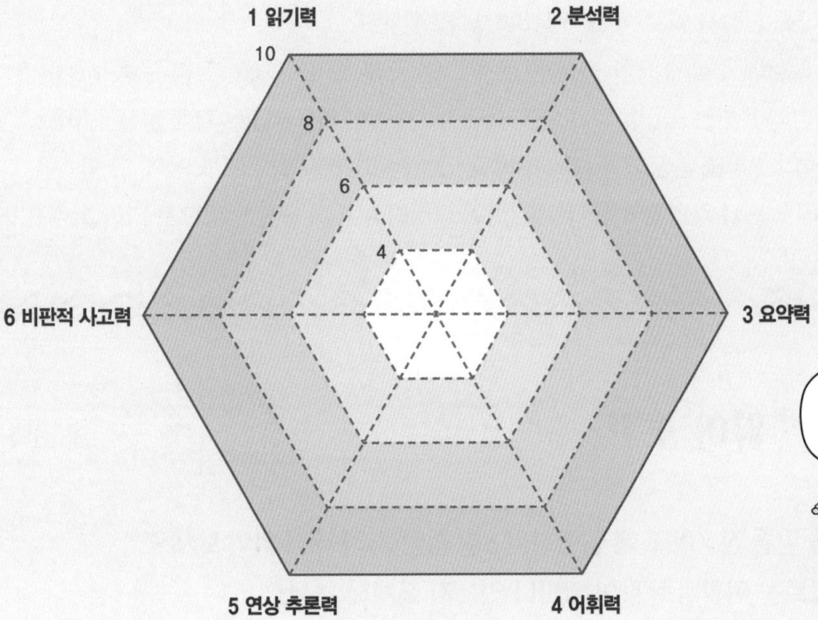

 기사 난이도 ★★

포퓰리즘
긍정적 영향 vs 부정적 영향

선거 때가 되면 후보들이 우리에게 여러 가지 약속을 해요. 이렇게 정치인들이 국민들에게 어떤 일을 실행하겠다고 약속하는 것을 '**공약**'이라고 하는데, 대중의 인기를 얻기 위해 함부로 공약을 내세우거나 정책을 시행하는 것을 '포퓰리즘'이라고 해요.

포퓰리즘은 민주주의에 긍정적 영향을 미친다

포퓰리즘은 유권자가 원하는 것을 약속하기 때문에 그들의 마음을 얻을 수 있어요. 이런 공약은 유권자에게 희망을 주고, 보다 많은 사람이 선거에 적극적으로 참여하게 만들어요. 사람들이 정치에 관심을 갖고, 투표하도록 돕는 셈이에요. 이렇게 되면 민주주의가 더 활발하게 작동해요. 후보자들은 유권자의 기대에 **부응**하려고 노력하게 되니까 더 나은 정책을 내놓을 가능성도 높아져요.

포퓰리즘은 민주주의에 부정적 영향을 미친다

포퓰리즘은 사람들이 좋아할 만한 약속을 많이 해요. 약속에 따른 정책을 시행하려면 돈이 필요하지만, 그 돈을 어디에서 가져올지는 말하지 않아요. 인기를 끌기 위해 공약을 남발하다 보니, 공약이 정말 지켜질지 의심하게 되는 일이 발생해요. 만약 정치인들이 반복적으로 공약을 지키지 않으면 국민들이 정치에 대해 신뢰를 잃고, 투표에 참여하지 않게 돼요.

또, 포퓰리즘 때문에 정작 중요한 곳에 쓸 돈을 다른 곳에 쓰기도 해요. 그럼 정부가 해야 할 일을 못하고, **혜택**을 받지 못하는 국민들이나 다음 세대가 그 돈에 대한 **부담**을 지게 될 수 있어요.

우리는 후보들의 공약을 꼼꼼하게 살펴야 해요. 그 약속이 정말 필요한 것인지, 그 약속을 지키기 위해 어떤 계획이 있는지 확인해야 하지요. 그래야 우리나라가 더 좋은 방향으로 나아갈 수 있어요.

1 또박또박 읽어 보기

읽기력

위의 기사를 밑줄 친 키워드에 집중하며 5분 동안 소리 내어 읽어 보세요.
읽으면서 모르는 어휘나 문장이 얼마나 있는지 표시해 보세요.

2 샤샤샥 팩트 체크 분석력

아래의 내용 중 맞는 것에는 ○, 틀린 것에는 ×표 해 보세요.

1 선거 때 후보들은 사람들의 마음을 사려고 약속을 많이 한다. ☐

2 사람들에게 인기를 얻으려고 함부로 공약을 내세우거나 정책을 시행하는 것을 포퓰리즘이라고 한다. ☐

3 포퓰리즘은 사람들이 선거를 전혀 하지 않게 만든다. ☐

4 유권자가 후보들의 공약을 꼼꼼히 살필 필요는 없다. ☐

3 뚝딱 주제 정리 요약력

각각의 주장과 근거를 요약해 보세요.

주장: 정치에서 포퓰리즘은 민주주의에 (　　　　　　) 영향을 미친다 **근거**: 포퓰리즘은 보다 많은 사람이 정치에 (　　　　)을 갖고, (　　　　　)에 적극적으로 참여하도록 돕는다.	**주장**: 정치에서 포퓰리즘은 민주주의에 (　　　　　　) 영향을 미친다 **근거**: 포퓰리즘 때문에 (　　　　　)을 잘못된 곳에 쓰기도 하고, 지켜지지 않은 공약으로 국민들이 정치에 대해 (　　　　　)를 잃기도 한다.

4 제대로 의미 알기 어휘력

어휘의 뜻을 연결시켜 보고, 비슷한 어휘를 줄로 이어 보세요.

어휘			뜻			비슷한 어휘
① 공약	•	•	⑤ 어떤 요구나 기대 따위에 좇아서 응함	•	•	㉠ 응대
② 부응	•	•	⑥ 정부, 정당, 입후보자들이 어떤 일에 대해 국민들에게 실행할 것을 약속함	•	•	㉡ 덕분
③ 혜택	•	•	⑦ 어떤 의무나 책임을 짐	•	•	㉢ 계획
④ 부담	•	•	⑧ 은혜와 덕택을 아울러 이르는 말	•	•	㉣ 임무

5 번뜩 배경지식 활용

연상 추론력

다음 글은 선거에 대한 설명이에요.
이 글을 읽고, 포퓰리즘의 긍정적 영향과 부정적 영향 중 어느 쪽이며 그 이유는 무엇인지 이야기해 보세요.

선거는 공정해야 해요. 모든 후보자는 같은 기회를 가져야 하고, 누구나 자유롭게 투표할 수 있어야 해요. 하지만 어떤 후보들은 인기를 얻기 위해 현실성 없는 공약을 내세우거나, 선거 운동을 하며 과한 약속을 하기도 해요. 이런 식으로 표를 얻으려고 하면 진정한 의미의 공정한 선거가 어려워질 수 있어요. 따라서 선거 기간 동안 후보자들은 거짓 없는 선거 운동을 해야 해요.

6 이리저리 생각하기

비판적 사고력

선거와 관련해서 이리저리 궁리해 볼까요?
두 가지 주제 중 하나를 골라 3줄 쓰기를 해 보세요. (이유나 예시도 2가지 이상 써 보세요.)

1 포퓰리즘은 긍정적일까요, 부정적일까요? 내 생각을 정리해 보아요.
2 내가 대통령 후보가 된다면 어떤 공약을 내세울지 이야기해 보아요.

정답

2영역 ○, ○, ×, × **3영역** 긍정적, 관심, 선거(투표), 부정적, 돈, 신뢰
4영역 ①-⑥-㉢, ②-⑤-㉠, ③-⑧-㉡, ④-⑦-㉣
5영역 부정적 영향 / ㉦ 후보자가 인기를 끌기 위해 공약을 남발하면서 공정하지 못한 선거 운동을 할 수 있다고 말하기 때문이다.

포퓰리즘

기사 내용에 대한 이해 수준을 스스로 점검해 보고 나의 육각형 읽기 능력을 알아봐!

▶1단계 나의 육각형 점수는?

영역	평가 기준	점수	내 점수는?
1 읽기력	이해 안 가는 어휘나 문장이 3개 이상 있어. 주제도 잘 모르겠어.	4점	
	전체적인 내용은 알겠는데, 이해 안 가는 부분이 있어.	6점	
	거의 이해했어. 이해 안 가는 부분은 앞뒤 문맥을 통해 파악했어.	8점	
	모든 어휘와 문장을 이해하고, 빠르게 읽었어.	10점	
2 분석력	힝. 1개 이하로 맞혔어.	4점	
	2개 맞혔어.	6점	
	3개 맞혔어.	8점	
	모두 다 맞혔어.	10점	
3 요약력	힝. 1개 이하로 맞혔어.	4점	
	2-3개 맞혔어.	6점	
	4-5개 맞혔어.	8점	
	모두 다 맞혔어.	10점	
4 어휘력	8개 중에 1-2개만 알고 있어.	4점	
	8개 중에 절반 정도 알고 있어.	6점	
	8개 중에 1-2개 정도만 어렵고 거의 알고 있어.	8점	
	모든 어휘의 뜻을 다 알고 있어.	10점	
5 연상 추론력	힝. 잘 모르겠어.	4점	
	뭔가 썼지만 아예 다른 답 같아.	6점	
	어느 정도 알고 있지만 설명은 잘 못했어.	8점	
	제시 글에 따라 설명을 잘했어.	10점	
6 비판적 사고력	잘 못하겠어.	4점	
	문장 말고 어휘 위주로 썼어.	6점	
	이유나 예시를 1개 정도 제시하여 문장을 잘 썼어.	8점	
	이유나 예시를 2개 이상 제시하여 문장을 잘 썼어.	10점	

▶2단계 나의 육각형 그리기!

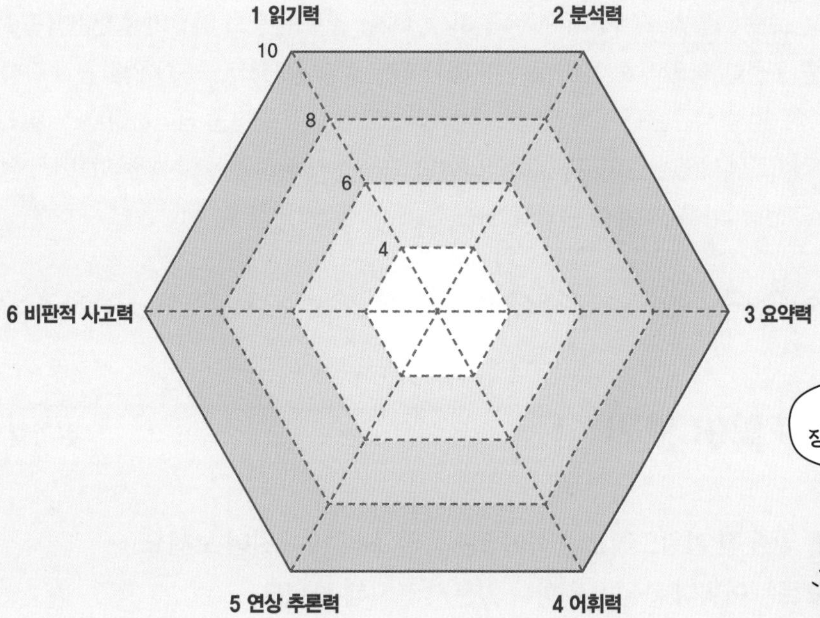

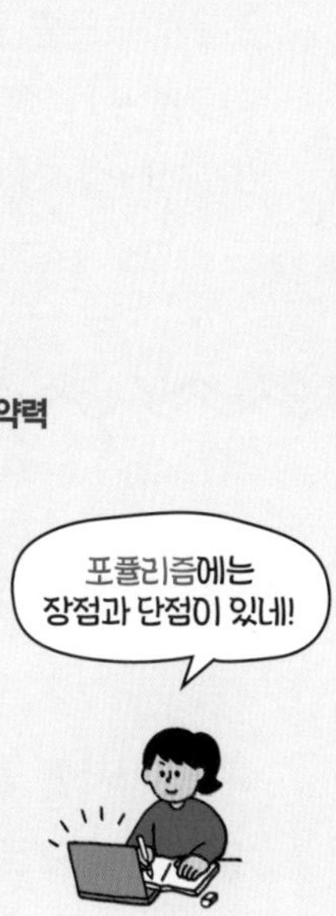

기사 난이도 ★★

전동 킥보드 유용해 vs 위험해

도로를 다니다 보면 두 발 달린 전동 킥보드를 타고 다니는 사람들을 쉽게 볼 수 있어요. 이용하기 편리해서 한때 공유 전동 킥보드가 **우후죽순**으로 생겨났어요. 늘어나는 전동 킥보드의 수만큼 전동 킥보드 사고도 점점 늘고 있지요. 2019년에는 447건이었던 전동 킥보드 사고가 2023년에는 2,389건으로 5배 이상 늘었어요. 그래서 전동 킥보드를 바라보는 **시선**이 달라졌어요.

그래도 전동 킥보드는 도움이 돼요

전동 킥보드를 안전하게 타면 문제가 없어요. 쉽고 빠르게 이동할 수도 있고요. 또, 자동차 대신 이용하면 교통 **체증**을 완화시킬 수 있어요. 주차 공간도 적게 차지할 뿐만 아니라, 매연을 만들어 내지도 않으니 공기가 더 깨끗해지고, 소음도 줄어 환경 보호에도 좋지요.

거리에 놓여 있는 전동 킥보드 모습

전동 킥보드는 위험해요.

전동 킥보드 공유 서비스가 늘어나면서 사람들이 전동 킥보드를 아무 데나 세워 두어서 길이 지저분해지고, **보행자**들이 다니기 힘들어졌어요. 또, 안전모를 쓰지 않거나, 인도에서 전동 킥보드를 타고 다녀 사고가 많이 발생하고, 다치는 사람들도 늘어났어요.

정부는 2021년 도로 교통법을 개정해 만 16세 이상, 제2종 원동기 장치 이상의 운전면허증 보유자만 전동 킥보드를 운전할 수 있게 했어요. 또 인도에서 타는 것을 금지하고, 승차 인원을 초과하거나 안전모를 쓰지 않으면 범칙금을 내도록 했어요. 전동 킥보드 문제가 그만큼 심각하다는 거예요.

이 문제는 우리나라에서만 논란이 되는 게 아니에요. 프랑스의 파리와 독일 겔젠키르헨은 전동 킥보드 사고로 공유 전동 킥보드 이용을 금지했어요.

1 또박또박 읽어 보기

읽기력

위의 기사를 밑줄 친 키워드에 집중하며 5분 동안 소리 내어 읽어 보세요.
읽으면서 모르는 어휘나 문장이 얼마나 있는지 표시해 보세요.

2 샤샤샥 팩트 체크

분석력

아래의 내용 중 맞는 것에는 ○, 틀린 것에는 ×표 해 보세요.

1 전동 킥보드는 주차 공간이 많이 필요하다. ( )

2 전동 킥보드 사고가 점점 늘고 있다. ( )

3 전동 킥보드를 운전하려면 만 16세 이상에, 제1종 원동기 장치 이상의 운전면허증이 필요하다. ( )

4 전동 킥보드를 탈 때는 안전모를 써야 한다. ( )

3 뚝딱 주제 정리

요약력

각각의 주장과 근거를 요약해 보세요.

주장 : 전동 킥보드는 ( )이 된다. **근거** : 빠르게 ( )하기 편리하며, 자동차 이용이 줄어 ( )을 보호를 할 수 있다.	**주장** : 전동 킥보드는 ( )하다. **근거** : 아무 데나 세워 두어 ( )들이 다니기 힘들어졌고, 인도에서 타고 다녀서 ( ) 사람들이 늘어났다.

4 제대로 의미 알기

어휘력

어휘의 뜻을 연결시켜 보세요.

어휘			뜻
① 우후죽순	•	•	⑤ 주의 또는 관심을 비유적으로 이르는 말
② 시선	•	•	⑥ 걸어서 길거리를 왕래하는 사람
③ 체증	•	•	⑦ 교통의 흐름이 순조롭지 않아 길이 막히는 상태
④ 보행자	•	•	⑧ 비가 온 뒤에 여기저기 솟는 죽순이라는 뜻으로, 어떤 일이 한때에 많이 생겨남을 비유적으로 이르는 말

5 번뜩 배경지식 활용

연상 추론력

아래에 써 있는 단어들을 들어 본 적 있나요?
앞의 기사와 관련 있어 보이는 것을 모두 골라 보고 정확한 의미도 알아보세요.

빈부 격차　　머신 러닝

공유 경제　　스마트 모빌리티　　바이럴 마케팅

6 이리저리 생각하기

비판적 사고력

전동 킥보드와 관련해서 이리저리 궁리해 볼까요?
두 가지 주제 중 하나를 골라 3줄 쓰기를 해 보세요. (이유나 예시도 2가지 이상 써 보세요.)

1 전동 킥보드 이용에 찬성하나요, 반대하나요? 내 생각을 정리해 보아요.

2 전동 킥보드 사고를 줄이기 위해 우리가 할 수 있는 일은 무엇이 있을까요?

정답

2영역 ×, ○, ×, ○　**3영역** 도움, 이동, 환경, 위험, 보행자, 다치는　**4영역** ①-⑧, ②-⑤, ③-⑦, ④-⑥

5영역 공유 경제 : 물건이나 서비스를 직접 소유하기보다는 필요한 시간 동안 대여하거나 공유하여 사용함으로써 자원의 효율성을 높이고 비용을 절감하는 경제 모델

스마트 모빌리티 : 최신 정보 통신 기술을 활용하여 개인이나 물류의 이동을 더욱 효율적이고 편리하게 만들어 주는 교통 시스템과 서비스

전동 킥보드

기사 내용에 대한 이해 수준을 스스로 점검해 보고 나의 육각형 읽기 능력을 알아봐!

▶1단계 나의 육각형 점수는?

영역	평가 기준	점수	내 점수는?
1 읽기력	이해 안 가는 어휘나 문장이 3개 이상 있어. 주제도 잘 모르겠어.	4점	
	전체적인 내용은 알겠는데, 이해 안 가는 부분이 있어.	6점	
	거의 이해했어. 이해 안 가는 부분은 앞뒤 문맥을 통해 파악했어.	8점	
	모든 어휘와 문장을 이해하고, 빠르게 읽었어.	10점	
2 분석력	힝. 1개 이하로 맞혔어.	4점	
	2개 맞혔어.	6점	
	3개 맞혔어.	8점	
	모두 다 맞혔어.	10점	
3 요약력	힝. 1개 이하로 맞혔어.	4점	
	2-3개 맞혔어.	6점	
	4-5개 맞혔어.	8점	
	모두 다 맞혔어.	10점	
4 어휘력	4개 중에 1개 이하로 알고 있어.	4점	
	4개 중에 2개 알고 있어.	6점	
	4개 중에 3개 알고 있어.	8점	
	모든 어휘의 뜻을 다 알고 있어.	10점	
5 연상 추론력	이번에 다 처음 봤어.	4점	
	1개 정도만 들어 봤어.	6점	
	답은 맞혔지만 무엇인지는 잘 모르겠어.	8점	
	답도 맞히고, 무엇인지도 잘 알고 있어.	10점	
6 비판적 사고력	잘 못하겠어.	4점	
	문장 말고 어휘 위주로 썼어.	6점	
	이유나 예시를 1개 정도 제시하여 문장을 잘 썼어.	8점	
	이유나 예시를 2개 이상 제시하여 문장을 잘 썼어.	10점	

▶2단계 나의 육각형 그리기!

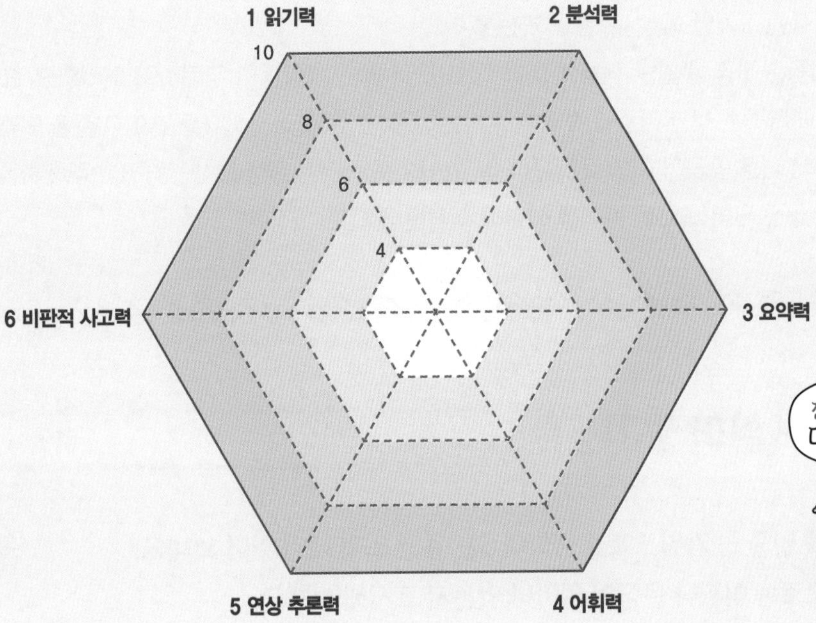

전동 킥보드에 대한 다양한 의견이 있어!

5. 【오피니언】 공정 무역

기사 난이도 ★★

공정 무역 효과 있다 vs 효과 없다

인천시는 매년 5월 둘째 주 토요일에 인천 공정 **무역** 페스티벌을 개최해요. 공정 무역 페스티벌은 공정 무역에 관심 있는 시민들이 모여 다양한 프로그램을 즐기는 행사예요. 공정 무역은 세계적인 시민 운동으로, 영국, 독일 등 36개국 2,200개 도시가 참여하고 있어요.

세계 공정 무역 기구(WFTO)가 정한 공정 무역의 원칙은 경제적으로 **소외**된 생산자들을 위한 기회 제공, 공정한 무역 **관행**, 공정한 가격 지불, 아동 노동과 강제 노동 금지, 양호한 노동 조건 보장 및 환경 존중 등이에요. 대표적인 공정 무역 제품으로는 커피·바나나·코코아·설탕·초콜릿·수공예품 등이 있어요. 그러나 공정 무역을 바라보는 시선이 갈리기도 해요.

공정 무역 제품을 사면 공정한 세상을 만들 수 있어

상대적으로 돈 벌 기회가 적은 저개발국의 노동자들은 낮은 임금을 받으며 일할 수밖에 없었어요. 공정 무역 제품은 이런 불공정한 이익 구조를 개선한다는 데 의의가 있어요. 따라서 우리가 공정 무역 인증 마크가 붙은 제품을 사면, 노동자들이 정당한 대가를 받아서 더 행복하게 살 수 있어요. 그들은 그 돈으로 가족을 더 잘 돌보고, 아이들을 학교에 보낼 수 있죠.

공정 무역 제품은 가격만 비쌀 뿐, 큰 효과는 없어

공정 무역 제품은 가격이 일반 제품에 비해 더 비싸서 많은 사람들이 구매하기 어려워요. 또한 공정 무역 제품은 까다로운 생산 기준을 **충족**해야 하는데, 작은 규모의 생산자들은 이 기준을 맞추기가 어려워요. 따라서 제품 공급이 어렵기 때문에 아직까지 공정 무역 제품을 생산하거나 구매하는 사람이 많지 않아요. 공정 무역이 모든 문제를 해결해 주지는 않지요.

1 또박또박 읽어 보기

읽기력

위의 기사를 밑줄 친 키워드에 집중하며 5분 동안 소리 내어 읽어 보세요.
읽으면서 모르는 어휘나 문장이 얼마나 있는지 표시해 보세요.

2 샤샤샥 팩트 체크

분석력

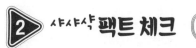

아래의 내용 중 맞는 것에는 ○, 틀린 것에는 ×표 해 보세요.

1 인천시는 매년 5월 둘째 주 토요일에 인천 공정 무역 페스티벌을 개최한다. ☐

2 공정 무역은 저개발국 생산자와 노동자의 권리를 보호하기 위한 우리나라만의 시민 운동이다. ☐

3 공정 무역 제품에는 공정 무역 인증 마크가 있다. ☐

4 대표적인 공정 무역 제품으로는 자동차, 초콜릿이 있다. ☐

3 뚝딱 주제 정리

요약력

각각의 주장과 근거를 요약해 보세요.

주장 : 공정 무역 제품은 공정한 (　　　　　　) 을 만드는 데 도움을 준다. **근거** : 저개발국의 노동자들이 (　　　　　　) 대가를 받아서 더 (　　　　　　)하게 살 수 있다.	**주장** : 공정 무역 제품을 구매하는 건 실제로 큰 (　　　　　　)가 없다. **근거** : 가격이 (　　　　　　), 까다로운 생산 (　　　　　　)을 충족해야 해서 생산이 어렵다.

4 제대로 의미 알기

어휘력

다음의 뜻을 가진 어휘를 쓰고, 그 어휘를 활용해서 짧은 문장을 만들어 보세요.

뜻	어휘	짧은 문장
① 일정한 분량을 채워 모자람이 없게 함	ㅊ ㅈ	
② 어떤 무리에서 기피하여 따돌리거나 멀리함	ㅅ ㅇ	
③ 나라와 나라 사이에 물건을 사고팖	ㅁ ㅇ	
④ 오래전부터 해오는 대로 함	ㄱ ㅎ	

5 번뜩 배경지식 활용

연상 추론력

아래에 써 있는 단어들을 들어 본 적 있나요?
앞의 기사와 관련 있어 보이는 것을 모두 골라 보고 정확한 의미도 알아보세요.

로스쿨　　착한 소비

밈　　ESG　　민주주의

6 이리저리 생각하기

비판적 사고력

공정 무역과 관련해서 이리저리 궁리해 볼까요?
두 가지 주제 중 하나를 골라 3줄 쓰기를 해 보세요. (이유나 예시도 2가지 이상 써 보세요.)

1 공정 무역은 효과가 있을까요, 없을까요? 내 생각을 정리해 보아요.

2 공정 무역 제품이 더 많아지기 위해서는 어떤 노력이 필요할까요?

정답

2영역 ○, ×, ○, ×　**3영역** 세상, 정당한, 행복, 효과, 비싸고, 기준　**4영역** ① 충족, ② 소외, ③ 무역, ④ 관행

5영역 착한 소비: 값이 조금 비싸더라도 사회에 공헌하는 상품을 구매하는 것을 말함

ESG : Environmental(환경), Social(사회), Governance(지배 구조)의 첫 글자를 조합한 단어로, 기업이 지속 가능성을 고려해 경영할 때 중시해야 하는 기준인 친환경 경영, 사회적 책임, 투명한 지배 구조를 의미

공정 무역

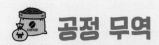

기사 내용에 대한 이해 수준을 스스로 점검해 보고 나의 육각형 읽기 능력을 알아봐!

▶1단계 나의 육각형 점수는?

영역	평가 기준	점수	내 점수는?
1 읽기력	이해 안 가는 어휘나 문장이 3개 이상 있어. 주제도 잘 모르겠어.	4점	
	전체적인 내용은 알겠는데, 이해 안 가는 부분이 있어.	6점	
	거의 이해했어. 이해 안 가는 부분은 앞뒤 문맥을 통해 파악했어.	8점	
	모든 어휘와 문장을 이해하고, 빠르게 읽었어.	10점	
2 분석력	힝. 1개 이하로 맞혔어.	4점	
	2개 맞혔어.	6점	
	3개 맞혔어.	8점	
	모두 다 맞혔어.	10점	
3 요약력	힝. 1개 이하로 맞혔어.	4점	
	2-3개 맞혔어.	6점	
	4-5개 맞혔어.	8점	
	모두 다 맞혔어.	10점	
4 어휘력	어휘만 1개 이하로 맞혔어.	4점	
	어휘만 2개 이상 맞혔어.	6점	
	어휘는 다 맞혔는데, 문장은 1-2개 정도만 만들었어.	8점	
	어휘도 다 맞혔고, 모든 문장도 만들었어.	10점	
5 연상 추론력	이번에 다 처음 봤어.	4점	
	1개 정도만 들어 봤어.	6점	
	답은 맞혔지만 무엇인지는 잘 모르겠어.	8점	
	답도 맞히고, 무엇인지도 잘 알고 있어.	10점	
6 비판적 사고력	잘 못하겠어.	4점	
	문장 말고 어휘 위주로 썼어.	6점	
	이유나 예시를 1개 정도 제시하여 문장을 잘 썼어.	8점	
	이유나 예시를 2개 이상 제시하여 문장을 잘 썼어.	10점	

▶2단계 나의 육각형 그리기!

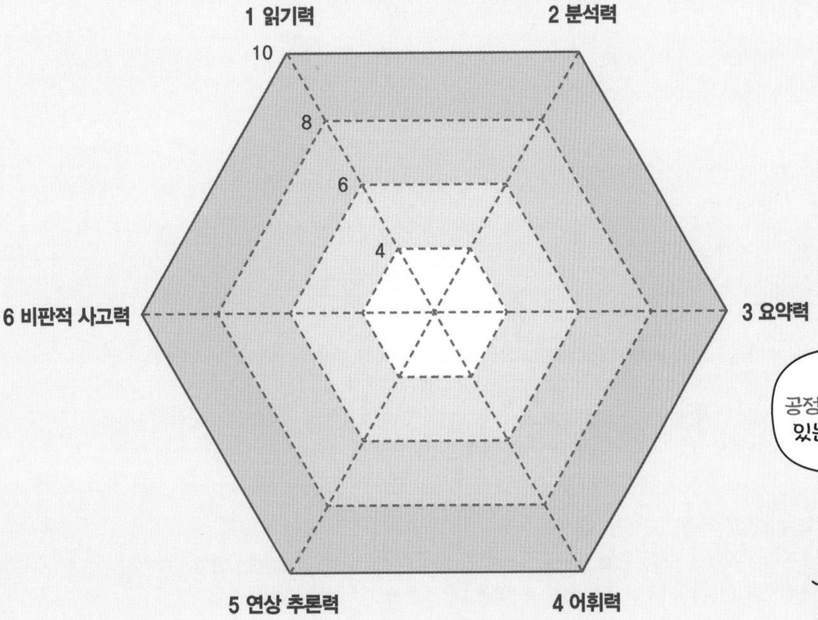

그림 황대윤

국민대학교에서 Meta일러스트레이션 석사 과정을 전공하였으며, 교육 분야의 출판물과 영상 매체에 일러스트레이션 작업을 하고 있습니다.

사진 제공 | 26쪽 54쪽 62쪽 132쪽 150쪽 158쪽 162쪽 170쪽 178쪽 182쪽 186쪽 190쪽 212쪽 ©wikimedia commons
30쪽 42쪽 100쪽 108쪽 ©클립아트코리아 66쪽 88쪽 146쪽 ©게티이미지뱅크

육각형 신문 기사 읽기 2권
경제·사회·문화·국제·오피니언

초판 1쇄 인쇄 2024년 11월 22일
초판 1쇄 발행 2024년 12월 6일

글 | 배혜림
그림 | 황대윤

발행인 | 손은진
개발 책임 | 김문주
개발 | 김숙영, 서은영, 민고은
디자인 | 이인희
마케팅 | 엄재욱, 김상민
제작 | 이성재, 장병미
발행처 | 메가스터디(주)
주소 | 서울시 서초구 효령로 304 국제전자센터 24층
대표전화 | 1661-5431
홈페이지 | http://www.megastudybooks.com
출판사 신고 번호 | 제2015-000159호
출간 제안/원고 투고 | 메가스터디북스 홈페이지 〈투고 문의〉에 등록
*잘못된 책은 구입하신 곳에서 바꾸어 드립니다.

• **제품명** 육각형 신문 기사 읽기 2권
• **제조자명** 메가스터디㈜ • **제조년월** 판권에 별도 표기 • **제조국명** 대한민국 • **사용연령** 3세 이상
• **주소 및 전화번호** 서울시 서초구 효령로 304(서초동) 국제전자센터 24층 / 1661-5431